자바스크립트는 왜 그 모양일까?
How JavaScript Works

자바스크립트는 왜 그 모양일까?

초판 1쇄 발행 2020년 5월 25일 **2쇄** 발행 2021년 7월 5일 **지은이** 더글러스 크락포드 **옮긴이** 박수현 **펴낸이** 한기성 **펴낸곳** (주)도서출판인사이트 **편집** 백주옥 **제작·관리** 신승준. 박미경 **용지** 월드페이퍼 **출력·인쇄** 현문인쇄 **후가공** 이지앤비 **제본** 자현제책 **등록번호** 제2002-000049호 **등록일자** 2002년 2월 19일 **주소** 서울시 마포구 연남로5길 19-5 **전화** 02-322-5143 **팩스** 02-3143-5579 **블로그** http://blog.insightbook.co.kr **이메일** insight@insightbook.co.kr **ISBN** 978-89-6626-259-5 책값은 뒤표지에 있습니다. 잘못 만들어진 책은 바꾸어 드립니다. 이 책의 정오표는 http://blog.insightbook.co.kr에서 확인하실 수 있습니다.

프로그래밍 인사이트

자바스크립트는 왜 그 모양일까?

더글러스 크락포드가 알려주는 위험한 자바스크립트를 안전하게 사용하는 법

더글러스 크락포드 지음 | 박수현 옮김

인사이트

차례

옮긴이의 글

부끄럽게도, 이 책을 접하기 전까지는 더글러스 크락포드라는 사람에 대해서 전혀 알지 못했습니다. 물론 JSON은 많이 써 왔지만, 누가 JSON을 만들었는지 알고 싶은 생각조차 하지 못했습니다. 더글러스 크락포드가 JSON의 창시자이자, 자바스크립트의 구루라고 불리는 사람이라는 사실을 알고 나서는 책의 내용에 대해서 큰 기대를 하게 되었습니다.

하지만 처음 책을 읽고 나서는 의아했습니다. 초보자를 위한 책이 아니라는 것을 감안하고 읽었지만, 그럼에도 내용이 언뜻 와닿지 않았기 때문입니다. 제목만 보고는 자바스크립트의 기저에서 어떤 일이 일어나는지 기술적으로 혹은 프로그래밍 언어라는 학문적 관점에서 접근하지 않을까 기대했었는데, 그보다는 저자가 가지고 있는 주관적인 생각의 나열이라고 느껴졌습니다.

한 번 더 읽고 나서는, 왜 저자가 이런 식으로 책을 썼는지 이해할 수 있었습니다. 더글러스 크락포드는 자바스크립트에 관해서 이야기하고 싶은 것이 아니라 개발자로서 자신이 생각하는 좋은 프로그램, 훌륭한 프로그래밍, 그리고 완벽한 프로그래밍 언어에 대해서 전달하고자 했던 것 같습니다. 다만 그 도구가 자바스크립트일 뿐인 것이죠. 그래서 이 책에 나오는 다양한 내용은 꼭 자바스크립트에만 적용되는 이야기는 아닙니다. 다른 모든 프로그래밍 언어와 다양한 개발 분야에 적용될 수 있는 것이죠. 물론 책에 실린 예제는 자바스크립트로 작성된 것이기 때문에 자바스크립트를 모른다면 이해하기 어렵겠지만, 이 책에 담긴 더글러스 크락포드의 철학은 그 자체로도 충분히 가치가 있다고 생각합니다.

그렇기에 이 책을 꼭 자바스크립트를 쓰는 개발자가 아닌, 좋은 프로그램을 만들고자 하는 모든 개발자에게 추천하고 싶습니다. 자바스크립트와 다른 프로그래밍 언어는 그 형태나 문법이 다르지만, 좋은 프로그램이 가지는 철학은 일맥상통합니다. 그리고 자바스크립트는 – 제 개인적인 생각입니다만 – 쉬운 언어라고 생각합니다. :) 이 기회에 자바스크립트를 제대로 한번 배워보길 추천합니다.

끝으로 좋은 책을 번역할 기회를 주신 인사이트 출판사 관계자분들, 문서의 교정 및 편집뿐만 아니라 아낌없이 많은 좋은 의견을 주신 백주옥 님과 이복연 님, 사랑하는 제 아내와 딸, 그 외 번역에 도움을 주신 모든 분께 감사드립니다.

박수현

지은이의 글

내가 제대로 들은 거 맞지?

너 지금 돈 안 내고 게임을 복사하겠다고 했니?

이봐, 난 네가 더 잘 알 거라고 생각했는데.

그 플로피디스크 복사하지 마.

— MC Double Def DP

이 책의 컴퓨터 프로그램은 공개되어 있습니다. 프로그램은 '있는 그대로' 제공되며, 그 어떤 상업적 또는 특별한 목적에 적합하다거나 다른 권리를 침해하지 않는다고 명시적 또는 묵시적으로 보장하지 않습니다. 필자와 출판사는 계약이나 불법 행위, 혹은 다른 방식으로 프로그램이나 프로그램의 사용, 거래 등으로 발생하는 피해나 문제에 대해서 어떤 경우에도 책임을 지지 않습니다. 이 프로그램을 좋은 목적으로만 사용해 주세요.

이 책은 현재 지구상에서 가장 크고, 전 세계적으로 유명한 의회 도서관에 영구 소장되었습니다.

엄마, 해냈어! 세계 최고야!

더글러스 크락포드(Douglas Crockford)

0장

{ "number": 0, "chapter": "Read Me First!" }

시작하기 전에

○ ○ ○ ○ ○

> 몇몇 이미지는 여러 가지 미스터리와 일련의 랜덤한 이벤트에 대한
> 엄청난 확신, 그리고 "타자기 치는 원숭이가 프랑스 국립 박물관의 모든 책을
> 언젠가는 쳐 낼 가능성이 거의 확실하다"는 속담을 떠올리게 합니다.
>
> — 조지 마르사글리아(George Marsaglia)

자바스크립트는 완벽하지는 않지만, 어쨌든 동작하긴 합니다.

이 책은 자바스크립트를 사용해 봤지만, 자바스크립트는 어떻게 동작하며, 자바스크립트를 어떻게 잘 사용할 수 있는지에 대해서 제대로 깊이 있게 이해하길 원하는 분들을 위한 책입니다. 물론 다른 언어가 어떻게 동작하는지 이해하고자 하는 숙련된 프로그래머들을 위한 책이기도 합니다.

언젠가 제가 초보자를 위한 책을 쓸지도 모르겠지만, 어쨌든 이 책은 초보자를 위한 책은 아닙니다. 절대 가볍게 볼 책이 아닙니다. 대충 훑어보면 남는 것이 아무것도 없을 것입니다.

이 책은 자바스크립트 엔진이나 웹 가상 머신에 대해서는 다루지 않습니다. 자바스크립트라는 언어 자체에 대해 모든 개발자가 알아야 할 것들을 다룹니다. 자바스크립트를 철저하게 재평가하고, 자바스크립트는 어떻게 동작하며, 어떻게 더 나은 언어가 될 수 있는지, 그리고 어떻게 더 잘 사용될 수 있는지를 다룹니다. 자바스크립트를 대하는 방법과 자바스크립트'로' 생각하는 방법 말이죠. 자바스크립트의 현재 버전이 유일한 버전이라고 생각하고 설명하겠습니다. ES1이나 ES3, ES5에서 어떻게 동작하는지 따위를 설명하는 것으로 절대 시간을 낭비하지 않을 것입니다. 그

런 건 별로 중요하지 않습니다. 중요한 것은 자바스크립트가 지금 어떻게 동작하는 가 하는 것입니다.

이 책은 세세한 내용을 다루지는 않습니다. 아마 이 책에서는 자바스크립트의 크고 복잡한 기능들을 별다른 말없이 생략해 버리는 경우가 종종 있을 것입니다. 여러분이 좋아하는 기능들이 빠졌다면, 아마도 그것은 그 기능들이 별볼일 없기 때문일 것입니다. 문법을 설명하는 데 많은 시간을 할애하지도 않을 것입니다. if 문 정도는 여러분도 당연히 알 것이라고 믿습니다. 문법 등의 세부적인 내용에 대한 도움이 필요하다면, JSLint(*jslint.com*)에 질문을 올려주기 바랍니다.

프로토타입 메서드와 같은 자바스크립트의 유용한 부분에도 역시 많은 지면을 할애하지 않습니다. 이런 내용은 온라인에서도 참고할 곳이 많습니다. 개인적으로 가장 좋아하는 곳은 모질라 재단(*developer.mozilla.org/en-US/docs/Web/JavaScript/Reference*)입니다.

프로그래밍 언어를 설계할 때 가장 중요한 목적은 그 언어가 분명하고 논리적이어서 구성이 잘 되고, 이상한 코너 케이스(corner case)[1]가 없어야 한다는 것입니다. 자바스크립트는 이 목적에 잘 부합하는 언어는 아닙니다. 오히려 새로운 버전이 나올 때마다 쓸데없는 기능을 추가하느라 점점 더 그 목적에서 멀어지고 있습니다. 자바스크립트는 이상한 코너 케이스와 에지 케이스(edge case)[2]로 가득 차 있습니다. 이 책에서는 맛보기로 자바스크립트의 이상한 점 중 극히 일부만 다룹니다. 절대 코너 케이스와 에지 케이스를 가까이하지 마세요. 어둠에 빠지지 마십시오. 언어의 간결하고 분명한 부분만 가까이 하십시오. 언어의 간결하고 분명한 부분만으로도 얼마든지 좋은 프로그램을 만들 수 있습니다.

10년 전쯤 자바스크립트에 대한 소책자를 쓴 적이 있습니다.[3] 자바스크립트는 분명히 엉망진창이지만, 그 속에는 아주 좋은 언어로서의 자질이 묻혀 있다는 좀 특이한 주제였죠. 좋지 않은 부분을 피할 수 있다면 좋은 프로그램을 만들 수 있다는 것입니다.

이는 언어에 숙달하기 위해서는 언어의 모든 기능을 전부 다 이해하고 사용해 봐야 한다는 몇몇 개발자의 주장과는 사뭇 상반됩니다. 그 사람들은 증명해 볼 생각

---

1 (옮긴이) 전혀 예상하지 못한 환경이나 입력 데이터 등으로 인해서 프로그램에 문제가 발생하는 경우를 의미합니다. 코너 케이스는 문제가 발생하는 환경을 동일하게 재현하기 어려워 디버그하기 힘듭니다.
2 (옮긴이) 데이터가 기대하는 범위의 최소 또는 최댓값일 때 프로그램에 문제가 발생하는 경우를 의미합니다. 예를 들면 정수를 처리할 때, 정수의 최댓값을 처리하는 도중 프로그램에 문제가 생기는 경우입니다.
3 (옮긴이) 《*JavaScript: The Good Parts*》를 말한다.

도 없이, 모든 기능은 언어에 능통했음을 입증하기 위해 존재하므로 나쁜 기능이란 없다고 굳게 믿고 있습니다.

그런 주장은 매우 잘못된 것임에도 불구하고 꽤 많은 지지를 얻고 있습니다. 하지만 언어에 진짜 능통한 사람은 읽기 쉽고, 유지보수가 용이하며, 에러가 없는 좋은 프로그램을 만들 수 있어야 합니다. 여러분이 언어에 숙달하였다는 것을 증명하고 싶다면, 좋은 프로그램을 만들면 됩니다. 겸손한 프로그래머로서, 항상 자신과 자신이 한 일을 둘러보고, 기술을 향상시키려고 노력해야 합니다. 저는 많은 시행착오를 겪은 후에야 기능들에 얽매여 공부하고 연습하는 것이 별로 쓸모가 없다는 사실을 깨달았습니다.

제가 생각하는 프로그래밍 언어를 다루는 스킬을 향상시키는 가장 효과적인 방법은 다음과 같습니다.

> 이따금 유용하지만 때때로 위험한 기능과 안전하면서 더 나은 다른 기능이 있다면, 항상 더 나은 다른 기능을 사용하라.

그런 생각으로 정신 무장을 하고 나서, 버그가 생길지도 모르는 기능은 최대한 피하고, 더 작고 더 낫게 만들려고 노력합니다. 어떤 방법이 좋고 나쁜지 끊임없이 생각을 다듬어야 합니다. 이 책은 제가 자바스크립트에 대해 가지고 있는 가장 최근의 생각을 담고 있습니다. 자바스크립트는 좋은 부분을 가지고 있으므로 가급적 좋은 부분에 대해서만 다룰 것입니다. 십 년 전과 비교했을 때 자바스크립트의 좋은 부분은 점점 더 적어지긴 했지만, 다행히 좋은 부분은 훨씬 더 좋아지고 있습니다.

자바스크립트는 전 세계적으로 점점 중요한 프로그래밍 언어가 되어가고 있습니다. 그렇게 된 데는 부분적으로 제 책임도 있는 것 같군요. 죄송합니다. ECMA-Script 표준 개정안은 자바스크립트의 본질적인 문제를 해결하지 않고, 오히려 새로운 문제를 일으키기도 합니다. 아마도 표준위원회는 언어를 수정하기 위해 필요한 권한이 별로 없나 봅니다. 반면에, 언어의 덩치를 불리는 권한은 막강해서, 점점 더 자바스크립트를 복잡하고 이상하게 만드는 것 같습니다. 아마 일을 더 안 좋게 만드는 데 탁월한 능력이 있는 것 같은데, 도대체 무슨 재미로 그러는 걸까요?

프로그래밍 언어는 시간이 지날수록 마치 성형 수술 중독으로 인해 고통받는 것 같은 느낌을 받습니다. 프로그래밍 언어의 인기를 계속 유지하기 위해서, 또는 최소한 그럴듯해 보이게 하기 위해서 열심히 새로운 기능들을 집어넣고 있습니다. 비대한 기능은 비대한 코드만큼 아주 크고 본질적인 문제를 가집니다. 우리가 할 수 있는 일이라고는 자바스크립트 내면의 아름다움이 유지되길 기도하는 수밖에요.

그래도 ECMAScript 표준은 꼭 읽어볼 것을 강력하게 권유드립니다. 읽기는 힘들지만, 무료입니다. ECMAScript 표준은 *www.ecma-international.org/publications/standards/Ecma-262.htm*에서 볼 수 있습니다.

ECMAScript 표준을 읽고 제 인생은 말 그대로 바뀌었습니다. 대부분의 다른 개발자와 마찬가지로 저도 제대로 공부하지 않고 자바스크립트 코드를 작성하기 시작했습니다. 자바스크립트는 오류가 많고, 혼란스럽고, 짜증나는 언어였습니다. 하지만 ECMAScript 표준을 읽고 자바스크립트의 놀라움을 발견한 뒤 제 생각은 바뀌었습니다.

이단

제가 가지고 있는 프로그래밍 언어에 대한 생각은, 몇몇 사람에겐 분노를 불러일으킬지도 모릅니다. 저는 다음 패러다임의 선구자이며, 이전 패러다임을 지키고자 하는 사람들에게는 크나큰 위협입니다. 이런 상황에는 익숙합니다. 자바스크립트에도 좋은 부분이 있다는 것을 발견했을 때도 공격받았는데, 이 발견은 곧 21세기의 중요한 첫 번째 발견으로 밝혀졌습니다. 처음 JSON을 제안했을 때도 공격받았지만, JSON은 이제 데이터를 주고받을 때 가장 널리 사용되는 데이터 포맷이 되었습니다.

커뮤니티는 동일한 신념을 가진 사람들을 중심으로 구성되며, 그 신념이 잘못된 것이라 하더라도 커뮤니티의 구성원에게 큰 이익을 제공합니다. 그들의 신념에 누군가 의문을 제기할 때 커뮤니티는 큰 위협을 받는다고 생각합니다. 그래서 저는 그들에게는 이단입니다. 저는 커뮤니티의 이익보다는 진리를 추구하는 것이 훨씬 더 가치 있다고 생각합니다. 누군가는 이런 생각을 불쾌하다 여기겠지만요.

저는 그저 프로그램을 더 잘 만들 수 있는 방법을 찾고자 하는 프로그래머일 뿐입니다. 틀릴 수도 있지만, 올바른 방법을 찾기 위해 부단히 노력합니다. 개발자들이 가지고 있는 사고 패턴의 상당수는 포트란 시절에 확립된 것들입니다. 이제는 이런 패턴들을 버리고 앞으로 나아갈 때라고 생각합니다. 변화는 어렵습니다. 가장 혁신적인 분야에서조차도 그렇습니다.

이단이라고 생각되고 불쾌하게 여겨진다면, 조용히 책을 덮고 떠나시기 바랍니다.

코드

이 책의 모든 코드는 공개되어 있습니다. 어떤 목적으로 코드를 사용해도 무방하지만, 나쁜 일에는 사용하지 말아주세요. 가능하다면 좋은 일에 사용해 주길 부탁드립니다.

그리고 제가 만든 코드라 할지라도 이해하지 못한 코드를 덮어놓고 복사해서 붙여 넣지 않기를 강력하게 부탁드립니다. 대부분의 사람들이 이렇게 하는데, 이는 위험하고 무모한 행동입니다. 물론 뭔지도 모르는 프로그램 패키지를 설치하는 것만큼 멍청한 짓은 아니지만, 어쨌든 좋지 않습니다. 현재의 최신 기술을 고려해 보았을 때, 최선의 보안 필터는 바로 여러분 자신입니다. 그 점이 중요합니다.

이 책에 제시된 프로그램이 완벽하다고 말하지는 못하겠습니다. 하지만 십 년 전에 만든 프로그램보다는 이 책의 프로그램이 훨씬 낫다고는 말할 수 있습니다. 저 스스로 개발을 더 잘 하기 위해 열심히 노력하면서 일해 왔거든요. 그리고 이제는 어느 정도 만족할 만한 수준에 도달했다고 생각합니다. 여러분들도 언젠간 그렇게 되리라 믿습니다. 그리고 이 책의 정오표는 책의 웹사이트(*howjavascriptworks.com/erratums*)에서 확인하실 수 있습니다.[4]

제 실수를 발견하신다면 꼭 *erratum@howjavascriptworks.com*으로 알려주십시오.

다음 세대 언어

이 책은 자바스크립트에 관한 책이지만, 이따금 자바스크립트를 대체할 '다음 세대 언어(Next Language)'에 대해서도 이야기할 것입니다. 분명히 자바스크립트 다음의 언어가 있을 것이라 믿습니다. 자바스크립트가 마지막 언어라고 생각하면 너무 슬프거든요. 우리 아이들을 위해서라도, 다음 세대 언어를 꼭 찾아야 합니다. 아이들은 자바스크립트보다 더 좋은 유산을 물려 받을 자격이 있습니다.

그리고 전 아이들이 미래라고 믿습니다. 아, 물론 로봇도요.

다음 패러다임은 분산 비동기 프로그래밍이 될 것입니다. 지금 인터넷 환경이 이런 프로그래밍을 요구하고 있기 때문이죠. 자바스크립트를 포함한 현재의 대부분의 프로그래밍 언어는 지역적이고, 불안전하며, 순차적인 프로그래밍이라는 기존의 패러다임에 그 근간을 두고 있습니다. 저는 자바스크립트를 과도기적 언어라고

---

[4] 번역서의 정오표는 *https://bit.ly/33d6t0R*에서 확인할 수 있습니다.

생각합니다. 자바스크립트의 베스트 프랙티스(best practice)를 받아들이는 것이 다음 패러다임을 이해하기 위한 좋은 준비 방법이라고 생각합니다.

영어

숫자 1에 대한 영어 단어인 one은 제가 일부러 다른 철자를 사용하고 있습니다. 저는 'wun'이 올바른 철자라고 생각합니다. one의 발음은 그 어떤 영어 발음 방식과도 들어맞지 않습니다. 그리고 숫자 1을 의미하는 단어가 숫자 0으로 보이는 알파벳으로 시작하는 건 버그처럼 보이고요.

wun이라는 철자가 익숙하지 않아서 불편하게 느껴질 겁니다. 하지만 여러분들에게 "불편하게 느껴지는 것이 잘못된 것은 아니다"라는 걸 보여드리기 위해서 계속 wun을 쓸 것입니다.

이것이 철자법에 변화가 일어나는 과정입니다. 예를 들어 누군가가 through라는 단어의 절반 이상이 묵음이고 언어를 배우는 학생에게 불필요한 부담을 준다고 생각해서 thru라고 쓰는 것이 더 좋다고 생각한다면 어떨까요? 철자법을 바꾸는 것은 전통과 이유 간의 대립이며, 가끔 그 이유가 이기는 경우도 있습니다. 프로그래밍 언어도 비슷합니다. 그러니 wun이 one보다 더 말이 된다고 생각한다면, 이를 바꾸는 데 동참해 주기 바랍니다.

일반적인 사람이 1부터 10까지라는 범위에 대해서 이야기하면, 대부분 그 범위가 10까지라고 생각합니다. 하지만 개발자들은 흔히 그 범위에서 10은 제외된다고 생각하죠. 대부분 프로그래밍에서 1 대신 0을 첫 번째 숫자로 사용하기 때문입니다. 그래서 to는 프로그래머들이 이해하는 to로 쓸 것이고, thru는 일반적인 사람들이 이해하는 to의 의미로 사용할 것입니다. '0 to 3'은 0, 1, 2를 포함하는 것이고, '0 thru 3'은 0, 1, 2, 3을 포함하는 것이지요.

예제

저는 예제에서 정규표현식을 사용하는데, 아쉽게도 정규표현식 자체는 좀 이해하기 힘들고 헷갈립니다. 그래서 정규표현식 중간에 공백을 추가해서 좀 더 이해하기 쉽게 최대한 노력해 보았습니다. 자바스크립트는 공백을 허용하지 않기 때문에, 만약 다음과 같은 정규표현식을 본다면

```
const number_pattern = /
    ^
    ( -? \d+ )
    (?: \. ( \d* ) )?
    (?:
        [ e E ]
        ( [ + \- ]? \d+ )
    )?
    $
/;
```

반드시 아래의 형태로 공백 문자를 없애고 고쳐서 써야 한다는 점을 명심하세요.

```
const number_pattern = /^(-?\d+)(?:\.(\d*))?(?:[eE]([+\-]?\d+))?$/;
```

나타내기 힘든 이런 추한 정규표현식으로 여러분들을 괴롭히고 싶지 않아 일부러 공백 문자를 삽입하였습니다.

대부분의 장에서 자바스크립트 표현식 예제를 보여드릴 겁니다. 이 경우 다음과 같이 ;(세미콜론)으로 끝나지 않고 //(슬래시 두 개) 뒤에 해당 표현식의 결과가 있는 특별한 형태의 표현식을 사용합니다.

```
// 예제를 위한 예시

3 + 4 === 7                                    // true
NaN === NaN                                    // false
typeof NaN                                     // "number"
typeof null                                    // "object"
0.1 + 0.2 === 0.3                              // false
3472073 ** 7 + 4627011 ** 7 === 4710868 ** 7  // true
```

위와 같이 코드를 끝까지 보지 않아도 설명이 됩니다.

1장

{ "number": 1, "chapter": "Name" }

이름

○ ○ ○ ○ ●

내 이름 알잖아요.

— 존 레논(John Lennon)과 폴 매카트니(Paul McCartney)

자바스크립트는 여러분의 변수나 속성, 그리고 함수에 이름(또는 식별자)을 부여합니다. 자바스크립트는 고맙게도 변수 이름의 길이에 제한을 두지 않습니다. 그러므로 가능하다면 이름만 보고도 무엇을 하는 것인지 짐작할 수 있게 만드세요. 수수께끼 같은 이름은 피해야 합니다.

저는 수학자들에게 처음 프로그래밍을 배웠으며, 그 후에 베이직 언어로 프로그래밍된 컴퓨터를 만드는 회사에서 일했습니다. 그 시절 베이직의 변수 이름은 'A1'과 같이 한 개의 대문자에 추가로 숫자를 쓸 수 있었습니다. 그래서 저는 한 개의 문자로 변수 이름을 만드는 아주 나쁜 버릇이 생겼습니다. 수십 년이 지나도 그 버릇에서 벗어나지 못하고 있습니다. 그런 좋지 않은 버릇이 몸에 깊숙이 배이고 나면 정말 고치기 힘듭니다. 그래서 우리는 더더욱 영리하게 일할 수 있도록 노력해야 합니다. 수학자들은 알아보기 힘든 간결한 표기 방식을 좋아합니다. 하지만 개발자들은 코드를 읽기만 해도 프로그램을 설명할 수 있어야 한다는 사실을 수없이 많은 시행착오 끝에 깨달았습니다. 프로그래밍은 수학이 아닙니다. 프로그래밍은 전혀 다른 종류의 예술이죠.

모든 이름은 문자로 시작해서 문자로 끝내도록 하십시오. 자바스크립트는 _(밑줄)이나 $(달러) 기호로 이름을 시작할 수도 있으며, _(밑줄)이나 $(달러) 기호, 그리고 숫자로 끝낼 수도 있습니다. 이 외에도 자바스크립트는 해서는 안 될 여러 가지를 허용합니다. 이런 식으로 이름을 쓰는 것은 코드 생성기나 매크로 처리기에게만 허용해야 합니다. 사람은 좀 더 나은 방법을 써야 합니다.

_(밑줄)로 시작하거나 끝나는 이름들은 일반적으로 public 속성이나 전역 변수를 의미하는데, 프로그램을 제대로 작성했다면 이런 변수들은 전부 private이었을 것입니다. 다시 말해 앞이나 뒤에 밑줄을 쓰는 것은 개발자가 무능하다는 것을 나타내는 지표라고 할 수 있습니다.

$(달러) 기호는 코드 생성기나 트랜스파일러, 그리고 매크로 처리기에서 사용할 목적으로 추가되었습니다. 이들은 달러 기호를 사용함으로써 여러분이 사용하는 이름과 겹치지 않는 이름을 사용할 수 있다고 보장받습니다. 그러므로 여러분이 코드 생성기 같은 프로그램이 아닌 한 달러 기호를 사용하지 않는 것이 좋습니다.

이름에 숫자가 들어가는 경우는 개발자가 이름에 대해서 충분히 고민하지 않았다는 방증입니다.

순서를 나타내는 서수형 변수는 thing_nr와 같이 이름을 짓고, 크기나 양을 나타내는 기수형 변수는 nr_things와 같이 이름을 짓습니다. 첫 번째 사람을 나타내는 변수는 person_one이고, 두 사람을 나타내는 변수는 two_persons처럼 말이죠.

이름에 여러 개의 단어를 사용하는 것도 좋지만, 공백 문자가 허용되지 않아 여러 개의 단어를 어떻게 표기하느냐에 대한 의견이 나뉩니다. 한쪽에서는 각 단어의 첫 번째 문자를 대문자로 표기하는 캐멀 케이스를 써야 한다고 고집하고, 다른 한쪽에서는 각 단어를 _(밑줄)로 연결해야 한다고 주장합니다. 또 한쪽에서는 단어의 구분 없이 그냥 모든 단어를 이어서 표기하자고 하기도 합니다. 이 중 어떤 것이 가장 좋은지 결론이 나지 않았습니다. 이 논쟁은 수년간 이어져 왔고, 그 어떤 합의도 이루어지지 않을 것처럼 보입니다. 왜냐하면 셋 다 틀렸기 때문이죠.

사실 제 생각에, 정답은 단어를 구분하기 위해서 공백 문자를 사용하는 것입니다. 1950년대에는 컴파일러가 고작 수 킬로워드만 사용해서 동작할 수 있었기 때문에 이름에 공백 문자를 쓰는 것은 너무나 큰 사치였습니다. 그 뒤로도 프로그래밍 언어는 아직도 이름에 공백 문자를 쓰는 것을 허용하지 않고 있습니다. 포트란은 사실 그런 제약 없이 이름에 공백 문자를 사용하는 것을 허용하였으나, 그 뒤의 언어들은 포트란의 좋은 예시를 따라가지 않았습니다. 자바스크립트를 포함한 훨씬 나중의 언어들조차 말이죠. 그 대신 포트란의 나쁜 선례인 = 기호를 이용한 선언문, {}(중괄호) 대신 ()(소괄호)를 IF 문의 조건식에 사용하는 것만 배웠습니다.

다음 세대 언어에서는 올바른 선례를 따라서 이름에 공백 사용을 허용하여 가독성을 좀 더 향상시켰으면 합니다. 이제 메모리는 수 기가바이트 단위가 되었으며, 언어 설계자는 새로운 언어를 만드는 데 있어서 제약사항이 훨씬 적어졌습니다. 그 때까지는 밑줄을 사용해서 단어를 구분하는 것이 좋을 것 같습니다. 그렇게 하면 다음 세대 언어에서 공백으로 바꾸기도 훨씬 편할 테니까요.

자바스크립트의 모든 이름은 반드시 소문자로 시작해야 합니다. 이는 자바스크립트의 new 연산자 문제 때문입니다. 함수 호출문이 new로 시작하면 해당 함수는 생성자로서 호출되고, 그렇지 않으면 함수로서 호출됩니다. 생성자와 함수의 기능은 상당히 다릅니다. 생성자를 잘못된 방식으로 호출하면 에러가 발생할 수 있습니다. 더 헷갈리는 점은 생성자와 함수는 겉으로는 완전히 똑같아 보인다는 점입니다. 그래서 new를 써야 하는데 쓰지 않은 경우, 혹은 반대로 잘못 사용한 new로 인해 발생하는 문제를 자동으로 감지할 방법이 없습니다. 그래서 한 가지 약속을 했습니다: 모든 생성자 함수의 이름은 대문자로 시작되어야 하며, 그렇지 않은 모든 경우에는 소문자로 시작되어야 합니다. 그렇게 해서 에러를 줄일 수 있는 시각적인 표시를 제공합니다.

제가 제시하는 해결책은 좀 더 믿을 만한 방법입니다. 절대 new를 사용하지 마세요. new를 쓰지 않으면 대문자로 시작하는 이름을 쓸 일도 없습니다. 세상에는 new를 사용하는 끔찍한 프로그램이 엄청나게 많고, 매일같이 늘어나고 있습니다. 그래서 저는 자바스크립트에서만큼은 대문자로 시작하는 이름을 쓰지 말라고 강력히 권고합니다.

예약어

다음은 자바스크립트의 예약어 목록입니다.

```
arguments await break case catch class const continue debugger default
delete do else enum eval export extends false finally for function if
implements import in Infinity instanceof interface let NaN new null package
private protected public return static super switch this throw true try
typeof undefined var void while with yield
```

목록을 꼭 기억하세요. 중요합니다. 이 목록에 있는 단어는 절대 변수 이름이나 매개변수 이름으로 사용해서는 안 됩니다. 자바스크립트의 예약어에 대한 규칙은 놀라울 만큼 복잡하기 때문에, 예약어를 이름으로 사용할 수도 있는 몇 가지 예외가 있긴 합니다. 하지만 그런 특이한 경우에도, 예약어는 이름으로 사용하지 마십시오.

예약어를 사용하는 것은 메모리가 부족하던 1950년대와 1960년대에서부터 비롯된 잘못된 기능 중 하나입니다. 언어에 예약어를 지정하게 되면 컴파일러의 동작이 좀 더 쉬워지고, 수 바이트를 아낄 수 있습니다. 무어의 법칙으로 메모리의 부족은 해소되었지만, 제한된 사고 방식은 그 이후로도 계속되었습니다. 예약어는 프로그래머 입장에서는 명백히 안 좋은 기능입니다. 아직 예약어 목록을 다 못 외우셨나요? 예약어 중 어떤 단어는 여러분들이 변수 이름으로 사용하기에 완벽한 것일 수도 있겠지만, 그 단어는 아마도 절대 쓰이지 않을 언어의 형편없는 기능에 이미 할당되었거나, 혹은 아예 구현되지 않았을 수도 있습니다. 불안정한 예약어 전략은 언어에 새로운 기능을 깔끔하고 직관적으로 추가하기 어렵게 만들기 때문에, 언어 설계자에게도 좋지 않습니다. 다음 세대 언어에서는 예약어를 사용하지 않았으면 합니다.

2장

{ "number": 2, "chapter": "Number" }

숫자

○ ○ ○ ● ○

번호를 찾아보세요.

— 존 레논과 폴 매카트니

컴퓨터는 숫자를 다루는 기계입니다. 사실 근본적으로 컴퓨터가 할 수 있는 것이라고는 숫자를 다루는 것이 전부죠. 컴퓨터는 숫자를 정말 잘 다룹니다. 그리고 우리는 여러 종류의 정보를 숫자와 매핑합니다. 이를 통해 컴퓨터는 사람의 활동을 흉내내고 대신 처리할 수 있습니다.

자바스크립트의 수는 실수(real number)에서 영감을 받았지만, 진짜 실수(real number)는 아닙니다. 우리가 가진 수학에 대한 이해나 직관은 자바스크립트의 수에 적용될 수는 있지만, 완벽하거나 일관되지는 않습니다. 자바스크립트로 좋은 프로그램을 만들려면 자바스크립트의 수가 어떻게 동작하는지 이해해야만 합니다.

자바스크립트는 number라고 하는 하나의 숫자형을 가지고 있습니다. number는 인텔의 iAPX-432 프로세서를 위해 처음 개발된 IEEE 부동소수점 연산 표준(IEEE 754)을 차용했습니다. 432 프로세서에 좋은 아이디어를 너무 많이 넣으려고 하다 보니, 결국 구조가 너무 복잡해져서 목적을 다 이루지 못했습니다. 그들은 가장 중요하게 생각해야 할 것, 바로 '단순함'을 놓친 것이죠. 그래서 432와 함께 많은 좋은 아이디어가 매장되었습니다. 432의 부동소수점 처리 유닛은 회수되어 8086의 수학 보조프로세서인 8087로 판매되었습니다. 그리고 펜티엄과 AMD64 칩에 기본으로 내장되었습니다.

자바스크립트는 숫자형이 하나뿐이라는 이유로 자주 비판받았지만, 사실 이는 자바스크립트의 아주 큰 강점 중 하나입니다. 비슷한 여러 가지 타입 중에서 혹시 잘못된 타입을 사용할까 봐 고민하며 시간을 낭비하지 않아도 되니 개발자의 생산성이 증가합니다. 타입 변환으로 인한 오류도 없습니다. int형을 사용해서 발생하는 오버플로 문제도 발생하지 않습니다. 오버플로가 발생하지 않기 때문에 자바스크립트의 정수는 자바의 정수보다 훨씬 안정적입니다.

자바스크립트: 2147483647 + 1   // 2147483648 정확하게 맞음

자바: 2147483647 + 1   // –2147483648 완전히 잘못됨

아무런 경고 없이 언제든 잘못될 수 있는 숫자 시스템에서 개발된 프로그램이 정확하게 동작하리라고 어떻게 자신할 수 있을까요? int형은 오류를 방지하지 못하며, 오히려 오류를 유발할 수 있습니다.

부동소수점 수에 대한 아이디어는 간단합니다: 두 개의 수로 하나의 숫자를 표현하는 것입니다. 첫 번째 수는 계수나 유효 숫자, 분수, 또는 가수라고도 불리는 숫자입니다. 두 번째 수는 지수라고 불리는데, 첫 번째 수에서 10진 소수점(혹은 2진 소수점)의 위치를 나타냅니다. 고정된 형식에 맞춰서 제한된 수의 비트를 최대한 잘 써야 하므로, 부동소수점 수의 구현은 상당히 복잡합니다.

자바스크립트는 IEEE 754 표준 전체를 사용하지는 않습니다. 자바스크립트는 자바가 사용하는 일부분 중 일부분을 사용합니다. 자바스크립트의 number는 자바의 double과 아주 밀접합니다. 바로 64비트 2진 부동소수점 타입입니다. 이 숫자는 한 개의 부호 비트와 11비트의 지수, 그리고 53비트의 유효 숫자로 구성됩니다. 그리고 아주 똑똑한 인코딩을 사용해서 이 65비트를 64비트 워드로 압축합니다.

IEEE 754는 이전의 부동소수점 시스템과 마찬가지로 2를 밑수로 사용합니다. 첫 번째 수는 부호와 유효 숫자 두 부분으로 나눕니다. 부호는 64비트 중 가장 최상위 비트에 위치합니다. 음수인 경우 부호 값은 1입니다. 유효 숫자는 최하위 비트에 위치합니다. 유효 숫자는 일반적으로 아래 범위 내의 2진 소수를 나타냅니다.

0.5 <= 유효 숫자 < 1.0

이 값을 2진수로 나타내면, 최상위 비트는 항상 1입니다. 비트가 항상 1이면 굳이 숫자에 저장할 필요는 없습니다. 그래서 보너스로 비트 하나를 벌 수 있습니다. 그래서 65비트를 64비트로 표현할 수 있는 것이죠.

두 번째 수는 지수입니다. 지수는 부호와 유효 숫자 사이의 공간을 전부 차지합니다. 값은 아래와 같이 나타낼 수 있습니다.

부호 * 유효 숫자 * (2 ** 지수)

하지만 다른 방법으로 값을 합성해 낼 수도 있습니다. 지수는 부호가 있는, 편향된, 크기를 나타내는 정수로 표현됩니다. 이를 통해 숫자를 마치 64비트 정수인 것처럼 만들어서 다른 숫자와 비교할 수 있습니다. 그래서 큰 성능상의 이득을 볼 수 있습니다. 50년 전에는 성능은 아주 중요한 문제였죠. 지수는 또한 NaN이나 Infinity, 그리고 아주 작은 수나 영(0)을 나타낼 수 있습니다.

영(0)

자바스크립트에는 영(0)으로 표시되지만 영(0)이 아닌 값이 있습니다. 제대로 된 시스템이라면, 오직 하나의 영(0)만 있겠죠. IEEE 754 표준에는 0과 -0이라는 두 개의 0이 있습니다. 자바스크립트는 이 이상한 현상을 숨기기 위해 열심히 노력했으며, 거의 성공했습니다. 아래와 같은 경우를 제외하면, 여러분은 -0이 존재한다는 사실을 무시해도 상관없습니다.

```
(1 / 0) === (1 / -0)                    // false
Object.is(0, -0)                        // false
```

여러분에게 영(0)으로 무언가를 나누라고 권하진 않겠습니다. 물론 Object.is()를 쓰라고 하지도 않을 것이고요.

숫자 리터럴

자바스크립트에는 18437736874454810627개의 불변 숫자 객체가 내장되어 있는데, 각각은 고유하게 숫자를 나타냅니다. 숫자 리터럴은 각 리터럴의 값과 가장 잘 맞는 숫자 객체에 대한 참조를 생성합니다. 어떤 경우에는 딱 맞는 값이고, 어떤 경우에는 실제 값과 9.9792015476735990582818635651842e+291만큼 차이가 나기도 합니다.

정수에 대한 숫자 리터럴은 간단하게 연속한 10진수 숫자들이라고 할 수 있습니다. 하지만 기수 접두사를 써서 다른 밑수를 사용할 수도 있습니다. 다음의 모든 리터럴은 2018이라는 숫자에 대한 참조를 생성합니다.

```
2진수:   0b11111100010
8진수:   0o3742
10진수:  2018.00
16진수:  0x7E2
```

자바스크립트는 기수를 지정할 때 대문자를 사용하는 것을 허용하긴 하지만, 숫자 리터럴에 대문자 O를 쓰는 것은 확실히 헷갈립니다.

10진수 숫자 리터럴에는 소수점이 있을 수도 있습니다. 아주 큰 숫자나 아주 작은 숫자는 e를 써서 간단하게 표시할 수 있는데, e는 10의 거듭제곱 값을 곱하는 것을 뜻합니다. 그래서 6.022140857747475e23은 (6.022140857747475 * (10 ** 23))이고 6.626070040818182e-34는 (6.626070040818182 * (10 ** -34))입니다.

Infinity는 표현하기에는 너무 큰 모든 숫자를 나타냅니다. Infinity와 ∞를 헷갈리면 안 됩니다. 수학에서 ∞는 값이 아니라 일종의 은유입니다.

NaN은 숫자가 아닌 숫자를 나타내는 특별한 값입니다. NaN은 'Not a Number'를 뜻하지만, typeof 연산자는 NaN을 "number" 형으로 표시하기 때문에 아주 헷갈립니다.

NaN은 문자열을 숫자로 변환하려고 했으나 실패했을 때 결과값으로 반환될 수 있습니다. 변환에 실패한 경우 오류가 발생하거나 프로그램이 멈추는 대신 NaN이 반환됩니다. 산술 연산자 역시 입력 중에 NaN이 있으면 역시 그 결과로 NaN을 생성합니다.

하지만 NaN과 NaN을 동등 연산자로 비교해 보면, 서로 다르다는 결과를 보여 줍니다. 자바스크립트가 숨기지 않은, IEEE 754의 끔찍한 부분입니다. NaN에 대한 테스트는 다른 모든 숫자 값에 대한 동등성 테스트와 다릅니다. 테스트 코드를 작성할 때 문제가 될 수 있죠. 만약 테스트의 기댓값이 NaN이라면 실제 값이 NaN이라고 해도 항상 실패합니다. 값이 NaN인지 아닌지를 테스트하려면, Number.isNaN(*value*)을 사용하세요. Number.isFinite(*value*)는 값이 NaN, Infinity, 또는 -Infinity인 경우 false를 반환합니다.

Number

Number(number가 아닙니다. 처음 대문자 N이 아주 중요합니다)는 숫자를 만드는 함수입니다. 자바스크립트의 수는 불변 객체입니다. 수에 대한 typeof 연산자는 "number"(여기에서는 처음이 소문자 n이라는 점이 중요합니다)를 반환합니다. Number 함수에는 new를 사용해서는 안 됩니다. 여러분들이 원하는 대로 동작하지 않습니다.

```
const good_example = Number("432");
const bad_example = new Number("432");
typeof good_example                                    // "number"
typeof bad_example                                     // "object"
good_example === bad_example                           // false
```

Number는 몇몇 상수 또한 포함하고 있습니다. 이 상수들을 통해 수가 어떻게 동작하는지 살펴볼 수 있습니다.

Number.EPSILON은 정확히 2.220446049250313080847263336181640625e-16입니다. 1에 더했을 때 1보다 큰 수를 만들어 낼 수 있는 가장 작은 양수입니다. Number.EPSILON보다 작은 수를 1에 더해도, 그 수는 1과 같습니다. 0이 아닌 양수를 1에 더했는데도 1이라는 사실은 터무니없어 보입니다. 자바스크립트의 설계가 잘못되었거나 버그가 있어서 그런 것은 아닙니다. IEEE 754를 포함한 모든 고정 크기 부동소수점 시스템은 전부 이런 이상한 점을 가지고 있습니다. 숫자 표현의 크기를 고정함으로써 생기는 장단점이라고 볼 수 있죠.

NUMBER.MAX_SAFE_INTEGER는 정확히 9007199254740991, 약 9천조입니다. 자바스크립트의 숫자형은 Number.MAX_SAFE_INTEGER까지의 모든 정수형을 표현할 수 있으므로 다른 정수형 타입이 필요 없습니다. 자바스크립트의 숫자형은 부호를 포함한 54비트를 사용합니다.

Number.MAX_SAFE_INTEGER보다 큰 수에 1을 더하는 것은 0을 더하는 것이나 마찬가지입니다. 자바스크립트는 값이나 연산 결과, 그리고 중간 연산 값들이 전부 -Number.MAX_SAFE_INTEGER와 Number.MAX_SAFE_INTEGER 사이의 정수 값인 경우에만 올바른 정수 연산을 할 수 있습니다. 이 범위 안에서는 일반적인 수학적 연산이 가능하죠. 결합법칙과 분배법칙 역시 적용됩니다. 하지만 범위를 벗어나게 되면, 모든 것이 혼돈에 빠집니다. 숫자를 더하는 순서에 따라서 그 합이 바뀔 수도 있습니다. ((0.1 + 0.2) + 0.3)의 결과 값이 (0.1 + (0.2 + 0.3))보다 더 클 수 있다는 뜻이죠. Number.isSafeInteger(number)는 숫자가 안전한 범위 내에 있는 경우 true를 반환합니다.

Number.isInteger(*number*)는 숫자가 안전한 범위 안에 있든 그 밖에 있든 true를 반환합니다. Number.MAX_SAFE_INTEGER보다 큰 수는 정수로 간주하는데, 몇몇 경우에는 맞지만, 대부분 틀립니다.

Number.MAX_VALUE는 자바스크립트가 표현할 수 있는 가장 큰 숫자를 의미합니다. 그 값은 Number.MAX_SAFE_INTEGER * 2 ** 971, 즉

```
179769313486231570814527423731704356798070567525844996598917476803157260780028
538760589558632766878171540458953514382464234321326889464182768467546703537516
986049910576551282076245490090389328944075868508455133942304583236903222948165
808559332123348274797826204144723168738177180091929988125040402618412485836
```

입니다. 이 값은 1 뒤에 308개의 숫자가 더 있는 값이죠. 이 값의 대부분은 실체가 없는 유효 숫자입니다. 이 숫자는 15.9개의 유효 숫자를 제공할 뿐입니다. 나머지 292개의 숫자는 밑수 2로는 10진수를 제대로 표현하지 못하기 때문에 생긴 값들입니다.

Number.MAX_VALUE에 안전한 범위 안에 있는 어떤 양의 정수를 더해도 그 값은 여전히 Number.MAX_VALUE입니다. 계산 결과로 Number.MAX_VALUE를 만드는 프로그램은 뭔가 잘못되었을 가능성이 큽니다. Number.MAX_SAFE_INTEGER를 넘는 모든 결과가 미심쩍죠. IEEE 754 표준은 엄청나게 넓은 범위를 보장해 주기는 하지만, 각별히 신경 쓰지 않는 이상 실수로 이어지기 십상입니다.

Number.MIN_VALUE는 영(0)보다 큰 수 중에서 가장 작은 수입니다. 값은 2 ** −1074, 즉 다음과 같습니다.

```
4.940656458412465441765687928682213723650598026143247644255856825006755072702
087518652998363616359923797965646954457177309266567103555939796398774796010781787
812630071319031140452784581716784898210368871863605699873072305000638740915356
498438731247339727316961514400317153853980741262385655911710266585566867681870
395603106249319452715914924553293054565444011274801297099954193198940908041656
332452475714786901472678015935523861155013480352649342019379026810710749170330
322268447533357208324319360923828934583686006010601150616980975307834227731832920
479049825247307763759272447874656084778203734469699533647017972677717585125660
511991315048911014510378627381672509558373897335989936648099411164205702637090220
79242767544565229087538682506419718265533447265625e−324
```

Number.MIN_VALUE보다 작은 양수는 영(0)과 구별이 불가능합니다. Number.MIN_VALUE의 유효 숫자는 최하위 비트 단 한 개만 포함하고 있으며, 이 비트로 인해 수 없이 많은, 환상에 불과한 유효 숫자가 만들어집니다.

Number.prototype은 모든 수가 상속하는 객체입니다. Number.prototype은 많은 메서드를 포함하고 있지만, 아쉽게도 그다지 유용하지는 않습니다.

연산자

전위 연산자:

+	숫자로 변환	+(더하기 부호) 전위 연산자는 피연산자를 숫자로 바꿉니다. 변환에 실패하면 NaN으로 만듭니다. Number 함수가 훨씬 명확하기 때문에 더 선호됩니다.
−	부호 변환	−(빼기 부호) 전위 연산자는 피연산자의 부호를 바꿉니다. 자바스크립트의 숫자 리터럴은 부호가 없습니다. (−1) 표현식 같이 −(빼기) 부호는 연산자이지 숫자 리터럴의 일부가 아닙니다.
typeof	~의 타입 확인 하기(type of)	연산자가 숫자일 경우 "number"라는 문자열을 반환합니다. 피연산자가 NaN일 경우에도 마찬가지입니다.

중위 연산자:

+(더하기 부호)	더하기	안타깝게도 +(더하기 부호) 연산자는 문자열 연결에도 사용됩니다. 이 오버로딩은 위험성을 내포하고 있습니다. 만약 한 피연산자가 문자열이면, 이 연산자는 나머지 피연산자를 문자열로 바꾸고 연결합니다. 자바스크립트에서는 더하기를 할 수 있는 다른 방법이 없기 때문에 항상 조심해야 합니다. 더하기 연산자의 피연산자들이 실제로 숫자들이라서 제대로 더하기 연산이 수행되는지 확인할 때 Number 함수가 도움이 될 것입니다.
−(빼기 부호)	빼기	
*(별표)	곱하기	
/(슬래시)	나누기	정수 나누기가 아닙니다. 정수를 다른 정수로 나누면, 예를 들어 5 / 2는 2가 아니라 2.5라는 분수 결과를 얻게 됩니다.
%(퍼센트)	나머지	자바스크립트는 모듈로(modulo) 연산자가 없습니다. 그 대신 나머지(remainder) 연산자가 있습니다. 저는 모듈로 연산자가 훨씬 쓸모 있다고 생각합니다. 나머지 연산자의 결과는 피제수(나눠지는 수)의 부호를 따릅니다. 모듈로 연산 결과는 제수(나누는 수)의 부호를 따릅니다. 예를 들어 −5 % 2는 −1입니다.
**(별표 두 개)	거듭제곱	자바스크립트는 기묘하고 오래된 느낌을 주는 포트란의 '별표 두 개'를 차용해 왔습니다.

비트 단위 연산자

자바스크립트는 C나 다른 언어에 있는 것과 비슷한 비트 단위 연산자들을 제공합니다. 모든 비트 단위 연산자는 자바스크립트 수들을 모두 부호가 있는 32비트 정수형으로 바꾼 다음 비트 연산을 수행하고, 다시 자바스크립트 수로 변환합니다.

비트 단위 연산자가 안전한 54비트 정수형으로 변환해서 계산을 수행했다면 좋았
겠지만, 아쉽게도 그러지 않기 때문에 상위 22비트는 아무런 경고 없이 사라질 수
있습니다.

몇몇 언어에서 시프트(shift)는 곱하기나 나누기 대신 사용되기도 하며, 비트 단
위 and 연산자는 모듈로 연산자로 사용되기도 합니다. 자바스크립트에서 이렇게
한다면, 최상위 22개의 비트를 버리는 꼴이 됩니다. 어떤 경우에는 무시하고 사용
할 수도 있겠지만, 어떤 경우에는 절대로 그렇게 해서는 안 됩니다.

이런 이유로 자바스크립트의 비트 단위 연산자는 다른 언어에 비해 자주 사용되
지 않는 편입니다. 심지어 사용하지 않는 경우조차도 문법적인 위험이 도사리고 있
습니다. &(앰퍼샌드)와 |(수직바)는 &&(앰퍼샌드 두 개)와 ||(수직바 두 개)와 혼동
하기 쉽습니다. <<와 >> 역시 <, >와 헷갈립니다. 저는 >>가 왜 부호를 확장하는 오
른쪽 시프트 연산자이고 >>>는 왜 그러지 않는지 잘 모르겠습니다. C 언어에서 부
호의 확장은 자료형에 따라 결정됩니다. 자바에서 부호 확장은 연산자에 의해 정해
지고요. 자바스크립트는 자바의 잘못된 선택을 그대로 따랐습니다. 그래서 조심해
야 합니다.

자바스크립트의 유일한 단항 비트 단위 연산자는 ~, 즉 not 연산자입니다.

다음은 이항 비트 단위 연산자들입니다.

&	비트 단위 and 연산자
|	비트 단위 or 연산자
^	비트 단위 exclusive or(xor) 연산자
<<	왼쪽 시프트
>>>	오른쪽 시프트
>>	부호 확장 오른쪽 시프트

Math 객체

Math 객체는 Number에 내장되어 있어야 할 중요한 여러 함수를 포함하고 있습니다.
자바의 나쁜 영향 중 한 가지죠.

삼각 함수와 대수 함수 외에도, 연산자로 제공되었어야 할 여러 유용한 함수들이
있습니다.

Math.floor와 Math.trunc는 수에서 정수를 만들어 냅니다. Math.floor는 더 작은

정수, 그리고 Math.trunc는 좀 더 영(0)에 가까운 정수를 만들어 냅니다.

```
Math.floor(-2.5)    // -3
Math.trunc(-2.5)    // -2
```

Math.min과 Math.max는 인자 중에서 가장 작은 값과 가장 큰 값을 반환합니다.

Math.random은 0과 1 사이의 임의의 수를 반환합니다. 게임에는 적합하지만, 암호학적 프로그램이나 카지노 게임에는 적합하지 않습니다.

숫자 속의 괴물

자바스크립트는 숫자를 구성 요소로 분해하는 도구를 제공하지는 않지만, 자바스크립트로 쉽게 만들 수 있습니다. 그러면 숫자의 진정한 본질을 관찰할 수 있습니다.

정수 공간을 사용하는 것이 훨씬 더 분명하고 정확하기 때문에 유효 숫자(significand) 대신 계수(coefficient)를 사용할 것입니다. 유리수 형태의 유효 숫자는 더 많은 설명이 필요하니깐요.

```
function deconstruct(number) {
```

이 함수는 숫자를 분해하여 부호와 정수 계수, 지수와 같은 구성 요소로 나눕니다.

```
    number = sign * coefficient * (2 ** exponent)

    let sign = 1;
    let coefficient = number;
    let exponent = 0;
```

계수에서 부호를 제거합니다.

```
    if (coefficient < 0) {
        coefficient = -coefficient;
        sign = -1;
    }

    if (Number.isFinite(number) && number !== 0) {
```

계수를 줄입니다. 계수가 0이 될 때까지 2로 나누고, 나눈 횟수를 -1128에 더해서 지수를 구합니다. -1128이라는 값은 Number.MIN_VALUE의 지수 값에서 유효 숫자의 비트 개수, 그리고 보너스 비트의 개수를 뺀 값입니다.

```
exponent = -1128;
let reduction = coefficient;
while (reduction !== 0) {
```

반복문은 reduction 값이 영(0)이 될 때까지 실행되며, reduction은 반드시 영(0)이 된다고 보장할 수 있습니다. Number.MIN_VALUE보다 작은 수는 영(0)이 되거든요. 나누기를 할 때마다 reduction에 대한 지수 값이 줄어듭니다. 지수가 작아서 더 이상 줄일 수 없을 때, 대신 내부 부정규 유효 숫자를 오른쪽으로 시프트합니다. 최종적으로 모든 비트가 이동합니다.

```
    exponent += 1;
    reduction /= 2;
}
```

지수를 줄입니다. 지수 값이 영(0)이면 수가 정수 형태로 보일 것입니다. 지수가 영(0)이 아니라면 수정하여 계수를 바로 잡습니다.

```
reduction = exponent;
while (reduction > 0) {
    coefficient /= 2;
    reduction -= 1;
}
while (reduction < 0) {
    coefficient *= 2;
    reduction += 1;
}
}
```

부호와 계수, 지수 이렇게 세 요소와 원래 숫자를 가진 객체를 반환합니다.

```
return {
    sign,
    coefficient,
    exponent,
    number
};
}
```

모든 준비가 끝났으니 이제 괴물을 똑바로 마주볼 차례입니다.

　Number.MAX_SAFE_INTEGER를 분해해 보면 다음과 같은 객체를 볼 수 있습니다.

```
{
    "sign": 1,
    "coefficient": 9007199254740991,
    "exponent": 0,
    "number": 9007199254740991
}
```

Number.MAX_SAFE_INTEGER는 부호가 있는 54비트 정수와 딱 들어맞는 가장 큰 숫자입니다. 1을 분해해 보면 다음과 같은 객체를 얻을 수 있습니다.

```
{
    "sign": 1,
    "coefficient": 9007199254740992,
    "exponent": -53,
    "number": 1
}
```

1 * 9007199254740992 * (2 ** -53)은 1이라는 사실에 주의하십시오.

이제 좀 더 까다로운 0.1, 1/10, 1다임(1/10달러)을 시도해 보겠습니다.

```
{
    "sign": 1,
    "coefficient": 7205759403792794,
    "exponent": -56,
    "number": 0.1
}
```

수학을 좀 해 보면, 1 * 7205759403792794 * 2 ** -56은 0.1이 아니라는 것을 알 수 있습니다. 정확히는 0.1000000000000000055511151231257827021181583404541015625입니다.

자바스크립트는 10진 소수 값, 특히 화폐 단위를 처리하는 능력이 좋지 않은 것으로 널리 알려져 있습니다. 0.1 또는 그 외 10진 소수 값을 프로그램에 입력하면, 자바스크립트는 그 값을 제대로 처리할 수 없습니다. 그래서 그 대신 값을 정확히 표현할 수 있는 별칭(alias)을 사용합니다.

여러분의 프로그램에 10진수 소수 값을 입력하거나, 혹은 10진수 소수 값이 포함된 데이터를 읽어들이는 것은 프로그램에 자그마한 오류를 집어넣는 것이나 마찬가지입니다. 어떤 경우 오류가 너무나 작아서 눈치 채지 못할 수도 있습니다. 때론 오류끼리 서로 상쇄되는 경우도 있고, 오류가 누적되어 불어날 수도 있습니다.

0.3을 분해하면 0.1 + 0.2를 분해할 때와는 다른 결과를 얻습니다.

```
{
    "sign": 1,
    "coefficient":5404319552844595,
    "exponent":-54,
    "number": 0.3
}

{
    "sign": 1,
    "coefficient":5404319552844596,
    "exponent":-54,
    "number": 0.30000000000000004
}
```

0.2999999999999999888977697537484345957636833190917968875나 0.3000000000000000044408920985006261616945266723632812 5 둘 다 0.3이 아닙니다.

하나 더 살펴보죠. 100 / 3을 분해하면, 다음과 같은 결과가 나옵니다.

```
{
    "sign": 1,
    "coefficient": 9382499223688534,
    "exponent": -48,
    "number": 33.333333333333336
}
```

자바스크립트가 33.333333333333336이라는 결과를 내놓았습니다. 마지막 6은 자바스크립트가 정확한, 아니 그럴듯한 답조차 이해하지 못한다는 증거입니다. 사실은 더 좋지 않습니다. 자바스크립트는 실제 결과 값이 정확히 33.333333333333357018091192003339529037475585937 5라고 생각합니다.

부동소수점 시스템은 내부 2진 데이터와 사람이 사용하는 10진 데이터 간 변환을 위한 여러 함수들을 제공합니다. 이 함수들은 가능한 한 많은 진실을 숨길 수 있도록 설계되었습니다. IEEE 754의 숨겨진 끔찍한 진실을 계속 겪다간, 개발자들이 반기를 들고 더 나은 표준을 요구하게 되겠죠. 보다 현실적인 문제는 개발자들은 실행 결과에 그런 이상한 값이 없길 원하며, 또한 고객에게 이상한 결과 값이 있다는 사실을 보이고 싶어 하지 않다는 것입니다. 이런 문제는 개발자들을 무능하게 보이게 합니다. 그 이전에 모든 것이 제대로 동작하는 척했었다면, 더더욱 무능해 보이겠죠.

2진 부동소수점 시스템을 처음 사용한 사람들은 수학자들과 과학자들이었습니다. 수학자들은 컴퓨터가 유한한 장치이며, 실수를 정확하게 표현할 수 없다는 사실을 잘 알고 있었습니다. 그래서 수학자들은 수치 해석에 의존하여, 유한한 시스템에서 나온 결과에서 쓸모 있는 결과를 끄집어 내려고 애썼습니다. 과학자들은 노이즈 값이 많은 실험 데이터를 주로 다루었기 때문에 2진 부동소수점 시스템의 부정확성은 그다지 큰 문제가 되지 않았습니다. 하지만 초기 비즈니스 사용자들은 그들의 고객과 법률이 정확한 10진 소수점 값을 필요로 했기 때문에 2진 부동소수점 시스템을 거부했습니다. 돈을 계산할 때는 법적으로 정확한 합계를 내야만 합니다.

그 뒤로 반세기 이상이 흘렀습니다. 그때부터 사람들은 2진 부동소수점의 장단점을 잊어버린 모양입니다. 이젠 더 나은 시스템을 쓸 때가 되었습니다. 21세기에 아직도 0.1과 0.2를 더해서 정확한 0.3을 구할 수 없다는 사실은 더 이상 용납되지 않습니다. 자바스크립트를 대체할 다음 세대 언어는 부디 10진 소수점 값을 정확하게 표현할 수 있는 단일 숫자 시스템을 가지길 희망해 봅니다. 그런 시스템이라고 해도 실수는 정확하게 표현하지 못할 것입니다. 아니, 그 어떤 유한 시스템도 제대로 표현할 수 없습니다. 하지만 사람들이 필요로 하는 숫자 값을 정확하게 표현하는 것은 가능합니다. 바로 10진 소수점으로 이루어진 값이죠.

그 전까지는 최대한 안전한 정수 범위 내에서 작업하세요. 모든 화폐 값을 센트(1/100달러) 단위로 변환해서 처리하면, 정확한 정수 값으로 처리할 수 있습니다. 이런 방법으로 금액을 처리하는 경우, 상호 교류가 일어나는 다른 코드나 시스템이 동일한 방법으로 금액을 처리하지 않아 문제가 발생할 수도 있습니다. 인터페이스가 맞지 않아서 발생하는 오류는 100배만큼 크거나, 100배만큼 작은 결과로 이어질 것입니다. 생각만 해도 끔찍하군요. 인플레이션이 일어난다면, 이런 걱정을 하지 않아도 될 만큼 센트의 가치가 떨어질지도 모르겠습니다.

안전한 정수 범위에서 벗어나서 작업하게 되면, 숫자에는 정확하지 않은 .(소수점)이나 e(10진 지수)가 포함될지도 모릅니다. 비슷한 크기의 숫자끼리 더하면 다른 크기의 숫자를 더하는 경우에 비해 오류가 덜 발생합니다. 그렇기 때문에 부분의 합을 합산하는 것이 개별 값을 전부 더하는 것보다 정확한 것입니다.

3장

{ "number": 3, "chapter": "Bit Integer" }

큰 정수

○ ○ ○ ○ ● ●

> 그가 '5'라고 말하면, 나는 '6'이라고 말했다.
> 그가 '8'이라고 말하면, 나는 '9'라고 말했다.
> 그가 '10'이라고 말하면, 난 '11'이라고 말했다.
> 멈출 이유가 없었다. 난 계속 값을 불렀다.
> 더 높게, 더 높게, 더 높게.
>
> — 치코 마르크스(Chico Marx)

자바스크립트에 대한 큰 불만 중 하나는 64비트 정수가 없다는 것입니다. int64 형은 최대 9223372036854775807까지의 정수를 담을 수 있는데, 이는 자바스크립트의 보잘것없는 Number.MAX_SAFE_INTEGER 범위인 9007199254740991보다 세 자리나 큽니다.

그렇다고 새로운 숫자형을 추가하자는 생각에는 문제가 있습니다. 새로운 숫자형을 추가하는 것에 문제가 없어 보일 수 있습니다. 다른 언어들은 숫자형을 여러 개 가지고 있으니깐요. 왜 자바스크립트가 다른 언어와 비슷해서는 안 될까요?

한 개의 숫자형을 가진 언어에 다른 숫자형을 추가하는 것은 폭력을 행사하는 것이나 다름없습니다. 단순성을 잃게 되고, 잠재적으로 다른 버그를 초래할 가능성이 커지게 됩니다. 모든 자료형 선언과 자료형 변환은 잠재적인 오류입니다.

이런 의문도 생깁니다. 64비트면 충분한 걸까? 72비트나 96비트, 128비트, 더 나아가서 256비트를 써야 하진 않을까? 어떤 선택을 하든, 숫자가 더 커야 할 수 있기 때문에 논쟁의 여지가 있습니다.

큰 정수를 언어에 내장하는 것은 실수였다고 생각합니다. 그 대신 라이브러리 형태로 제공했어야 합니다. 언어를 사용하는 대부분의 사용자는 큰 정수를 사용하지도 않으며, 큰 정수는 현재의 숫자형으로 풀 수 없는 가장 큰 문제를 해결해 주지도 못합니다. 큰 정수를 언어에 추가해서 망가뜨리는 대신, 프로그래밍으로 해결할 수 있었을 텐데 말이죠. 자바스크립트가 어떻게 비트를 할당하든, 여러 가지 방법으로 정확한 정수 연산을 할 수 있습니다. 지금부터 보여드릴 방법은 성능이나 코드 크기 면에서 최적화된 것은 아니지만, 설명하기에는 딱 좋은 내용입니다. 라이브러리 전체를 설명하겠지만, 너무 많은 지면을 할애하지는 않을 것입니다.

큰 정수는 배열 형태로 저장할 것입니다. 배열은 그 크기가 자유롭기 때문에 아주 좋은 선택입니다. 각 문자가 부호 없는 16비트 정수로 취급되는 문자열 역시 좋은 선택입니다. 배열의 각 요소는 큰 정수의 일부 비트에 해당하는 값을 가집니다. 설계에 있어서 중요한 점은, 배열의 각 요소별로 얼마나 많은 비트를 사용할 것인가입니다. 가장 큰 값은 53개, 즉 안전한 양수 범위를 표현할 수 있는 값입니다. 언어의 비트 단위 연산자를 사용할 수 있다는 점에서 32나 그보다 작은 수의 비트를 사용하는 것도 고려해 볼만합니다. 각 요소의 크기가 32비트보다 크다면 비트 단위 연산자를 사용할 수 없으며 구현이 훨씬 복잡해집니다.

곱하기나 나누기를 생각해 보면 32비트도 너무 큽니다. 큰 정수에 대한 곱하기와 나누기를 구현할 때 자바스크립트의 곱하기 연산자를 쓸 텐데, 이 연산자는 53비트 내에서만 그 결과가 정확합니다. 즉, 배열 요소의 크기가 53비트의 절반 이상이 되어서는 안 된다는 뜻입니다. 그래서 24비트를 선택했습니다. 26비트도 괜찮지만, 개인적으로는 24비트가 더 둥글둥글해서 좋습니다. (제가 만든 첫 번째 프로그램이 24비트 메인프레임인 Control Data Corporation 3150에서 동작하기도 했었고요.) 24비트 단위는 디지트 단위로 표현할 수 있는 값의 100만 배 이상을 나타낼 수 있으므로 메가디지트(megadigit)라고 부르겠습니다.

또한 부호를 표시할 수 있는 크기 표현 방식을 선택했습니다. 배열의 0번 요소는 숫자의 부호를 나타내며, "+" 또는 "-" 값입니다. 첫 번째 요소는 숫자의 최하위 메가디지트를 담고 있습니다. 마지막 요소는 최상위 유효 숫자 메가디지트를 담고 있습니다. 그러므로 9000000000000000000은 다음과 같이 표시됩니다.

```
["+", 8650752, 7098594, 31974]
```

물론 예쁘게 보이지는 않습니다만, 다음과 같이 잘 동작합니다.

```
9000000000000000000
= 8650752 + 7098594 * 16777216 ** 1 + 31974 * 16777216 ** 2
= 8650752 + ((7098594 + (31974 * 16777216)) * 16777216)
```

큰 정수 시스템의 내부 기능을 좀 더 쉽게 구현하기 위해서 몇 개의 상수와 함수를 정의했습니다.

```
const radix = 16777216;
const radix_squared = radix * radix;
const log2_radix = 24;
const plus = "+";
const minus = "-";
const sign = 0;
const least = 1;

function last(array) {
    return array[array.length - 1];
}

function next_to_last(array) {
    return array[array.length - 2];
}
```

여기 이 상수들은 꼭 필요하지는 않지만 코드를 좀 더 읽기 편하게 해 줍니다.

```
const zero = Object.freeze([plus]);
const wun = Object.freeze([plus, 1]);
const two = Object.freeze([plus, 2]);
const ten = Object.freeze([plus, 10]);
const negative_wun = Object.freeze([minus, 1]);
```

큰 정수인지와 부호가 무엇인지 판별할 수 있는 술어 함수[1]도 있어야 합니다.

```
function is_big_integer(big) {
    return Array.isArray(big) && (big[sign] === plus || big[sign] === minus);
}

function is_negative(big) {
    return Array.isArray(big) && big[sign] === minus;
}
```

---

1 (옮긴이) 술어 함수(predicate function)는 그 반환 값이 불(boolean) 값, 즉 참 또는 거짓인 함수를 뜻합니다.

```
function is_positive(big) {
    return Array.isArray(big) && big[sign] === plus;
}

function is_zero(big) {
    return !Array.isArray(big) || big.length < 2;
}
```

mint 함수는 배열의 마지막 요소가 영(0)인 경우 제거합니다. 배열의 뒤쪽에 있는
요소들은 실제 값에서는 높은 자릿수에 있다는 것을 잊지 마세요. 당연히 윗자리에
있는 영(0)은 필요 없는 숫자입니다. 상수 중에 일치하는 값이 있다면 상수로 바꿔
줍니다. 더 이상 바꿀 것이 없다면 배열을 동결(freeze)합니다.

```
function mint(proto_big_integer) {
```

mint를 적용해서 큰 정수 값을 얻습니다. mint 함수는 이미 설명한 대로 처음 나타
나는 영(0)을 삭제하고, 가능한 알려진 상수 값으로 대체합니다.

```
    while (last(proto_big_integer) === 0) {
        proto_big_integer.length -= 1;
    }
    if (proto_big_integer.length <= 1) {
        return zero;
    }
    if (proto_big_integer[sign] === plus) {
        if (proto_big_integer.length === 2) {
            if (proto_big_integer[least] === 1) {
                return wun;
            }
            if (proto_big_integer[least] === 2) {
                return two;
            }
            if (proto_big_integer[least] === 10) {
                return ten;
            }
        }
    } else if (proto_big_integer.length === 2) {
        if (proto_big_integer[least] === 1) {
            return negative_wun;
        }
    }
    return Object.freeze(proto_big_integer);
}
```

처음 만들 함수는 부호 바꾸기, 절댓값, 그리고 부호 추출하기입니다.

```
function neg(big) {
    if (is_zero(big)) {
        return zero;
    }
    let negation = big.slice();
    negation[sign] = (
        is_negative(big)
        ? plus
        : minus
    );
    return mint(negation);
}

function abs(big) {
    return (
        is_zero(big)
        ? zero
        : (
            is_negative(big)
            ? neg(big)
            : big
        )
    );
}

function signum(big) {
    return (
        is_zero(big)
        ? zero
        : (
            is_negative(big)
            ? negative_wun
            : wun
        )
    );
}
```

eq 함수는 두 큰 정수가 동일한 값을 가지는지 확인합니다.

```
function eq(comparahend, comparator) {
    return comparahend === comparator || (
        comparahend.length === comparator.length
        && comparahend.every(function (element, element_nr) {
            return element === comparator[element_nr];
        })
    );
}
```

abs_lt(absolute less than) 함수는 큰 정수의 절댓값이 다른 큰 정수 절댓값보다 작은지 판별합니다. lt(less then, 보다 적은) 함수는 부호를 포함한 값이 다른 정수 값보다 작은지 봅니다. 비교하는 두 개의 큰 정수 값의 길이가 같다면, 이 함수들은 할 일이 아주 많습니다. 양쪽 큰 정수의 모든 배열 원소를 일일이 비교해야 하니깐요. 그래서 길이가 같은 경우 큰 정수 배열을 반대로 탐색해서 좀 더 빨리 끝낼 수 있는 reduce 함수를 통해 해야 할 일을 줄여 줍니다. 반대 방향으로 양쪽의 배열을 비교하게 되면, 큰 정수의 큰 자리 수부터 비교할 수 있으므로 더 빨리 끝낼 수 있습니다.

```
function abs_lt(comparahend, comparator) {
    return (
```

부호를 무시하면, 더 많은 메가디지트를 가진 숫자가 더 큰 숫자입니다. 두 숫자가 동일한 개수의 메가디지트를 가지고 있다면, 각 메가디지트 값을 비교해야만 합니다.

```
        comparahend.length === comparator.length
        ? comparahend.reduce(
            function (reduction, element, element_nr) {
                if (element_nr !== sign) {
                    const other = comparator[element_nr];
                    if (element !== other) {
                        return element < other;
                    }
                }
                return reduction;
            },
            false
        )
        : comparahend.length < comparator.length
    );
}

function lt(comparahend, comparator) {
    return (
        comparahend[sign] !== comparator[sign]
        ? is_negative(comparahend)
        : (
                is_negative(comparahend)
                ? abs_lt(comparator, comparahend)
                : abs_lt(comparahend, comparator)
            )
    );
}
```

lt(less than) 함수가 있다면 이 함수의 보수를 취하거나 인자를 바꿔서 다른 비교 함수를 쉽게 만들 수 있습니다.

```
function ge(a, b) {
    return !lt(a, b);
}

function gt(a, b) {
    return lt(b, a);
}

function le(a, b) {
    return !lt(b, a);
}
```

이제 비트 연산 함수를 만들 차례입니다. 각각의 큰 정수 값은 비트들을 가지고 있습니다. 비트 연산과 부호는 아무런 상관이 없다고 가정하므로 입력 부호는 무시하고 출력으로 "+"를 지정합니다.

처음 만들 비트 연산 함수는 and, or, xor입니다. and 함수는 둘 중 더 짧은 배열을 처리하길 원할 것입니다. and 함수는 더 긴 배열 쪽의 남는 비트는 전혀 신경 쓰지 않으니까요. 남는 비트는 영(0)과 and 연산이 이루어지므로 사라집니다. 반면 or와 xor 함수는 더 긴 쪽의 배열을 위주로 처리합니다.

```
function and(a, b) {
```

and 함수에서는 더 짧은 쪽 배열을 a로 합니다.

```
    if (a.length > b.length) {
        [a, b] = [b, a];
    }
    return mint(a.map(function (element, element_nr) {
        return (
            element_nr === sign
            ? plus
            : element & b[element_nr]
        );
    }));
}

function or(a, b) {
```

or 함수에서는 더 긴 배열을 a로 지정합니다.

```
    if (a.length < b.length) {
        [a, b] = [b, a];
    }
    return mint(a.map(function (element, element_nr) {
        return (
            element_nr === sign
            ? plus
            : element | (b[element_nr] || 0)
        );
    }));
}

function xor(a, b) {
```

xor 함수 역시 더 긴 쪽을 a로 지정합니다.

```
    if (a.length < b.length) {
        [a, b] = [b, a];
    }
    return mint(a.map(function (element, element_nr) {
        return (
            element_nr === sign
            ? plus
            : element ^ (b[element_nr] || 0)
        );
    }));
}
```

몇몇 함수는 작은 정수 값을 인자로 전달받습니다. int 함수는 숫자와 큰 정수 값을
모두 쉽게 처리하는 데 도움이 됩니다.

```
function int(big) {
    let result;
    if (typeof big === "number") {
        if (Number.isSafeInteger(big)) {
            return big;
        }
    } else if (is_big_integer(big)) {
        if (big.length < 2) {
            return 0;
        }
        if (big.length === 2) {
            return (
                is_negative(big)
                ? -big[least]
                : big[least]
            );
```

```
        }
        if (big.length === 3) {
            result = big[least + 1] * radix + big[least];
            return (
                is_negative(big)
                ? -result
                : result
            );
        }
        if (big.length === 4) {
            result = (
                big[least + 2] * radix_squared
                + big[least + 1] * radix
                + big[least]
            );
            if (Number.isSafeInteger(result)) {
                return (
                    is_negative(big)
                    ? -result
                    : result
                );
            }
        }
    }
}
```

shift_down 함수는 최하위 비트를 삭제해서 숫자의 크기를 줄입니다. 큰 정수 값을 더 작게 만드는 것이죠. 2의 멱승 값으로 나누는 것과 동일합니다. 이 연산은 대개 오른쪽 시프트(>>>)로 알려져 있는데, 기호만 봤을 때는 >>(greater than)과 비슷해서 실수로 숫자를 작게 만들 수도 있습니다. 사실 비트의 순서는 임의로 매기는 것이기 때문에, 비트가 오른쪽에서 왼쪽으로 자란다는 표현은 좀 헷갈리는 부분이 있습니다. 우리가 큰 정수 시스템을 왼쪽에서 오른쪽 방향으로 자라는 배열로 만들고 있기 때문에, 오른쪽에서 왼쪽으로 자람과 동시에 왼쪽에서 오른쪽으로 자라고 있는 꼴이 됩니다. 마찬가지로 어떤 나라에서는 왼쪽에서 오른쪽 방향으로 글을 쓰고, 또 어떤 나라에서는 오른쪽에서 왼쪽으로 글을 쓰기 때문에 어느 쪽이 더 자연스럽냐는 보편적이지 않습니다. 이런 헷갈리는 부분의 근본적인 이유는 엔디안(Endian) 문제 때문입니다. 오른쪽 시프트와 왼쪽 시프트는 축소나 확대에 비해 정확한 표현은 아닙니다.

우리의 큰 정수는 배열의 요소가 24비트이므로 시프트 횟수가 24의 배수라면 시프트 작업이 아주 쉽습니다. 아니라면 비트를 전부 재정렬해야 하기 때문입니다.

```
function shift_down(big, places) {
    if (is_zero(big)) {
        return zero;
    }
    places = int(places);
    if (Number.isSafeInteger(places)) {
        if (places === 0) {
            return abs(big);
        }
        if (places < 0) {
            return shift_up(big, -places);
        }
        let skip = Math.floor(places / log2_radix);
        places -= skip * log2_radix;
        if (skip + 1 >= big.length) {
            return zero;
        }
        big = (
            skip > 0
            ? mint(zero.concat(big.slice(skip + 1)))
            : big
        );
        if (places === 0) {
            return big;
        }
        return mint(big.map(function (element, element_nr) {
            if (element_nr === sign) {
                return plus;
            }
            return ((radix - 1) & (
                (element >> places)
                | ((big[element_nr + 1] || 0) << (log2_radix - places))
            ));
        }));
    }
}
```

shift_up 함수는 최하위 위치에 영(0)을 끼워 넣어서 숫자를 증가시킵니다. 2의 멱승 값을 곱하는 것과 비슷하지요. 이 함수로 큰 정수를 더 크게 만들 수 있습니다. 대부분의 시스템에서는 숫자가 시프트될 때 저장 가능한 용량을 초과하는 비트는 사라지지만, 여기서 만드는 시스템은 공간의 제한이 없으므로 그 어떤 비트도 사라지지 않습니다.

```
function shift_up(big, places) {
    if (is_zero(big)) {
```

```
        return zero;
    }
    places = int(places);
    if (Number.isSafeInteger(places)) {
        if (places === 0) {
            return abs(big);
        }
        if (places < 0) {
            return shift_down(big, -places);
        }
        let blanks = Math.floor(places / log2_radix);
        let result = new Array(blanks + 1).fill(0);
        result[sign] = plus;
        places -= blanks * log2_radix;
        if (places === 0) {
            return mint(result.concat(big.slice(least)));
        }
        let carry = big.reduce(function (accumulator, element, element_nr) {
            if (element_nr === sign) {
                return 0;
            }
            result.push(((element << places) | accumulator) & (radix - 1));
            return element >> (log2_radix - places);
        }, 0);
        if (carry > 0) {
            result.push(carry);
        }
        return mint(result);
    }
}
```

이제 not 함수를 만들어서 모든 비트의 보수를 만들게 할 것입니다. 문제는 숫자를 위한 비트가 무제한이기 때문에, 얼마나 많은 비트를 뒤집어야 할지 모른다는 것입니다. 그래서 우선 mask 함수를 통해 값이 1인 비트를 지정한 개수만큼 가진 큰 정수를 만들어 냅니다. mask와 xor를 통해 not 함수를 만들 수 있지만, not 함수는 반드시 몇 개의 비트를 가지고 있는지 알아야만 동작합니다.

```
function mask(nr_bits) {
```

값이 1인 비트로만 구성된 문자열을 만듭니다.

```
    nr_bits = int(nr_bits);
    if (nr_bits !== undefined && nr_bits >= 0) {
        let mega = Math.floor(nr_bits / log2_radix);
        let result = new Array(mega + 1).fill(radix - 1);
```

```
            result[sign] = plus;
            let leftover = nr_bits - (mega * log2_radix);
            if (leftover > 0) {
                result.push((1 << leftover) - 1);
            }
            return mint(result);
        }
    }
}

function not(a, nr_bits) {
    return xor(a, mask(nr_bits));
}
```

random 함수는 임의의 큰 정수를 만들어 냅니다. 생성할 비트 개수, 추가로 0에서 1 사이의 값을 생성할 수 있는 난수 생성기를 선택적 인자로 전달합니다. 난수 생성기를 인자로 넘기지 않으면 기본으로 Math.random 함수를 난수 생성기로 사용합니다. 일반적으로는 쓸만하지만 암호화와 관련된 목적으로는 별로입니다.

```
function random(nr_bits, random = Math.random) {
```

임의로 생성된 비트의 문자열을 만듭니다. 보안을 신경 써야 한다면 암호학적으로 더 강력한 난수 생성기를 반드시 인자로 전달하기 바랍니다.

우선 비트 1로 만들어진 문자열을 만듭니다.

```
    const wuns = mask(nr_bits);
    if (wuns !== undefined) {
```

각 메가디지트에 해당하는 0.0과 1.0 사이의 난수를 생성합니다. 몇 개의 상위 비트와 하위 비트를 골라서 서로 xor합니다. 그리고 메가디지트와 and 연산을 적용한 다음, 새로운 숫자에 추가합니다.

```
        return mint(wuns.map(function (element, element_nr) {
            if (element_nr === sign) {
                return plus;
            }
            const bits = random();
            return ((bits * radix_squared) ^ (bits * radix)) & element;
        }));
    }
}
```

10진수가 아니라 16777216진수라는 점만 빼면, 덧셈은 학교에서 배운 것과 똑같습니다. 더하기에 자리 올림수를 제공하기 위해서 클로저를 사용합니다.

```
function add(augend, addend) {
    if (is_zero(augend)) {
        return addend;
    }
    if (is_zero(addend)) {
        return augend;
    }
```

부호가 다르면 덧셈이 아니라 뺄셈이 됩니다.

```
    if (augend[sign] !== addend[sign]) {
        return sub(augend, neg(addend));
    }
```

부호가 같으면 모든 비트를 더하고 동일한 부호를 지정합니다. 길이가 서로 다른 정수 값도 더할 수 있습니다. 더 긴 정수 쪽에 .map을 쓴 다음 || 연산자를 통해 짧은 쪽에 존재하지 않는 요소에 영(0)을 적용해서 덧셈을 수행합니다.

```
    if (augend.length < addend.length) {
        [addend, augend] = [augend, addend];
    }
    let carry = 0;
    let result = augend.map(function (element, element_nr) {
        if (element_nr !== sign) {
            element += (addend[element_nr] || 0) + carry;
            if (element >= radix) {
                carry = 1;
                element -= radix;
            } else {
                carry = 0;
            }
        }
        return element;
    });
```

숫자가 오버플로된다면, 자리올림수(carry)를 저장할 배열 요소를 추가합니다.

```
    if (carry > 0) {
        result.push(carry);
    }
    return mint(result);
}
```

빼셈 역시 간단합니다.

```
function sub(minuend, subtrahend) {
    if (is_zero(subtrahend)) {
        return minuend;
    }
    if (is_zero(minuend)) {
        return neg(subtrahend);
    }
    let minuend_sign = minuend[sign];
```

빼셈에서 두 피연산자의 부호가 다르다면, 더하기로 바꿉니다.

```
    if (minuend_sign !== subtrahend[sign]) {
        return add(minuend, neg(subtrahend));
    }
```

더 큰 수에서 작은 수를 뺍니다.

```
    if (abs_lt(minuend, subtrahend)) {
        [subtrahend, minuend] = [minuend, subtrahend];
        minuend_sign = (
            minuend_sign === minus
            ? plus
            : minus
        );
    }
    let borrow = 0;
    return mint(minuend.map(function (element, element_nr) {
        if (element_nr === sign) {
            return minuend_sign;
        }
        let diff = element - ((subtrahend[element_nr] || 0) + borrow);
        if (diff < 0) {
            diff += 16777216;
            borrow = 1;
        } else {
            borrow = 0;
        }
        return diff;
    }));
}
```

곱셈은 좀 더 복잡합니다. multiplicand(피승수, 곱해지는 수)의 모든 요소를
multiplier(승수, 곱하는 수)의 모든 요소와 곱해야 하기 때문에 forEach 함수를 씁

니다. 각 요소의 곱은 48비트가 될 수 있지만 각 요소는 24비트밖에 담을 수 없으므로, 24비트를 초과하는 값은 반드시 자리올림수로 처리해야 합니다.

```javascript
function mul(multiplicand, multiplier) {
    if (is_zero(multiplicand) || is_zero(multiplier)) {
        return zero;
    }
```

두 수의 부호가 같다면 결과는 양수입니다.

```javascript
    let result = [
        multiplicand[sign] === multiplier[sign]
        ? plus
        : minus
    ];
```

자리올림수를 계속 전달하면서 multiplicand의 각 요소와 multiplier의 각 요소를 곱합니다.

```javascript
    multiplicand.forEach(function(
        multiplicand_element,
        multiplicand_element_nr
    ) {
        if (multiplicand_element_nr !== sign) {
            let carry = 0;
            multiplier.forEach(function(
                multiplier_element,
                multiplier_element_nr
            ) {
                if (multiplier_element_nr !== sign) {
                    let at = (
                        multiplicand_element_nr + multiplier_element_nr - 1
                    );
                    let product = (
                        (multiplicand_element * multiplier_element) +
                        (result[at] || 0) +
                        carry
                    );
                    result[at] = product & 16777215;
                    carry = Math.floor(product / radix);
                }
            });
            if (carry > 0) {
                result[multiplicand_element_nr + multiplier.length - 1] = carry;
            }
        }
```

```
    });
    return mint(result);
}
```

divrem 함수는 나누기를 하고, 결과로 몫과 나머지를 모두 반환합니다. 그리고 편의성을 위해 몫만 반환하는 div 함수도 만듭니다.

```
function divrem(dividend, divisor) {
    if (is_zero(dividend) || abs_lt(dividend, divisor)) {
        return [zero, dividend];
    }
    if (is_zero(divisor)) {
        return undefined;
    }
```

피연산자들을 양수로 만듭니다.

```
    let quotient_is_negative = dividend[sign] !== divisor[sign];
    let remainder_is_negative = dividend[sign] === minus;
    let remainder = dividend;
    dividend = abs(dividend);
    divisor = abs(divisor);
```

학교에 배운 대로 긴 나눗셈을 합니다. 몫의 다음 자릿수는 추정합니다. 추정한 수와 나누는 수를 곱한 값을 나눠지는 수에서 뺀 다음, 앞의 과정을 반복합니다. 여기서는 밑수 10 대신 밑수 16777216을 쓰고 있어 몫의 다음 자릿수를 훨씬 더 체계적으로 예측할 수 있습니다.

몫을 좀 더 효과적으로 추정하기 위해서 나누는 값에 mint 함수를 적용합니다. 최상위 비트가 1이 될 때까지 왼쪽으로 시프트합니다. 나눠지는 수도 똑같은 길이만큼 시프트합니다. 이 알고리즘은 《The Art of Computer Programming》의 알고리즘 4.3.1D에도 설명되어 있습니다.

시프트 횟수를 알아내기 위해 첫 번째 0을 찾습니다. clz32 함수는 32비트 내에서 영(0)을 찾지만 여기서는 24비트를 쓰기 때문에, 결과 값에서 8을 뺍니다.

```
    let shift = Math.clz32(last(divisor)) - 8;

    dividend = shift_up(dividend, shift);
    divisor = shift_up(divisor, shift);
    let place = dividend.length - divisor.length;
    let dividend_prefix = last(dividend);
    let divisor_prefix = last(divisor);
```

```
    if (dividend_prefix < divisor_prefix) {
        dividend_prefix = (dividend_prefix * radix) + next_to_last(dividend);
    } else {
        place += 1;
    }
    divisor = shift_up(divisor, (place - 1) * 24);
    let quotient = new Array(place + 1).fill(0);
    quotient[sign] = plus;
    while (true) {
```

추정 값이 너무 작은 경우는 없지만, 너무 큰 경우는 있습니다. 추정 값이 너무 크다면, 추정 값과 나누는 수를 곱한 값을 나눠지는 수에서 뺀 결과가 음수가 될 수 있습니다. 결과가 음수라면 추정 값을 줄인 다음, 다시 시도합니다.

```
        let estimated = Math.floor(dividend_prefix / divisor_prefix);
        if (estimated > 0) {
            while (true) {
                let trial = sub(dividend, mul(divisor, [plus, estimated]));
                if (!is_negative(trial)) {
                    dividend = trial;
                    break;
                }
                estimated -= 1;
            }
        }
```

정확히 추정된 값은 quotient에 저장합니다. 저장 공간의 마지막이라면, 다음으로 넘어가세요.

```
        quotient[place] = estimated;
        place -= 1;
        if (place === 0) {
            break;
        }
```

다음 공간을 준비합니다. dividend의 남은 메가디지트들 중 첫 번째 두 개의 메가디지트로 dividend_prefix 값을 바꾸고, divisor 값을 줄입니다.

```
        if (is_zero(dividend)) {
            break;
        }
        dividend_prefix = last(dividend) * radix + next_to_last(dividend);
        divisor = shift_down(divisor, 24);
    }
```

나머지를 수정합니다.

```
    quotient = mint(quotient);
    remainder = shift_down(dividend, shift);
    return [
        (
            quotient_is_negative
            ? neg(quotient)
            : quotient
        ),
        (
            remainder_is_negative
            ? neg(remainder)
            : remainder
        )
    ];
}

function div(dividend, divisor) {
    let temp = divrem(dividend, divisor);
    if (temp) {
        return temp[0];
    }
}
```

거듭제곱은 제곱이나 곱하기를 써서 쉽게 처리할 수 있습니다.

```
function power(big, exponent) {
    let exp = int(exponent);
    if (exp === 0) {
        return wun;
    }
    if (is_zero(big)) {
        return zero;
    }
    if (exp === undefined || exp < 0) {
        return undefined;
    }
    let result = wun;
    while (true) {
        if ((exp & 1) !== 0) {
            result = mul(result, big);
        }
        exp = Math.floor(exp / 2);
        if (exp < 1) {
            break;
        }
        big = mul(big, big);
```

```
    }
    return mint(result);
}
```

분수를 더 이상 나눌 수 없는 기약분수로 만들 때 gcd 함수를 사용합니다.

```
function gcd(a, b) {
    a = abs(a);
    b = abs(b);
    while (!is_zero(b)) {
        let [ignore, remainder] = divrem(a, b);
        a = b;
        b = remainder;
    }
    return a;
}
```

숫자형이나 문자열을 큰 정수로 변환한 후 그 반대로도 변환할 수 있는 함수가 필요합니다. 문자열에서/로 변환할 때, 당연히 10진 표기법을 지원하면서 또한 2진수, 8진수, 16진수, 32진수, Base32, Base32 체크섬도 지원하고 싶을 것입니다. Base32에 관한 좀 더 자세한 정보는 *crockford.com/wrmg/base32.html*에서 확인할 수 있습니다.

digitset 문자열은 숫자를 문자로 매핑시킬 때 사용합니다. charset 객체는 반대로 문자를 숫자로 매핑시킵니다. 문자 매칭의 부분 집합들을 이용해서 16진수, 10진수, 8진수, 2진수를 변환할 수 있습니다.

```
const digitset = "0123456789ABCDEFGHJKMNPQRSTVWXYZ*~$=U";
const charset = (function (object) {
    digitset.split("").forEach(function (element, element_nr) {
        object[element] = element_nr;
    });
    return Object.freeze(object);
}(Object.create(null)));
```

make 함수는 숫자나 문자열, 그리고 선택적으로 기수 값을 받아서 큰 정수 값을 반환합니다. 이 변환은 모든 정수 값에 대해 정확합니다.

```
function make(value, radix_2_37) {
```

make 함수는 큰 정수를 반환합니다. value 매개변수는 문자열이나 정수, 혹은 큰 정수 값입니다. 만약 value가 문자열이라면, 부수적으로 기수 값을 지정할 수 있습니다.

```
            let result;
            if (typeof value === "string") {
                let radish;
                if (radix_2_37 === undefined) {
                    radix_2_37 = 10;
                    radish = ten;
                } else {
                    if (
                        !Number.isInteger(radix_2_37)
                        || radix_2_37 < 2
                        || radix_2_37 > 37
                    ) {
                        return undefined;
                    }
                    radish = make(radix_2_37);
                }
                result = zero;
                let good = false;
                let negative = false;
                if (value.toUpperCase().split("").every(
                    function (element, element_nr) {
                        let digit = charset[element];
                        if (digit !== undefined && digit < radix_2_37) {
                            result = add(mul(result, radish), [plus, digit]);
                            good = true;
                            return true;
                        }
                        if (element_nr === sign) {
                            if (element === plus) {
                                return true;
                            }
                            if (element === minus) {
                                negative = true;
                                return true;
                            }
                        }
                        return digit === "_";
                    }
                ) && good) {
                    if (negative) {
                        result = neg(result);
                    }
                    return mint(result);
                }
                return undefined;
            }
            if (Number.isInteger(value)) {
                let whole = Math.abs(value);
                result = [(
```

```
                value < 0
                ? minus
                : plus
            )];
        while (whole >= radix) {
            let quotient = Math.floor(whole / radix);
            result.push(whole - (quotient * radix));
            whole = quotient;
        }
        if (whole > 0) {
            result.push(whole);
        }
        return mint(result);
    }
    if (Array.isArray(value)) {
        return mint(value);
    }
}
```

number 함수는 큰 정수 값을 자바스크립트 수로 바꿉니다. 값이 안전한 정수 범위 내에 있을 때만 변환이 정확합니다.

```
function number(big) {
    let value = 0;
    let the_sign = 1;
    let factor = 1;
    big.forEach(function (element, element_nr) {
        if (element_nr === 0) {
            if (element === minus) {
                the_sign = -1;
            }
        } else {
            value += element * factor;
            factor *= radix;
        }
    });
    return the_sign * value;
}
```

string 함수는 큰 정수 값을 문자열로 변환합니다. 이 변환 역시 정확합니다.

```
function string(a, radix_2_thru_37 = 10) {
    if (is_zero(a)) {
        return "0";
    }
    radix_2_thru_37 = int(radix_2_thru_37);
    if (
```

```
        !Number.isSafeInteger(radix_2_thru_37)
        || radix_2_thru_37 < 2
        || radix_2_thru_37 > 37
    ) {
        return undefined;
    }
    const radish = make(radix_2_thru_37);
    const the_sign = (
        a[sign] === minus
        ? "-"
        : ""
    );
    a = abs(a);
    let digits = [];
    while (!is_zero(a)) {
        let [quotient, remainder] = divrem(a, radish);
        digits.push(digitset[number(remainder)]);
        a = quotient;
    }
    digits.push(the_sign);
    return digits.reverse().join("");
}
```

population 함수는 큰 정수에서 값이 1인 비트 개수를 세어서 반환합니다. 해밍 거리[2]를 계산할 때 유용합니다.

```
function population_32(int32) {
```

32비트 정수에서 값이 1인 비트의 개수를 반환합니다.

먼저 2비트씩 짝을 지어 총 16개로 쪼갭니다. 그런 다음 각 쌍에서 상위 비트의 값을 빼면 해당 쌍에서 값이 1인 비트의 개수가 나옵니다(0~2개).

```
// HL - H = count
// 00 - 0 = 00
// 01 - 0 = 01
// 10 - 1 = 01
// 11 - 1 = 10

int32 -= (int32 >>> 1) & 0x55555555;
```

이제 2비트 카운트를 2개씩 짝지어 총 8개의 4비트 카운트를 만듭니다. 이번에는 값이 0~4가 됩니다.

---

2 (옮긴이) 해밍 거리는 길이가 같은 두 개의 문자열에서, 같은 위치에 서로 다른 기호를 가진 개수를 의미합니다. 예를 들어 `00010`과 `00101`의 해밍 거리는 3입니다.

```
    int32 = (int32 & 0x33333333) + ((int32 >>> 2) & 0x33333333);
```

같은 식으로 4비트 카운트를 2개씩 짝지어 8비트 카운트 4개를 만듭니다. 값은 0~8이 되겠죠. 이제 이웃 카운트로의 오버플로는 더 이상 발생하지 않으므로 마스킹은 더하기 후 한 번만 적용하면 됩니다.

```
    int32 = (int32 + (int32 >>> 4)) & 0x0F0F0F0F;
```

8비트 카운트를 2개씩 짝지어 16비트 카운트 2개를 만듭니다. 값의 범위는 0~16입니다.

```
    int32 = (int32 + (int32 >>> 8)) & 0x001F001F;
```

마지막으로 두 개의 16비트 카운트를 조합해서 0에서 32 사이의 값을 만들어 냅니다. 이 값이 32비트에 있는 비트 1의 개수입니다.

```
    return (int32 + (int32 >>> 16)) & 0x0000003F;
}

function population(big) {
```

값이 1인 비트의 개수를 셉니다.

```
    return big.reduce(
        function (reduction, element, element_nr) {
            return reduction + (
                element_nr === sign
                ? 0
                : population_32(element)
            );
        },
        0
    );
}

function significant_bits(big) {
```

앞쪽의 영(0)들을 제외한 전체 비트 수를 셉니다.

```
    return (
        big.length > 1
        ? make((big.length - 2) * log2_radix + (32 - Math.clz32(last(big))))
```

```
            : zero
    );
}
```

마지막으로 이 모든 훌륭한 기능들을 모듈로 익스포트합니다.

```
export default Object.freeze({
    abs,
    abs_lt,
    add,
    and,
    div,
    divrem,
    eq,
    gcd,
    is_big_integer,
    is_negative,
    is_positive,
    is_zero,
    lt,
    make,
    mask,
    mul,
    neg,
    not,
    number,
    or,
    population,
    power,
    random,
    shift_down,
    shift_up,
    significant_bits,
    signum,
    string,
    sub,
    ten,
    two,
    wun,
    xor,
    zero
});
```

이제 여러분의 모듈에서 bit_integer 객체를 임포트해서 쓸 수 있습니다.

```
import big_integer from "./big_integer.js";
```

큰 부동소수점

○ ○ ● ○ ○

> 영웅이 되려 하지 마라, 젊은이여.
> 영웅이 설 곳은 더 이상 없다.
>
> — 할란 포터(Harlan Potter)

큰 정수 시스템으로 많은 문제를 풀 수 있지만 당연히 정수 문제에 국한되며, 정수로는 풀 수 없는 많은 문제가 있습니다. 그래서 이번에는 큰 부동소수점 시스템을 만들어 보려고 합니다. 부동소수점 시스템은 세 가지 숫자, 즉 계수(coefficient)와 지수(exponent), 그리고 밑수(basis)로 구성됩니다. 이 세 개의 숫자로 값을 정할 수 있죠.

값 = 계수 * (밑수 ** 지수)

예를 들어 1.2345는 다음과 같이 표현할 수 있습니다.

1.2345 = 12345 * (10 ** -4)

자바스크립트가 차용한 IEEE 754 규격은 부동소수점 수의 밑수로 2를 사용합니다. 1950년대 하드웨어는 밑수가 2인 부동소수점 시스템과 잘 맞았습니다. 무어의 법칙 덕분에, 이제는 밑수를 2로 써야만 하는 제약이 없어졌습니다. 그러니 이제 다른 밑수를 사용해도 관계없습니다.

3장에서 만든 큰 정수는 24비트 크기의 요소를 사용하는 배열로 구성됩니다. 즉, 한 자리가 2 ** 24만큼의 정밀도를 가지는 것이죠. 그래서 밑수를 2 ** 24, 즉

16777216을 사용하면 자릿수가 늘거나 줄어도 배열에 요소를 더하거나 빼는 방식으로 쉽게 처리할 수 있습니다. 아주 좋은 성능을 보일 수 있죠. 그리고 성능을 위해 정확성을 희생하는 일반적으로 행해지는 관행이기도 합니다.

저는 밑수가 10이어야 한다고 생각합니다. 밑수가 10이면 10진 분수 값을 정확하게 표현할 수 있습니다. 대부분의 사람이 10진수를 사용하기 때문에 밑수가 10인 부동소수점 시스템은 사람에게 아주 좋은 시스템인 것이죠.

큰 정수는 계수를 표현하기에 이상적입니다. 부동소수점 시스템의 이상한 부분은 주로 크기의 제약으로 인해 생깁니다. 크기에 제약이 없다면 이상한 점도 많이 없어질 겁니다. 이런 이상한 점이 버그를 야기할 수 있다면, 가능하면 그런 가능성을 제거하는 것이 좋겠죠.

지수에도 큰 정수를 사용할 수 있겠지만, 너무 사치스럽습니다. 자바스크립트의 숫자형이면 충분합니다. Number.MAX_SAFE_INTEGER 값을 초과하기 전에 프로그램이 수 기가바이트의 메모리를 먼저 소모할 테니까요.

큰 부동소수점 수는 coefficient와 exponent를 가진 객체로 표현합니다.

big_integer 패키지 덕분에 부동소수점은 그다지 복잡하지 않습니다.

```
import big_integer from "./big_integer.js"
```

is_big_float 함수는 big float 객체인지 아닌지 알려 줍니다.

```
function is_big_float(big) {
    return (
        typeof big === "object"
        && big_integer.is_big_integer(big.coefficient)
        && Number.isSafeInteger(big.exponent)
    );
}

function is_negative(big) {
    return big_integer.is_negative(big.coefficient);
}

function is_positive(big) {
    return big_integer.is_positive(big.coefficient);
}

function is_zero(big) {
    return big_integer.is_zero(big.coefficient);
}
```

zero는 모든 요소(계수, 밑수, 지수)가 영(0)인 값입니다.

```
const zero = Object.create(null);
zero.coefficient = big_integer.zero;
zero.exponent = 0;
Object.freeze(zero);

function make_big_float(coefficient, exponent) {
    if (big_integer.is_zero(coefficient)) {
        return zero;
    }
    const new_big_float = Object.create(null);
    new_big_float.coefficient = coefficient;
    new_big_float.exponent = exponent;
    return Object.freeze(new_big_float);
}

const big_integer_ten_million = big_integer.make(10000000);
```

number 함수는 큰 부동소수점 값을 자바스크립트 수로 바꿉니다. 값이 안전한 정수 범위를 벗어나는 경우에는 변환이 정확하다고 보장할 수 없습니다. 자바스크립트 수 외에도 다른 형으로 변환할 수 있도록 만들 것입니다.

```
function number(a) {
    return (
        is_big_float(a)
        ? (
            a.exponent === 0
            ? big_integer.number(a.coefficient)
            : big_integer.number(a.coefficient) * (10 ** a.exponent)
        )
        : (
            typeof a === "number"
            ? a
            : (
                big_integer.is_big_integer(a)
                ? big_integer.number(a)
                : Number(a)
            )
        )
    );
}
```

부호를 바꾸는 함수와 절댓값을 구하는 함수도 만듭니다.

```
function neg(a) {
    return make_big_float(big_integer.neg(a.coefficient), a.exponent);
}

function abs(a) {
    return (
        is_negative(a)
        ? neg(a)
        : a
    );
}
```

더하기와 빼기는 정말 쉽습니다. 지수가 같은 경우에는 계수를 더하기만 하면 됩니다. 지수가 다르면 지수를 같게 만듭니다. 더하기와 빼기는 비슷하므로 add와 sub 함수를 만들어 내는 함수를 만들었습니다. conform_op 함수에 big_integer.add 함수를 인자로 전달하면 부동소수점 add 함수를 반환합니다. 마찬가지로 conform_op 에 big_integer.sub를 전달하면 sub 함수를 반환합니다.

```
function conform_op(op) {
    return function (a, b) {
        const differential = a.exponent - b.exponent;
        return (
            differential === 0
            ? make_big_float(op(a.coefficient, b.coefficient), a.exponent)
            : (
                differential < 0
                ? make_big_float(
                    op(
                        big_integer.mul(
                            a.coefficient,
                            big_integer.power(big_integer.ten, -differential)
                        ),
                        b.coefficient
                    ),
                    b.exponent
                )
                : make_big_float(
                    op(
                        a.coefficient,
                        big_integer.mul(
                            b.coefficient,
                            big_integer.power(big_integer.ten, differential)
                        )
                    ),
                    a.exponent
```

```
                    )
            )
        );
    };
}
const add = conform_op(big_integer.add);
const sub = conform_op(big_integer.sub);
```

곱하기도 쉽습니다. 계수를 곱하고, 지수를 더합니다.

```
function mul(multiplicand, multiplier) {
    return make_big_float(
        big_integer.mul(multiplicand.coefficient, multiplier.coefficient),
        multiplicand.exponent + multiplier.exponent
    );
}
```

나누기의 어려운 점은, 나누기를 언제까지 해야 할지 모른다는 점입니다. 정수에
대한 나누기는 언제 멈추는지 알 수 있습니다. 모든 자릿수에 대해 나누기를 하면
끝나니깐요. 고정 크기의 부동소수점 나누기 역시 쉽습니다. 모든 비트를 다 소진
하면 멈추면 됩니다. 하지만, 큰 정수는 그 크기에 제한이 없습니다. 딱 나누어 떨
어질 때까지 나누기를 계속할 수도 있겠지만, 나누기가 언제 나누어 떨어지는지는
아무도 알 수 없습니다. 그래서 나누기를 언제 끝낼지는 개발자에게 맡기기로 했습
니다. div 함수는 나누기 결과의 정확도 값을 선택적인 인자로 전달받습니다. 쉽게
말하면 나누기 결과의 소수점 자리죠. 기준 위치는 영(0)입니다. 소수점의 위치는
음수로 표현합니다. 나누기는 가능하면 지정한 자릿수까지 나누기를 시도한 후 결
과를 반환합니다. 기본 값은 –4, 즉 소수점 아래 네 자리까지입니다.

```
function div(dividend, divisor, precision = -4) {
    if (is_zero(dividend)) {
        return zero;
    }
    if (is_zero(divisor)) {
        return undefined;
    }
    let {coefficient, exponent} = dividend;
    exponent -= divisor.exponent;
```

계수의 크기를 원하는 정확도만큼 조절합니다.

```
    if (typeof precision !== "number") {
```

```
            precision = number(precision);
        }
        if (exponent > precision) {
            coefficient = big_integer.mul(
                coefficient,
                big_integer.power(big_integer.ten, exponent - precision)
            );
            exponent = precision;
        }
        let remainder;
        [coefficient, remainder] = big_integer.divrem(
            coefficient,
            divisor.coefficient
);
```

필요한 경우 결과를 반올림합니다.

```
        if (!big_integer.abs_lt(
            big_integer.add(remainder, remainder),
            divisor.coefficient
        )) {
            coefficient = big_integer.add(
                coefficient,
                big_integer.signum(dividend.coefficient)
            );
        }
        return make_big_float(coefficient, exponent);
    }
```

유효 숫자를 잃지 않는 범위 내에서 지수를 가능한 한 영(0)에 가까운 수로 만들어서 큰 부동소수점 수를 정규화합니다.

```
function normalize(a) {
    let {coefficient, exponent} = a;
    if (coefficient.length < 2) {
        return zero;
    }
```

지수가 영(0)이라면 이미 정규화된 상태입니다.

```
    if (exponent !== 0) {
```

지수가 양수라면 계수에 '10 ** 지수 값'을 곱합니다.

```
        if (exponent > 0) {
```

```
                coefficient = big_integer.mul(
                    coefficient,
                    big_integer.power(big_integer.ten, exponent)
                );
                exponent = 0;
            } else {
                let quotient;
                let remainder;
```

지수가 음수이고 계수가 10으로 나누어 떨어지면, 계수를 10으로 나누고 지수에 1을 더합니다.

좀 더 빨리 처리할 수 있도록 처음에는 천만 단위로 나눠서 계수에서 영(0)을 한 번에 7개씩 제거합니다.

```
                while (exponent <= -7 && (coefficient[1] & 127) === 0) {
                    [quotient, remainder] = big_integer.divrem(
                        coefficient,
                        big_integer_ten_million
                    );
                    if (remainder !== big_integer.zero) {
                        break;
                    }
                    coefficient = quotient;
                    exponent += 7;
                }
                while (exponent < 0 && (coefficient[1] & 1) === 0) {
                    [quotient, remainder] = big_integer.divrem(
                        coefficient,
                        big_integer.ten
                    );
                    if (remainder !== big_integer.zero) {
                        break;
                    }
                    coefficient = quotient;
                    exponent += 1;
                }
            }
        }
        return make_big_float(coefficient, exponent);
}
```

make 함수는 큰 정수나 문자열, 자바스크립트 수를 큰 부동소수점 수로 바꿉니다. 이 변환은 정확합니다.

```
const number_pattern = /
    ^
    ( -? \d+ )
    (?: \. ( \d* ) )?
    (?: e ( -? \d+ ) )?
    $
/;

// Capturing groups
//  [1] int
//  [2] frac
//  [3] exp

function make(a, b) {

//  (big_integer)
//  (big_integer, exponent)
//  (string)
//  (string, radix)
//  (number)

    if (big_integer.is_big_integer(a)) {
        return make_big_float(a, b || 0);
    }
    if (typeof a === "string") {
        if (Number.isSafeInteger(b)) {
            return make(big_integer.make(a, b), 0);
        }
        let parts = a.match(number_pattern);
        if (parts) {
            let frac = parts[2] || "";
            return make(
                big_integer.make(parts[1] + frac),
                (Number(parts[3]) || 0) - frac.length
            );
        }
    }
```

a가 자바스크립트의 숫자형이라면 밑수가 2인 지수와 계수로 분해하고, 이를 다시
정확한 큰 부동소수점 수로 바꿉니다.

```
    if (typeof a === "number" && Number.isFinite(a)) {
        if (a === 0) {
            return zero;
        }
        let {sign, coefficient, exponent} = deconstruct(a);
        if (sign < 0) {
```

```
                coefficient = -coefficient;
            }
            coefficient = big_integer.make(coefficient);
```

지수가 음수라면 2 ** abs(exponent)로 나눕니다.

```
            if (exponent < 0) {
                return normalize(div(
                    make(coefficient, 0),
                    make(big_integer.power(big_integer.two, -exponent), 0),
                    b
                ));
            }
```

지수가 양수라면 계수에 '2 ** 지수'를 곱합니다.

```
            if (exponent > 0) {
                coefficient = big_integer.mul(
                    coefficient,
                    big_integer.power(big_integer.two, exponent)
                );
                exponent = 0;
            }
            return make(coefficient, exponent);
        }
        if (is_big_float(a)) {
            return a;
        }
    }
```

string 함수로 큰 부동소수점 수를 문자열로 바꿀 수 있습니다. 변환 결과는 정확합니다. 이 변환 작업의 대부분은 영(0)을 채우는 것과 소수점을 찍는 것입니다. 이진 부동소수점을 문자열로 바꾸는 것은 좀 더 복잡하지만요.

```
function string(a, radix) {
    if (is_zero(a)) {
        return "0";
    }
    if (is_big_float(radix)) {
        radix = normalize(radix);
        return (
            (radix && radix.exponent === 0)
            ? big_integer.string(integer(a).coefficient, radix.coefficient)
            : undefined
        );
```

```
    }
    a = normalize(a);
    let s = big_integer.string(big_integer.abs(a.coefficient));
    if (a.exponent < 0) {
        let point = s.length + a.exponent;
        if (point <= 0) {
            s = "0".repeat(1 - point) + s;
            point = 1;
        }
        s = s.slice(0, point) + "." + s.slice(point);
    } else if (a.exponent > 0) {
        s += "0".repeat(a.exponent);
    }
    if (big_integer.is_negative(a.coefficient)) {
        s = "-" + s;
    }
    return s;
}
```

소수점 표현 방식 중 널리 사용되는 두 가지는 '.(마침표)'와 ',(쉼표)'입니다. 대부분의 나라에서는 둘 중 하나를 사용합니다. 한 국가 내에서는 둘 중 어떤 것을 써도 문제가 되지 않겠지만, 다른 나라 간에는 문제가 될 수 있습니다. 예를 들면 1,024는 아주 다르게 해석될 수 있으니깐요. 언젠가는 전 세계 표준 소수점 표기 방식이 마침표(.)로 정해질 겁니다. 대부분의 프로그래밍 언어에서 소수점 표기로 마침표(.)를 쓰고 있고, 데이터의 대부분이 흘러 다니는 프로그램들이 이런 언어로 만들어졌기 때문이죠.

scientific 함수는 큰 부동소수점 수를 e 표기법을 사용하는 문자열로 바꿔 줍니다.

```
function scientific(a) {
    if (is_zero(a)) {
        return "0";
    }
    a = normalize(a);
    let s = big_integer.string(big_integer.abs(a.coefficient));
    let e = a.exponent + s.length - 1;
    if (s.length > 1) {
        s = s.slice(0, 1) + "." + s.slice(1);
    }
    if (e !== 0) {
        s += "e" + e;
    }
    if (big_integer.is_negative(a.coefficient)) {
```

```
        s = "-" + s;
    }
    return s;
}
```

마지막으로, 모든 것을 모듈로 익스포트합니다.

```
export default Object.freeze({
    abs,
    add,
    div,
    eq,
    fraction,
    integer,
    is_big_float,
    is_negative,
    is_positive,
    is_zero,
    lt,
    make,
    mul,
    neg,
    normalize,
    number,
    scientific,
    string,
    sub,
    zero
});
```

이 라이브러리는 계산기, 재무 처리, 그 외 10진 소수점 수의 정확성을 요구하는 어떤 목적의 프로그램에도 잘 맞습니다. 여기서는 최소로 필요한 것만 구현했지만, 필요한 함수나 연산자를 얼마든지 추가할 수 있습니다.

　이 라이브러리는 2장에서 자바스크립트 수의 진실을 파헤치기 위해서 사용했었습니다. 물론 이 라이브러리는 아주 강력하지만, 좀 더 평범한 고정 크기 10진 소수점이 아마 대부분의 프로그램에 더 적합할 것입니다. 자바스크립트의 숫자형은 그 크기의 제한이나 정확도에 문제가 있는 것이 아닙니다. 사람들이 많이 사용하는 수, 즉 10진수를 정확하게 표현할 수 없다는 것이 문제죠. 다음 세대 언어에서는 DEC64(*www.DEC64.com*) 같은 것을 사용하는 것이 훨씬 좋을 것 같습니다.

　2진 부동소수점이든 10진 부동소수점이든, *100/3*과 같은 값은 정확하게 표현할 수 없습니다. 다음 장에서는 이 문제를 살펴보도록 하죠.

5장

{ "number": 5, "chapter": "Big Rational" }

큰 유리수

○ ○ ● ○ ●

> 난 정규 과목만 배웠어.
> 시작은 물론 비틀기(Reeling)와 몸부림치기(Writhing)고,
> 그리고 나서 여러 가지 산수를 배웠어.
> 예를 들어 야망(Ambition), 낙심(Distraction),
> 추하게 만들기(Uglification), 비웃기(Derision) 같은.[1]
> — 모조 거북이, 소설 《이상한 나라의 앨리스》 중에서

유리수는 두 개의 정수의 비율로 나타낼 수 있는 수입니다. 두 정수가 큰 정수라면 숫자를 제대로 표시할 수 있습니다. 2진 부동소수점 수가 표현할 수 있는 모든 수를 정확하게 표현할 수 있습니다. 물론 10진 부동소수점 수가 표현하는 수도 모두 정확하게 표현합니다. 그 외에 다른 형에서 정확하게 표현할 수 없는 모든 유리수를 정확하게 표현합니다.

유리수 시스템은 두 개의 숫자, 즉 분자(numerator)와 분모(denominator)로 구성됩니다. 이 두 개의 숫자로 값을 결정하죠.

값 = 분자 / 분모

1.5라는 값은 다음과 같이 정확하게 표현할 수 있습니다.

---

1 (옮긴이) 여기서 비틀기(Reeling)와 몸부림치기(Writhing)는 학교에서 기본적으로 배우는 읽기(Reading)와 쓰기(Writing)를 장난스럽게 바꾸어 말한 것이고, 야망(Ambition), 낙심(Distraction), 추하게 만들기(Uglification), 비웃기(Derision)는 덧셈(Addition), 뺄셈(Subtraction), 곱셈(Multiplication), 나눗셈(Division)을 장난스럽게 표현한 것입니다.

```
1.5 = 3 / 2
```

여기서 만든 유리수 객체는 numerator와 denominator라는 속성을 가지며, 둘 다 큰 정수입니다. 값의 부호는 분자의 부호를 따라갑니다. 분모는 음수가 아니어야 겠죠.

이런 방식이 산술 연산에 적합합니다. big_integer 패키지를 써서 구현합니다.

```
import big_integer from "./big_integer.js";
```

몇 개의 술어 함수(predicate function)로 시작해 보겠습니다.

```
function is_big_rational(a) {
    return (
        typeof a === "object"
        && big_integer.is_big_integer(a.numerator)
        && big_integer.is_big_integer(a.denominator)
    );
}

function is_integer(a) {
    return (
        big_integer.eq(big_integer.wun, a.denominator)
        || big_integer.is_zero(
            big_integer.divrem(a.numerator, a.denominator)[1]
        )
    );
}

function is_negative(a) {
    return big_integer.is_negative(a.numerator);
}
```

유용한 상수 몇 개는 미리 정의해 두었습니다. 다른 상수가 필요하면 쉽게 추가할 수도 있고요.

```
function make_big_rational(numerator, denominator) {
    const new_big_rational = Object.create(null);
    new_big_rational.numerator = numerator;
    new_big_rational.denominator = denominator;
    return Object.freeze(new_big_rational);
}
const zero = make_big_rational(big_integer.zero, big_integer.wun);
const wun = make_big_rational(big_integer.wun, big_integer.wun);
const two = make_big_rational(big_integer.two, big_integer.wun);
```

절댓값 함수와 부호 변경 함수도 필요합니다. 여기서 부호는 당연히 분자의 부호입니다. 분모는 항상 양수여야 합니다.

```javascript
function neg(a) {
    return make(big_integer.neg(a.numerator), a.denominator);
}

function abs(a) {
    return (
        is_negative(a)
        ? neg(a)
        : a
    );
}
```

더하기와 빼기는 정말 쉽습니다. 분모가 똑같으면, 분자를 더하거나 빼면 됩니다. 분모가 다르면, 다음과 같이 두 번의 곱셈과 한 번의 덧셈, 그리고 또 한 번의 곱셈을 해야 합니다.

$$(a / b) + (c / d) = ((a * d) + (b * c)) / (b * d)$$

더하기와 빼기는 정말 비슷하죠. 그래서 예전에 했던 것처럼 add와 sub 함수를 만드는 함수를 만듭니다.

```javascript
function conform_op(op) {
    return function (a, b) {
        try {
            if (big_integer.eq(a.denominator, b.denominator)) {
                return make(
                    op(a.numerator, b.numerator),
                    a.denominator
                );
            }
            return normalize(make(
                op(
                    big_integer.mul(a.numerator, b.denominator),
                    big_integer.mul(b.numerator, a.denominator)
                ),
                big_integer.mul(a.denominator, b.denominator)
            ));
        } catch (ignore) {
        }
    };
}
```

```
const add = conform_op(big_integer.add);
const sub = conform_op(big_integer.sub);
```

inc 함수는 분자에 분모 값을 더해서 유리수를 1만큼 증가시킵니다. 마찬가지로 dec 함수는 분자에서 분모를 빼 1만큼 감소시킵니다.

```
function inc(a) {
    return make(
        big_integer.add(a.numerator, a.denominator),
        a.denominator
    );
}

function dec(a) {
    return make(
        big_integer.sub(a.numerator, a.denominator),
        a.denominator
    );
}
```

곱하기는 쉽습니다. 분자와 분모를 서로 곱하면 되니깐요. 나누기는 곱셈인데 두 번째 인자의 분자와 분모를 바꿔서 합니다. 유리수 시스템에서 아주 긴 나눗셈을 하는 경우는 거의 없습니다. 분모를 더 크게 만들 뿐이죠.

```
function mul(multiplicand, multiplier) {
    return make(
        big_integer.mul(multiplicand.numerator, multiplier.numerator),
        big_integer.mul(multiplicand.denominator, multiplier.denominator)
    );
}

function div(a, b) {
    return make(
        big_integer.mul(a.numerator, b.denominator),
        big_integer.mul(a.denominator, b.numerator)
    );
}

function remainder(a, b) {
    const quotient = div(normalize(a), normalize(b));
    return make(
        big_integer.divrem(quotient.numerator, quotient.denominator)[1]
    );
}
```

```
function reciprocal(a) {
    return make(a.denominator, a.numerator);
}

function integer(a) {
    return (
        a.denominator === wun
        ? a
        : make(big_integer.div(a.numerator, a.denominator), big_integer.wun)
    );
}

function fraction(a) {
    return sub(a, integer(a));
}
```

normalize 함수는 유리수의 분자와 분모에 공통 인수가 없게 만듭니다. 큰 수를 인수분해하는 것은 사실 어려운 일이죠. 다행히 유리수를 줄이기 위해 인수분해를 할 필요는 없습니다. 최대공약수를 찾아서 분자와 분모를 최대공약수로 나누면 됩니다.

정규화를 꼭 할 필요는 없습니다. 유리수를 정규화한다고 그 값이 바뀌는 것은 아닙니다. 유리수 객체 내에 있는 큰 정수 값이 작아져서 (별로 중요하지는 않지만) 메모리 사용량을 줄일 수도 있고 그 외에 관련된 연산이 빨라질 수도 있습니다.

```
function normalize(a) {
```

큰 유리수의 분자와 분모를 최대공약수로 나누어 정규화합니다. 최대공약수가 1이라면 유리수는 이미 정규화되었다는 뜻입니다.

```
    let {numerator, denominator} = a;
    if (big_integer.eq(big_integer.wun, denominator)) {
        return a;
    }
    let g_c_d = big_integer.gcd(numerator, denominator);
    return (
        big_integer.eq(big_integer.wun, g_c_d)
        ? a
        : make(
            big_integer.div(numerator, g_c_d),
            big_integer.div(denominator, g_c_d)
        )
    );
}
```

두 개의 유리수가 같은지 비교하기 위해서 각 유리수를 정규화할 필요는 없습니다. 만약

$a / b = c / d$

이라면, 다음과 같이 비교할 수 있습니다.

$a * d = b * c$

이렇게 하면 정규화할 필요 없이 같은지 비교할 수 있습니다.

```
function eq(comparahend, comparator) {
    return (
        comparahend === comparator
        ? true
        : (
            big_integer.eq(comparahend.denominator, comparator.denominator)
            ? big_integer.eq(comparahend.numerator, comparator.numerator)
            : big_integer.eq(
                big_integer.mul(comparahend.numerator, comparator.denominator),
                big_integer.mul(comparator.numerator, comparahend.denominator)
            )
        )
    );
}

function lt(comparahend, comparator) {
    return (
        is_negative(comparahend) !== is_negative(comparator)
        ? is_negative(comparator)
        : is_negative(sub(comparahend, comparator))
    );
}
```

make 함수는 여러 인자를 받아들여서 numerator와 denominator를 포함하는 유리수 객체로 만들어 줍니다. 이 변환은 정확합니다.

make 함수는 한 개 또는 두 개의 큰 정수를 인자로 받을 수도 있고, "33 1/3"이나 "98.6"과 같은 문자열도 변환합니다. 또한 유한한 어떤 자바스크립트 숫자 값도 받을 수 있습니다. make 함수는 추가 손실 없이 이 인자들을 유리수로 변환합니다.

```
const number_pattern = /
    ^
    ( -? )
```

```
    (?:
        ( \d+ )
        (?:
            (?:
                \u0020 ( \d+ )
            )?
            \/
            ( \d+ )
        |
            (?:
                \. ( \d* )
            )?
            (?:
                e ( -? \d+ )
            )?
        )
    |
        \. (\d+)
    )
    $
/;
```

```
function make(numerator, denominator) {
```

두 개의 인자를 전달하면 둘 다 큰 정수로 변환됩니다. 반환 값은 분자와 분모를 가진 객체입니다.

하나의 인자만 전달받으면 우선 그 인자가 무엇인지 알아내야 합니다. 인자가 문자열이라면, '33 1/3'처럼 정수와 유리수가 혼합된 형태인지, 혹은 '98.6' 같은 소수점 형태인지 분석합니다. 인자가 숫자라면 분해합니다. 모든 경우에 해당하지 않으면, 빠트린 두 번째 인자 값을 1이라고 가정합니다.

```
    if (denominator !== undefined) {
```

분모와 분자로 유리수를 만듭니다. 큰 정수나 정수, 문자열을 인자로 전달할 수 있습니다.

```
        numerator = big_integer.make(numerator);
```

분자가 영(0)이라면 분모는 신경 쓰지 않고 영(0)을 반환합니다.

```
        if (big_integer.zero === numerator) {
            return zero;
        }
```

```
            denominator = big_integer.make(denominator);
            if (
                !big_integer.is_big_integer(numerator)
                || !big_integer.is_big_integer(denominator)
                || big_integer.zero === denominator
            ) {
                return undefined;
            }
```

분모가 음수라면 분모를 양수로 바꾸고 분자의 부호를 바꿉니다.

```
            if (big_integer.is_negative(denominator)) {
                numerator = big_integer.neg(numerator);
                denominator = big_integer.abs(denominator);
            }
            return make_big_rational(numerator, denominator);
        }
```

인자가 문자열이라면 분석을 시도합니다.

```
        if (typeof numerator === "string") {
            let parts = numerator.match(number_pattern);
            if (!parts) {
                return undefined;
            }

// Capturing groups:
//  [1] sign
//  [2] integer
//  [3] top
//  [4] bottom
//  [5] frac
//  [6] exp
//  [7] naked frac

            if (parts[7]) {
                return make(
                    big_integer.make(parts[1] + parts[7]),
                    big_integer.power(big_integer.ten, parts[7].length)
                );
            }
            if (parts[4]) {
                let bottom = big_integer.make(parts[4]);
                if (parts[3]) {
                    return make(
                        big_integer.add(
                            big_integer.mul(
```

```
                                big_integer.make(parts[1] + parts[2]),
                                bottom
                            ),
                            big_integer.make(parts[3])
                        ),
                        bottom
                    );
                }
                return make(parts[1] + parts[2], bottom);
            }
            let frac = parts[5] || "";
            let exp = (Number(parts[6]) || 0) - frac.length;
            if (exp < 0) {
                return make(
                    parts[1] + parts[2] + frac,
                    big_integer.power(big_integer.ten, -exp)
                );
            }
            return make(
                big_integer.mul(
                    big_integer.make(parts[1] + parts[2] + parts[5]),
                    big_integer.power(big_integer.ten, exp)
                ),
                big_integer.wun
            );
        }
```

인자가 숫자인가요? 그럼 분해하고 다시 구성합니다.

```
    if (typeof numerator === "number" && !Number.isSafeInteger(numerator)) {
        let {sign, coefficient, exponent} = deconstruct(numerator);
        if (sign < 0) {
            coefficient = -coefficient;
        }
        coefficient = big_integer.make(coefficient);
        if (exponent >= 0) {
            return make(
                big_integer.mul(
                    coefficient,
                    big_integer.power(big_integer.two, exponent)
                ),
                big_integer.wun
            );
        }
        return normalize(make(
            coefficient,
            big_integer.power(big_integer.two, -exponent)
        ));
```

```
    }
    return make(numerator, big_integer.wun);
}
```

number 함수는 큰 유리수를 자바스크립트 수로 변환합니다. 물론 값이 안전한 정수 범위를 벗어나면, 변환이 정확하다고 보장할 수 없습니다.

```
function number(a) {
    return big_integer.number(a.numerator) / big_integer.number(a.
demoninator);
}
```

string 함수는 큰 유리수를 문자열로 바꿉니다. 이 변환은 아주 정확합니다.

```
function string(a, nr_places) {
    if (a === zero) {
        return "0";
    }
    let {numerator, denominator} = normalize(a);
```

분자를 분모로 나눕니다. 나머지가 없으면 우리가 원하는 값입니다.

```
    let [quotient, remains] = big_integer.divrem(numerator, denominator);
    let result = big_integer.string(quotient);
    if (remains !== big_integer.zero) {
```

nr_places를 전달하면 결과 값을 소수점 형태로 만듭니다. 나머지는 10의 멱승만큼 곱해서 크기를 증가시켜서 정수 형태로 만든 다음 나누기를 다시 합니다. 나머지가 분모의 절반보다 크거나 같다면 반올림합니다.

```
        remains = big_integer.abs(remains);
        if (nr_places !== undefined) {
            let [fractus, residue] = big_integer.divrem(
                big_integer.mul(
                    remains,
                    big_integer.power(big_integer.ten, nr_places)
                ), denominator
            );
            if (!big_integer.abs_lt(
                    big_integer.mul(residue, big_integer.two),
                    denominator
            )) {
                fractus = big_integer.add(fractus, big_integer.wun);
            }
```

```
                    result += "." + big_integer.string(fractus).padStart(
                        big_integer.number(nr_places),
                        "0"
                    );
                } else {
```

결과는 몫과 분수가 섞인 형태입니다.

```
            result = (
                (
                    result === "0"
                    ? ""
                    : result + " "
                )
                + big_integer.string(remains)
                + "/"
                + big_integer.string(denominator)
            );
        }
    }
    return result;
}
```

이 모든 훌륭한 기능들을 모듈로 익스포트합니다.

```
export default Object.freeze({
    abs,
    add,
    dec,
    div,
    eq,
    fraction,
    inc,
    integer,
    is_big_rational,
    is_integer,
    is_negative,
    lt,
    make,
    mul,
    neg,
    normalize,
    number,
    wun,
    reciprocal,
    remainder,
    string,
```

```
        sub,
        two,
        zero
});
```

큰 유리수 객체는 다음과 같이 big_rational을 임포트해서 사용할 수 있습니다.

```
import big_rational from "./big_rational.js";
```

big_rational 라이브러리는 작고 간단하고 느리지만, 놀라우리만치 강력합니다. 아직 원주율 값이나 2의 제곱근과 같은 값을 정확하게 표현하지는 못하지만, 우리가 원하는 수준에 근접했습니다. 예를 들어 다음과 같습니다.

```
const pi = big_rational.make(
    "3141592653589793238462643383279502884197169399375105820974944592307816406",
    "1000000000000000000000000000000000000000000000000000000000000000000000000"
);
```

```
const sqrt_two = big_rational.make(
    "1414213562373095048801688724209698078569671875376948073176679737990732478",
    "1000000000000000000000000000000000000000000000000000000000000000000000000"
);
```

소수점 아래 72자리 정도로 표현이 가능합니다. 더 정확한 값이 필요하다면, 더 높은 정확도를 요구하면 됩니다. 정확도가 향상되면 성능은 떨어지죠. 사람들은 자주 성능을 위해 정확도를 포기합니다. 너무 성급하게요.

이 라이브러리를 통해 그동안 자바스크립트에서는 불가능했던 계산을 할 수 있습니다. 그러므로 자바스크립트에 새로운 숫자형을 추가할 필요는 없습니다. 언어 그 자체의 능력을 활용해 우리가 원하는 작업을 할 수 있으니깐요.

불편한 점도 있습니다. a + b 대신 big_rational.add(a, b)를 써야 합니다. 코드 길이보다 좋은 결과를 더 중시한다면 크게 문제되지는 않겠지요. 문법은 과대평가된 면이 있습니다. 정말 문법적인 지원이 필요하다면, 코드 변환을 통해 개발자가 + 연산자를 써도 언어가 알아서 big_rational.add 함수를 호출하도록 만들 수도 있습니다.

6장

{ "number": 6, "chapter": "Boolean" }

불(boolean) 타입

○ ○ ● ● ○

진실은 진실입니다. 진실에 대해 의견을 가질 수는 없습니다.

— 피터 시컬리(Peter Schickele)

불(boolean) 타입이라는 이름은 대수 로직 시스템을 개발한 영국의 수학자 조지 불 (George Boole)의 이름에서 따왔습니다. 그리고 정보이론의 아버지라 일컬어지는 클로드 섀넌(Claude Shannon)이 디지털 회로 설계에 불(Boole)의 시스템을 도입 했습니다. 그래서 컴퓨터 회로를 로직(logic)이라고 부르는 것이죠.

불 타입은 두 개의 값, 즉 true와 false만 가질 수 있습니다. 불 값은 대개 로직 연 산자로 구현되는 비교 연산자의 결과로 생성되어 삼항 연산자나 if, do, for, while 문의 조건식 부분에서 사용됩니다.

typeof 연산자는 true나 false 값에 대해서 "boolean"을 반환합니다.

관계 연산자

===	같음
!==	같지 않음
<	보다 작음
<=	보다 작거나 같음
>	보다 큼
>=	보다 크거나 같음

안타깝게도 동등 연산자는 =가 아니라 ===입니다. 더더욱 안타까운 것은 부등(not equal) 연산자가 ≠가 아니라 !==이라는 것이죠. 말도 안 되는 것도 많지만, 어쨌든 이 연산자들은 우리가 원하는 것을 대부분 잘 해냅니다. 다음과 같이 말이 안 되는 경우를 몇 가지 더 살펴보죠.

```
undefined < null                        // false
undefined > null                        // false
undefined === null                      // false

NaN === NaN                             // false
NaN !== NaN                             // true

"11" < "2"                              // true
"2" < 5                                 // true
5 < "11"                                // true
```

===와 !==는 양쪽 피연산자가 NaN인 경우를 제외하면 기대한 대로 동작합니다. ===와 !==는 값이 null이거나, undefined이거나, 아무튼 NaN이 아닌 다른 값인지를 검사하기 위해 쓸 수 있습니다. x가 NaN인지 확인하려면 반드시 `Number.isNaN($x$)`를 써야 합니다.

반복문의 종료 조건을 검사하기 위해 === 연산자를 사용하고 싶다면, 종료 조건을 나타내는 변수 값이 안전한 정수 범위 안에 있을 경우에만 사용하세요. 안전한 범위 안이라고 해도, ===보다는 >= 연산자가 더 안전합니다.

<, <=, >, >= 역시 양쪽 피연산자가 둘 다 문자열이거나 둘 다 숫자이면 제대로 동작합니다. 그 외의 경우는 말도 안 되는 결과가 나옵니다. 그러므로 비교 연산을 할 때는 자료형을 섞어서 써서는 안 됩니다. 자바스크립트는 자료형을 섞어서 쓰는 것을 어떤 형태로든 막지 않기 때문에, 여러분 나름의 규칙을 가져야 합니다.

자바스크립트에는 신뢰해서는 안 될 비교 연산자도 있습니다. 특히 ==와 !=는 절대 사용하지 않길 권장합니다. 이 연산자들은 비교 연산을 하기 전에 강제로 형변환을 하기 때문에, 거짓 양성(false positives)과 거짓 음성(false negatives)이 발생할 수 있습니다. 그 대신 꼭 ===와 !==를 쓰세요.

불인 척하기

자바스크립트는 사랑스러운 불 타입을 가지고 있지만 제대로 쓰는 것 같지는 않습니다. 불이 제대로 쓰이는 위치는 다음과 같습니다.

- if 문의 조건문 위치
- while 문의 조건문 위치
- for 문의 조건문 위치
- do 문의 조건문 위치
- ! 연산자의 피연산자 위치
- && 연산자의 양쪽 피연산자
- || 연산자의 양쪽 피연산자
- ?와 :로 구성된 삼항 연산자의 첫 번째 피연산자 위치(? 앞)
- Array의 filter, find, findIndex, indexOf 메서드의 첫 번째 인자로 전달되는 함수의 반환 값

잘 설계된 언어라면, 이런 위치에서는 오직 불 값만 사용하도록 할 것입니다. 하지만 자바스크립트는 여기에 아무 값이나 사용해도 되죠. 이런 언어의 모든 값은 '불인 척하는' 자료형에 포함됩니다. '불인 척하는' 자료형에 속한 값은 '참이라고 볼 수 있는 값(truthy)'이거나 '거짓이라고 볼 수 있는 값(falsy)' 둘 중 하나입니다.

거짓이라고 볼 수 있는 값은 다음과 같습니다.

- false
- null
- undefined
- ""(빈 문자열)
- 0
- NaN

다른 모든 값은 '참이라고 볼 수 있는 값'에 해당합니다. 여기에는 빈 객체, 빈 배열, 그리고 언뜻 보면 '거짓이라고 볼 수 있는 값'처럼 보이는 "false"나 "0" 같은 문자열이 포함됩니다.

'거짓이라고 볼 수 있는 값'들은 일반적으로 false처럼 동작하지만, 엄밀히 말하면, 이런 값들 중 대부분은 false가 아닙니다. 마찬가지로 '참이라고 볼 수 있는 값'들은 true인 것처럼 동작하지만 대부분은 실제로 true가 아닙니다. '불인 척하기'는

자바스크립트의 실수 중 하나지만, 의도치 않게 이런 실수가 생긴 것은 아닙니다. C 언어의 관용구를 자바스크립트에서도 사용할 수 있도록 하기 위해 일부러 만든 것입니다.

C는 자료형을 적절하게 사용하지 못했습니다. C에서는 0, FALSE, NULL, 문자열의 끝, 그 외 많은 것을 단 하나의 값으로 표현합니다. C에서 그들은 모두 같은 값입니다. 그래서 if 문의 조건문 위치에서도, C는 해당 표현식이 0인지 아닌지만 확인합니다.

자바스크립트는 그럴듯한 불 자료형을 가지고는 있지만, 이런 '불인 척하는 값'들을 허용하는 바람에 그 의미가 퇴색되어 버렸습니다. 조건문은 true이거나 false여야 합니다. 다른 값들은 반드시 에러로 간주되어야 합니다. 이상적으로는 컴파일 시점에 에러로 간주되는 것이 좋습니다. 하지만 자바스크립트에서는 그렇지 않습니다. C 언어에서처럼 간결하지만 아리송한 조건문을 만들 수 있습니다. 우연히 조건문으로 흘러들어간 값들은 에러로 간주되지 않죠. 그 대신, 프로그램을 의도하지 않은 방향으로 흘러가게 만듭니다. 자바는 조건문이 반드시 불 값이 되도록 강제해서 그런 종류의 에러를 전부 제거하였습니다. 자바스크립트도 그렇게 되길 바랍니다.

여러분이 자바스크립트가 제대로, 올바르게 설계된 언어라고 생각하고 프로그램을 만들었으면 좋겠습니다. 조건문에는 꼭 불 값을 쓰세요. 더 나은 언어를 쓰는 것처럼 프로그래밍한다면, 더 나은 프로그램을 만들 수 있을 것입니다.

논리 연산자

논리 연산자들 역시 '불인 척하기'의 피해자입니다.

!	논리 not	피연산자가 '참이라고 볼 수 있는 값'이라면 결과는 false입니다. 피연산자가 '거짓이라고 볼 수 있는 값'이라면 결과는 true입니다.
&&	논리 and	첫 번째 피연산자가 '거짓'이라면 두 번째 피연산자 값과는 상관없이 결과는 '거짓'입니다. 첫 번째 피연산자 값이 '참'이라면 두 번째 피연산자 값이 결과가 됩니다.
||	논리 or	첫 번째 피연산자가 '참'이라면 두 번째 피연산자 값과는 상관없이 결과는 '참'입니다. 첫 번째 피연산자 값이 '거짓'이라면 두 번째 피연산자 값이 결과가 됩니다.

하지 마세요!

논리 연산자는 복잡해질 수 있습니다. 하지만 몇 가지 변환을 통해 단순화시킬 수 있습니다. 불행히도 '불인 척하기'와 NaN 때문에 이런 변환이 에러를 발생시킬 수도 있습니다.

not 연산자를 두 번 쓰는 방식은 단순화하는 것이 좋습니다. 자바스크립트의 논리 시스템에서

```
!!p === p
```

는 오직 p가 불 값일 경우에만 정확합니다. p가 불 타입이 아니라면 !!p는 Boolean(p)와 같은 값이지, p와 같은지는 알 수 없습니다.

몇몇 비교 연산자는 반대에 해당하는 연산자도 가지고 있습니다. <의 경우 >=, >는 <=의 반대죠. 그러므로 !(a < b)는 a >= b로 바꿔 쓸 수 있는 것처럼, 다음과 같은 단순화된 표현이 가능합니다.

```
!(a === b) === (a !== b)
!(a <= b) === (a >  b)
!(a >  b) === (a <= b)
!(a >= b) === (a <  b)
```

a나 b가 NaN이라면 코드 변환은 실패합니다. NaN에 그 어떤 숫자를 그 어떤 비교 연산자를 사용해서 비교하더라도 false를 반환하기 때문이죠.

```
7 < NaN                                  // false
NaN < 7                                  // false
!(7 < NaN) === 7 >= NaN                  // false
```

NaN이 그 어떤 다른 숫자보다 작다거나 혹은 NaN을 다른 숫자와 비교하면 예외를 발생시키는 것이 더 그럴듯해 보입니다. 자바스크립트는 대신 다른 길을 택했습니다. NaN에 대한 의미 있는 행동은 Number.isNaN(NaN)밖에 없습니다. NaN을 다른 방식으로 사용하지 마세요.

논리 표현식의 단순화에는 드모르간 법칙(De Morgan Laws)이 유용합니다. 저는 다음 법칙을 자주 사용합니다.

```
!(p && q) === !p || !q
!(p || q) === !p && !q
```

자바스크립트에서 p와 q가 말도 안 되는 것들로 오염되지만 않았다면, 위의 법칙은 잘 동작합니다. '불인 척하는 값'들은 꼭 피하고, 진짜 불 값을 사용하세요.

7장

{ "number": 7, "chapter": "Array" }

배열

○ ○ ● ● ●

여기 있는 모든 것은 일련번호가 매겨져 있지.

그리고 그 괴물은 제로(Zero)라고 불려.

— 행성 X의 관제사

배열은 가장 유서 깊은 자료구조 중 하나입니다. 배열은 연속적인 메모리로 구성되고, 같은 크기의 배열 요소로 나누어지며, 각 요소는 정수 색인과 연결되어 빠르게 접근할 수 있습니다. 자바스크립트는 처음 배포 당시 배열을 포함시키지 못했습니다. 자바스크립트의 객체가 워낙 강력해서 배열이 빠졌다는 사실을 알아채는 경우는 드물었지만요. 성능 문제만 무시한다면 객체는 배열이 할 수 있는 모든 것을 할 수 있습니다.

이는 오늘날에도 여전히 그렇습니다. 배열의 색인으로 어떤 문자열이나 사용 가능하죠. 자바스크립트의 배열은 진짜 객체입니다. 하지만 오늘날 자바스크립트의 배열은 예전과는 다르게, 다음 네 가지 면에서 객체와 살짝 다릅니다.

- 배열은 마술 같은 length 속성을 가지고 있습니다. 배열의 length 속성은 배열이 담고 있는 요소의 개수를 의미하지는 않습니다. 그 대신, 가장 큰 색인보다 1 큰 값을 나타냅니다. 예를 들어 배열에 요소가 네 개 있고 마지막 요소의 색인이 10 이라면, length는 11입니다. 이는 자바스크립트의 배열이 마치 진짜 배열인 것 같은 환상을 불러일으키며, 자바스크립트가 반세기 전의 C 프로그램에서나 발견할 수 있을 만한 for 문을 아무런 문제없이 처리할 수 있도록 만들어 줍니다.

- 배열은 Object.prototype보다 훨씬 더 좋은 메서드들을 가지고 있는 Array.prototype을 상속합니다.
- 배열은 객체 리터럴이 아닌 배열 리터럴을 사용해 만들어집니다. 배열 리터럴은 문법적으로 훨씬 더 간단합니다. [(왼쪽 대괄호)와](오른쪽 대괄호) 안에 표현식이 하나도 없을 수도 있고, 하나 이상의 표현식이 ',(콤마)'로 구분되어 나열될 수도 있습니다.
- JSON은 배열과 객체를 다르게 취급하는 반면, 자바스크립트는 둘을 비슷하게 처리합니다.

자바스크립트 스스로가 배열을 다루는 것이 헷갈리는 것처럼 보입니다. typeof 연산자는 배열에 대해서 "object"를 반환하는데, 이건 잘못된 것이죠. 그래서 배열이 배열인지 확인하려면 Array.isArray(*value*)를 사용해야만 합니다.

```
const what_is_it = new Array(1000);
typeof what_is_it                              // "object"
Array.isArray(what_is_it)                      // true
```

배열의 원점

인류가 수를 세는 방법을 발명한 이후, 사람들은 어떤 언어나 방법을 쓰는지와는 관계 없이 숫자를 항상 1부터 세기 시작했습니다. 1960년대 중반, 작지만 영향력 있는 개발자 그룹이 1 대신 0부터 시작하면 어떻겠느냐고 제안했습니다. 그래서 오늘날 거의 모든 개발자는 수를 셀 때 0부터 시작합니다. 그 외에 대부분의 수학자들을 포함한 거의 모든 사람은 1부터 세기 시작합니다. 수학자들은 원점을 표기할 때는 대개 0을 사용하지만, 또 한편으로는 순서가 있는 집합의 첫 번째 요소를 일반적으로 1이라고 표기합니다. 어떻게 이 둘을 다르게 구분하는지는 잘 모르겠지만요.

0에서 시작하는 것이 얼마나 효율적인가에 대한 논쟁이 있긴 하지만, 그다지 눈에 띄지는 않습니다. 이와 비슷한 논쟁으로, 0에서 시작하는 것이 off-by-one 에러[1]를 유발하기 때문에 정확하지 않다는 주장도 있지만, 이 또한 확실하지는 않습니다.

이 문제가 자바스크립트에 영향을 미치는 경우는 배열의 요소에 번호를 매길 때, 그리고 그 영향도가 작긴 하지만 문자열의 문자들에 번호를 매길 때입니다. 배열을

---

1 (옮긴이) off-by-one 에러는 반복문 등에서 종료 조건을 명시할 때, 그 값을 1 작게 혹은 1 크게 지정해서 문제가 생기는 경우를 통칭하는 말입니다.

다룰 때는 한 번에 하나의 요소만 처리해야 한다는 생각은 최소한 포트란 시절까지는 거슬러 올라가야 맞는 말입니다. 최근에는 배열 요소를 한 번에 하나씩 처리하기보다, 배열을 좀 더 함수처럼 처리해야 한다는 생각이 더 지배적입니다. 이렇게 해야 명시적인 반복문 처리가 없어져서 코드가 단순해지고, 멀티프로세서에 작업을 분산해서 처리할 수 있는 능력이 생깁니다.

잘 설계된 언어로 잘 짜인 프로그램은 배열이 0에서 시작하든 1에서 시작하든 신경 쓸 필요가 없습니다. 자바스크립트가 잘 설계된 언어라고 주장할 생각은 전혀 없지만, 확실히 포트란에 비하면 놀랄 만큼 향상된 언어인 것은 사실입니다. 그리고 포트란 모델과는 관계 없이, 배열의 요소가 어떤 식으로 번호가 매겨지는지 신경 쓸 필요가 없다는 것도 사실이고요.

가끔 신경 써야 하긴 합니다. 첫 번째(first)라는 단어는 사실 1과 연관되어 있거든요. 그래서 대신 0번째(zeroth)라는 말을 쓰겠습니다. 그럼 배열의 원점이 분명해집니다.

[0]	0번째	0th
[1]	1번째	1th
[2]	2번째	2th
[3]	3번째	3th

4번째, 5번째, 6번째까지 가면 좀 헷갈릴 수도 있겠네요. 하지만 정수 색인 값이 어느 정도 커지면 원점이 무엇인지 확실히 해야 합니다.

초기화

두 가지 방법으로 새로운 배열을 만들 수 있습니다.

- 배열 리터럴
- new Array(정수)

```
let my_little_array = new Array(10).fill(0);
                  // my_little_array is [0, 0, 0, 0, 0, 0, 0, 0, 0, 0]
let same_thing = [0, 0, 0, 0, 0, 0, 0, 0, 0, 0];

my_little_array === same_thing                    // false
```

my_littel_array와 same_thing은 값이 같다는 것에 주목하세요. 동시에 분리된 고유의 값이고요. 문자열과는 다르게, 하지만 다른 객체와 마찬가지로 배열은 실제로 같은 배열인 경우에만 같다고 봅니다.

스택과 큐

배열은 배열을 스택처럼 쓸 수 있게 만드는 메서드들을 가지고 있습니다. pop 메서드는 배열의 가장 마지막 요소를 배열에서 제거하고 반환합니다. push 메서드는 새로운 요소를 배열 끝에 추가합니다.

　스택은 인터프리터나 계산기에서 자주 사용됩니다.

```
function make_binary_op(func) {
    return function (my_little_array) {
        let wunth = my_little_array.pop();
        let zeroth = my_little_array.pop();
        my_little_array.push(func(zeroth, wunth));
        return my_little_array;
    };
}

let addop = make_binary_op(function (zeroth, wunth) {
    return zeroth + wunth;
});

let mulop = make_binary_op(function (zeroth, wunth) {
    return zeroth * wunth;
});

let my_little_stack = [];         // my_little_stack is []
my_little_stack.push(3);          // my_little_stack is [3]
my_little_stack.push(5);          // my_little_stack is [3, 5]
my_little_stack.push(7);          // my_little_stack is [3, 5, 7]
mulop(my_little_stack);           // my_little_stack is [3, 35]
addop(my_little_stack);           // my_little_stack is [38]
let answer = my_little_stack.pop(); // my_little_stack is [], answer is 38
```

shift 메서드는 pop 메서드와 비슷하며, 배열의 마지막 요소 대신 0번째 요소를 제거하고 반환합니다. unshift라는 이상한 이름의 메서드는 push와는 달리 배열의 가장 앞에 새로운 요소를 추가합니다. shift와 unshift 메서드는 pop과 push에 비해 많이 느린데, 배열이 크면 특히 심합니다. shift와 push를 써서 배열의 가장 뒤에 새로운 아이템을 추가하고 가장 앞에서 아이템을 꺼내 쓰는 큐를 구현할 수 있습니다.

검색

자바스크립트는 배열에서 원하는 값을 찾을 때 사용할 수 있는 메서드를 몇 가지 제공합니다. indexOf 메서드는 인자로 전달받은 값을 배열의 0번째 요소부터 비교하면서 찾습니다. 일치하는 값을 가지는 배열의 요소를 찾으면 검색을 중단하고 해당 요소의 색인 값을 반환합니다.

배열에 찾는 값이 없으면 –1을 반환합니다. –1 역시 다른 숫자와 마찬가지로 숫자이니, -1을 반환하는 것은 일어나리라 예상할 수 있는 타입 오류입니다. indexOf의 반환 값이 -1인지 검사하지 않고 사용하면, 그와 관련된 연산이 아무런 경고 없이 잘못될 수 있습니다. 자바스크립트에는 대신 사용할 수 있는 빈 값(bottom value)[2]들이 있습니다. indexOf는 –1 대신 이런 빈 값들 중 하나를 반환해야만 할 것입니다.

lastIndexOf 함수는 indexOf와 비슷한 일을 하지만 배열의 앞이 아닌 뒤쪽부터 검색합니다. 같은 값이 여러 개 있다면, 가장 뒤쪽의 색인 값을 반환하는 것이죠. indexOf와 마찬가지로, 값을 찾지 못하면 –1을 반환합니다.

includes 함수는 indexOf 함수와는 달리, 값이 있으면 true를, 없으면 false를 반환합니다.

축약

reduce 메서드는 배열을 하나의 값으로 축약합니다. reduce 메서드는 두 개의 매개변수를 받는 함수를 인자로 전달받습니다. 배열의 요소가 하나의 값이 될 때까지 reduce 메서드는 전달받은 함수에 두 인자를 전달하여 계속 호출합니다.

reduce 메서드는 두 가지 방식으로 설계할 수 있습니다. 한 가지 방식은 전달한 함수를 배열의 모든 요소에 대해 호출하도록 하는 것입니다. 이 경우 제대로 동작하기 위해서는 초기 값이 반드시 지정되어야 합니다.

---

2 (옮긴이) 빈 값(bottom value)은 타입 시스템에서 null과 같이 아무 값도 가지지 않은 값을 일컫습니다.

```
function add(reduction, element) {
    return reduction + element;
}

let my_little_array = [3, 5, 7, 11];

let total = my_little_array.reduce(add, 0);     // total is 26
```

각 요소에 대해서 축약된 값과 현재 배열 요소가 add 함수로 전달됩니다. 초기 reduction 값인 0을 명시적으로 지정합니다. 이제 add 함수로는 다음의 순서로 인자가 전달됩니다.

```
(0, 3)                                  // 3
(3, 5)                                  // 8
[8, 7]                                  // 15
(15, 11)                                // 26
```

add 함수가 반환하는 값은 다음 add 함수 호출 때 reduction 인자로 전달됩니다.

초기 축약 값이 꼭 0이어야 하는 것은 아닙니다. reduce에 곱셈 함수를 전달해야 한다면 초기 값은 반드시 1이어야겠죠. reduce에 Math.max 함수를 전달하면 초기 값은 –Infinity여야 합니다.

다른 방법으로 reduce를 사용하면 초기 축약 값이 필요 없습니다. 그리고 전달되는 함수가 한 번 덜 호출됩니다. 전달된 함수가 처음 호출될 때 0번째와 1번째 요소를 인자로 받습니다. 0번째 요소가 초기 축약 값이 되는 것이죠.

```
total = my_little_array.reduce(add);            // 26
```

이제 다음의 순서로 add 함수에 인자가 전달됩니다.

```
(3, 5)                                  // 8
(8, 7)                                  // 15
(15, 11)                                // 26
```

위에서 볼 수 있듯이 add 함수가 한 번 덜 호출되고, 초기화 값을 잘못 골라서 문제가 생기는 일도 없습니다.

자바스크립트의 아주 똑똑한 면모를 볼 수 있는데, 바로 reduce 메서드가 두 가지 방법으로 동작할 수 있다는 것입니다. 초기 축약 값을 전달하면 전달한 함수는 배열의 모든 요소마다 호출됩니다. 초기 축약 값을 전달하지 않으면 0번째 배열 요소가 초기 축약 값으로 사용됩니다. 그래서 앞의 두 가지 reduce, add 조합이 동작하는 것이죠.

reduceRight 함수는 배열의 끝에서 시작한다는 것을 제외하면 똑같이 동작합니다. 그래서 개인적으로는 이름이 reduce_reverse였으면 합니다.

reduce 함수를 사용하여 이 책의 ISBN 번호의 값을 계산해 보았습니다.

```javascript
function isbn_13_check_digit(isbn_12) {
    const string_of_digits = isbn_12.replace(/-/g, "");
    if (string_of_digits.length === 12) {
        const check = string_of_digits.split("").reduce(
            function (reduction, digit, digit_nr) {
                return reduction + (
                    digit_nr % 2 === 0
                    ? Number(digit)
                    : Number(digit) * 3
                );
            },
            0
        ) % 10;
        return (
            check > 0
            ? 10 - check
            : check
        );
    }
}

isbn_13_check_digit("978-1-94-981500")          // 9
```

반복

배열에서 흔히 하는 작업은 배열의 각 요소에 같은 작업을 수행하는 것입니다. 전통적으로 이 작업은 for 문에서 이루어졌습니다. 자바스크립트는 더 현대적인 접근법을 제공합니다.

배열의 forEach 메서드는 함수를 인자로 받습니다. forEach 메서드는 배열의 모든 요소에 대해 전달된 함수를 호출합니다. 이 함수는 세 가지 인자, 즉 element, element_nr, array를 전달받습니다. element는 현재 처리하고 있는 배열 요소입니다. element_nr은 해당 요소의 색인 값인데, 함께 처리해야 하는 다른 배열이 있거나 할 경우 아주 유용합니다. array 배열은 실수이며, 절대 거기에 있어서는 안 되는 것이었습니다. array를 전달하는 것은 처리되는 동안 배열을 수정하기 위함인데, 대개는 절대 해서는 안 되는 일입니다.

아쉽게도 reduceRight처럼 배열을 반대 방향으로 처리하는 메서드는 없습니다. reverse 메서드를 먼저 호출할 수도 있겠지만, reverse 메서드는 매우 파괴적이며, 고정된 배열에는 사용할 수도 없습니다.

forEach 메서드는 호출한 함수의 반환 값을 무시합니다. 반환 값에 조금 신경 쓰면 재미있는 메서드를 만들 수 있습니다.

- every 메서드는 반환 값을 처리합니다. 반환 값이 false이거나 false로 처리할 수 있는 값이면 처리를 멈추고 false를 반환합니다. 반환 값이 true 혹은 true로 처리할 수 있는 값이면 배열에 대한 처리를 계속 진행합니다. every 메서드가 배열의 끝에 도달하면 true를 반환합니다.

- some 메서드는 every 메서드와 아주 비슷해서 사실 왜 있는지 잘 모르겠습니다. 반환 값이 true이거나 true 같은 값이면 some 메서드는 처리를 중단하고 true를 반환합니다. 반대로 false이거나 false 같은 값이면 처리를 계속 진행합니다. some 메서드가 배열의 끝에 도달하면 false를 반환합니다.

- find 메서드는 some 메서드처럼 동작하지만, true나 false를 반환하지 않고 처리 중인 배열 요소의 값을 반환합니다.

- findIndex 메서드는 find 메서드와 똑같지만, 배열 요소의 값 대신 배열 요소의 색인을 반환합니다.

- filter 메서드 역시 find와 똑같지만, 항상 배열의 끝까지 처리하며 반환 값이 true인 배열 요소의 목록을 배열로 반환합니다. 즉, find는 일치하는 처음 값을 반환하고, filter 메서드는 일치하는 모든 값을 반환합니다.

- map 메서드는 forEach 메서드와 비슷하지만, 인자로 전달된 함수의 모든 반환 값을 모아서 새로운 배열로 반환합니다. map 메서드는 원래 배열을 개선하거나 확장하는 방식으로 변환해서 새로운 배열을 만드는 이상적인 메서드입니다.

이 메서드들은 for 반복문 대신 배열을 처리할 때 쓸 수 있는 아주 좋은 메서드들입니다. 하지만 이들 중 일부는 불완전합니다.

forEach나 find는 배열의 끝에 도달하기 전에 종료할 수 있습니다. (forEach를 조기 종료하는 방법은 forEach 대신 every와 some을 쓰는 것이죠.) 하지만 map, reduce, filter는 배열의 끝에 도달하기 전에는 종료할 수 없습니다.

reduce 메서드는 reduceRight 메서드처럼 배열을 반대 방향으로 처리할 수 있는 방법이 있지만, forEach, map, filter, find는 그런 방법이 없습니다. 아마도 for 구문이 사라지는 것을 막기 위해, 배열을 반대 방향으로 처리할 수 있는 메서드들을 빼버린 게 아닐까 생각됩니다.

정렬

자바스크립트의 sort 메서드에는 몇 가지 문제가 있습니다.

sort 메서드는 추가 메모리 공간을 사용하지 않고 배열 자체를 수정합니다. 그래서 동결된 배열은 정렬할 수가 없죠. 그리고 공유 중인 배열을 정렬하는 것은 위험합니다.

```
let my_little_array = ["unicorns", "rainbows", "butterflies", "monsters"];
my_little_array.sort()
        // my_little_array is ["butterflies", "monsters", "rainbows", "unicorns"]
```

기본으로 사용하는 비교 함수는 값을 문자열로 간주해서 정렬합니다. 심지어 값이 실제로는 숫자라도 문자열처럼 정렬합니다.

```
let my_little_array = [11, 2, 23, 13, 3, 5, 17, 7, 29, 19];
my_little_array.sort();
        // my_little_array is [11, 13, 17, 19, 2, 23, 29, 3, 5, 7]
```

엄청나게 비효율적일 뿐만 아니라 아주 잘못된 동작입니다. 다행히 sort 메서드에 비교 함수를 전달해서 바로잡을 수 있습니다. 비교 함수에는 두 개의 요소가 인자로 전달됩니다. 비교 함수는 0번째 요소가 배열의 앞쪽에 와야 할 경우 음수를, 1번째 요소가 앞쪽에 와야 할 경우 양수를, 어느 쪽이 앞쪽으로 가야 할지 알 수 없을 때는 영(0)을 반환해야 합니다.

다음 비교 함수는 배열의 모든 요소가 유한한 숫자일 경우 정확하게 정렬할 수 있습니다.

```
function compare(first, second) {
    return first - second;
}
```

NaN이나 Infinity 같이 유한하지 않은 숫자도 비교해야 한다면, 비교 함수는 좀 더 많은 일을 해야 합니다.

sort 함수에서 살펴볼 다음 문제점은 안정성이 부족하다는 것입니다. 배열의 요소를 비교했을 때 같은 값, 즉 비교 함수가 영(0)을 반환하는 경우 두 요소의 상대적인 위치를 그대로 유지한다면 sort 함수는 안정적입니다. 하지만 자바스크립트는 안정성을 보장하지 않습니다. 문자열 배열이나 숫자 배열을 정렬할 때는 신경 쓸 필요가 없지만, 객체 배열이나 배열의 배열을 정렬할 때는 문제가 될 수 있습니다. 이름으로 정렬하는 경우 우선 성으로 정렬하고, 성이 같다면 이름을 기준으로 정렬하는 복잡한 경우를 생각해 봅시다. 한 가지 방법은 우선 이름을 기준으로 정렬하고, 그 다음 성으로 다시 정렬하는 것입니다. 하지만 이 방법은 sort 함수가 안정적이지 않아서 사용할 수 없습니다. 성으로 정렬할 때, 이름으로 정렬한 순서가 사라지기 때문입니다.

더 복잡한 비교 함수를 사용하여 이 문제를 해결할 수 있습니다. 더 쉽게 하기 위해 비교 함수를 만들어 주는 팩토리 함수를 만들어 보겠습니다.

```
function refine(collection, path) {
```

배열이나 객체, 그리고 문자열 배열 형태의 경로를 전달받아서 경로의 끝에 있는 값을 반환합니다. 값이 없으면 undefined를 반환합니다.

```
    return path.reduce(
        function (refinement, element) {
            try {
                return refinement[element];
            } catch (ignore) {}
        },
        collection
    );
}
```

```
function by(...keys) {
```

팩토리 함수는 배열의 배열이나 객체 배열을 정렬할 때 필요한 비교 함수를 만들어 줍니다. 인자는 하나 이상의 문자열이나 정수로, 이 값들은 비교할 때 사용할 속성이나 요소들을 지정합니다. 0번째 인자가 동일하면 1번째 인자를 가지고 비교하고, 1번째도 동일하면 3번째를 기준으로 비교하는 방식입니다.

각 키를 문자열 배열로 변환합니다.

```
const paths = keys.map(function (element) {
    return element.toString().split(".");
});
```

일치하지 않는 값을 찾을 때까지 각 값을 비교합니다. 일치하지 않는 값이 없으면 두 값은 동일한 값입니다.

```
return function compare(first, second) {
    let first_value;
    let second_value;
    if (paths.every(function (path) {
        first_value = refine(first, path);
        second_value = refine(second, path);
        return first_value === second_value;
    })) {
        return 0;
    }
```

두 값이 동일한 자료형이라면 두 값을 비교할 수 있습니다. 서로 다른 자료형이라면, 글쎄요, 그런 이상한 상황을 벗어날 정책이 필요합니다. 여기서는 자료형의 이름을 비교하는 간단한 정책을 적용하겠습니다. boolean < number < string < undefined 식이죠. 타협이 불가능한 자료형끼리 비교하고 정렬하느니 정렬에 실패하는 것이 더 나을 수도 있겠네요.

```
    return (
        (
            typeof first_value === typeof second_value
            ? first_value < second_value
            : typeof first_value < typeof second_value
        )
        ? -1
        : 1
    );
};
}
```

다음 예를 살펴봅시다.

```
let people = [
    {first: "Frank", last: "Farkel"},
    {first: "Fanny", last: "Farkel"},
```

```
        {first: "Sparkle", last: "Farkel"},
        {first: "Charcoal", last: "Farkel"},
        {first: "Mark", last: "Farkel"},
        {first: "Simon", last: "Farkel"},
        {first: "Gar", last: "Farkel"},
        {first: "Ferd", last: "Berfel"}
];

people.sort(by("last", "first"));

// [
//    {"first": "Ferd", "last": "Berfel"},
//    {"first": "Charcoal", "last": "Farkel"},
//    {"first": "Fanny", "last": "Farkel"},
//    {"first": "Frank", "last": "Farkel"},
//    {"first": "Gar", "last": "Farkel"},
//    {"first": "Mark", "last": "Farkel"},
//    {"first": "Simon", "last": "Farkel"},
//    {"first": "Sparkle", "last": "Farkel"}
// ]
```

그 외의 내용

concat 메서드는 두 개 이상의 배열을 연결해서 새로운 배열로 만듭니다.

```
let part_zero = ["unicorns", "rainbows"];
let part_wun = ["butterflies", "monsters"];
let whole = part_zero.concat(part_wun);
            // whole is ["unicorns", "rainbows", "butterflies", "monsters"]
```

join 메서드는 문자열 배열과 구분자를 인자로 받습니다. 그리고 이들을 합쳐서 하나의 큰 문자열로 만듭니다. 구분자가 필요 없다면 빈 문자열을 전달합니다. 이 동작은 split 메서드의 반대라고 생각하면 됩니다.

```
let string = whole.join(" & ");
            // string is "unicorns & rainbows & butterflies & monsters"
```

reverse 메서드는 배열의 요소들을 반대 방향으로 뒤집습니다. sort 함수처럼 이 메서드도 파괴적이라서 배열 자체를 바꿉니다.

```
whole.reverse();
            // whole is ["monsters", "butterflies", "rainbows", "unicorns"]
```

slice 메서드는 배열 전체를 복사하거나 배열의 일부를 복사할 수 있습니다. 0번째 매개변수는 복사를 시작할 색인 값을 뜻합니다. 1번째 매개변수 값은 0번째 매개변수 값에 복사할 요소의 숫자를 더한 값입니다. 1번째 매개변수를 생략하면 나머지 요소 전체를 복사합니다.

```
let element_nr = whole.indexOf("butterflies");
let good_parts;
if (element_nr !== -1) {
    good_parts = whole.slice(element_nr);
}
            // good_parts is ["butterflies", "rainbows", "unicorns"]
```

순수함, 그리고 순수하지 않음

배열 메서드의 일부는 입력을 바꾸지 않는 순수 함수(pure function)입니다. 일부는 그렇지 않습니다. 배열의 비순수 함수(impure function) 중 일부는 반드시 순수 함수여야 했지만, 그러지 않았죠. 비순수 함수들 중 일부는 그 특성상 비순수일 수밖에 없지만 가치가 있는 함수입니다.

순수 함수 혹은 비순수 함수라는 이중성에 제대로 대처하려면 어떤 함수가 순수 함수이고 어떤 것이 아닌지를 아는 것이 중요하겠죠.

순수 함수:

```
concat
every
filter
find
findIndex
forEach
indexOf
join
lastIndexOf
map
reduce
reduceRight
slice
some
```

비순수 함수:

```
fill
```

```
pop
push
shift
splice
unshift
```

순수 함수여야 했던 비순수 함수:

```
reverse
sort
```

8장

{ "number": 8, "chapter": "Object" }

객체

○ ● ○ ○ ○

버릴 것들에 감사하세요.

감사를 표함으로써 당신은 당신이 버릴 것과의 관계를 끝낼 수 있으며,

그렇게 하면 더 쉽게 놓아줄 수 있습니다.

— 곤도 마리에(Marie Kondo)

자바스크립트는 객체라는 단어를 오버로드(overload)합니다. 자바스크립트는 두 개의 빈 값, 즉 null과 undefined를 제외한 모든 것을 객체로 취급합니다. 하지만 지금껏 그래왔듯, 그리고 특히 이 장에서 객체는 더 구체적인 것을 뜻합니다.

객체는 자바스크립트의 기본 데이터 구조입니다. 객체는 속성(혹은 멤버)들을 가지고 있습니다. 각 속성에는 이름과 값이 있습니다. 이름은 문자열이고, 값은 어떤 자료형이든 될 수 있습니다. 다른 언어에서는 이런 객체를 해시 테이블, 맵, 레코드, 구조체, 연관 배열(associative array), 딕셔너리, 그리고 어떤 아주 무례한 언어에서는 dict라고 부릅니다.

객체 리터럴을 사용하여 새로운 객체를 만들 수 있습니다. 객체 리터럴은 변수나 객체, 배열, 함수에 전달되는 인자, 혹은 함수의 반환 값이 될 수 있는 값을 만듭니다.

객체 리터럴의 범위는 중괄호({, })로 결정됩니다. 괄호 안쪽은 0개 이상의 속성을 콤마(,)로 구분하여 나열할 수 있습니다. 속성은 다음과 같이 지정할 수 있습니다.

- 문자열 뒤에 콜론(:) 기호가 오고 그 뒤에 표현식이 오는 경우. 속성의 이름은 문자열이며, 속성의 값은 표현식입니다.
- 이름 뒤에 콜론(:) 기호가 오고 그 뒤에 표현식이 오는 경우. 속성의 이름은 문자열로 변환된 이름이며, 속성의 값은 표현식입니다.
- 이름. 속성의 이름은 문자열로 변환된 이름입니다. 속성의 값은 동일한 이름을 가지는 변수 혹은 매개변수의 값입니다.
- 이름 뒤에 '()(소괄호)'로 둘러싸인 매개변수 목록, 그 뒤에 함수 몸체가 '{}(중괄호)'로 둘러 쌓인 경우. 이는 이름 뒤에 콜론 기호가 오고 그 뒤에 함수 표현식을 표시하는 것을 축약한 형태입니다. 이 방식으로 : function을 쓰는 것을 생략할 수 있지만, 코드 가독성을 생각했을 때 그만한 가치는 없어 보입니다.

다음은 속성을 지정하는 예시입니다.

```
let bar = "a long rod or rigid piece of wood or metal";
let my_little_object = {
    "0/0": 0,
    foo: bar,
    bar,
    my_little_method() {
        return "So small.";
    }
};
```

객체의 속성은 이름과 점(.) 표기법으로 접근할 수 있습니다.

```
my_little_object.foo === my_little_object.bar            // true
```

객체의 속성은 대괄호, 즉 '[]' 기호로도 접근할 수 있습니다. 이 방법은 속성의 이름이 올바른 식별자가 아닌 경우에도 사용할 수 있습니다. 속성의 이름을 계산해서 접근할 때도 쓸 수 있습니다. 괄호 안의 표현식은 우선 평가된 다음, 필요한 경우 문자열로 변환됩니다.

```
my_little_object["0/0"] === 0                            // true
```

객체에게 찾을 수 없는 속성 값을 요청하면, 객체는 undefined라는 빈 값을 반환합니다. 존재하지 않거나 빼먹은 속성 값을 요청하는 것은 에러가 아닙니다. 정상적인 동작이며, 그냥 undefined를 반환할 뿐이죠.

```
my_little_object.rainbow                                // undefined
my_little_object[0]                                     // undefined
```

할당문을 통해 객체에 새로운 속성을 추가할 수 있습니다. 만약 해당 속성이 이미 있는 것이라면, 새로운 값으로 바뀝니다.

```
my_little_object.age = 39;
my_little_object.foo = "slightly frilly or fancy";
```

객체에는 undefined를 저장하지 않는 것이 좋습니다. 물론 자바스크립트는 이를 허용하고, undefined라는 값을 가지는 속성에 대해서 정확하게 undefined라는 값을 반환하겠지만 그렇다고 그 속성이 해당 객체에 '없는' 것은 아닙니다. 헷갈리는 상황을 만들 수 있으므로 피하는 것이 좋습니다. 개인적으로 객체의 속성에 undefined를 저장하면 그 속성이 사라졌으면 좋겠습니다만, 그렇게 되지는 않네요. 속성을 제거하려면 delete 연산자를 사용해야 합니다.

```
delete my_little_object["0/0"];
```

객체에 대한 참조를 객체에 저장함으로써 아주 정교한 데이터 구조를 만들 수 있습니다. 그래프, 순환 구조와 같은 것도 만들 수 있습니다. 중첩 깊이에 제한은 없지만, 너무 깊게 만들진 마세요.

　typeof 연산자는 객체에 대해서 "object"라는 문자열을 반환합니다.

```
typeof my_little_object === "object"                    // true
```

대소문자

속성을 찾을 때 쓰는 키 값은 대소문자를 구별합니다. 그래서 my_little_object.cat은 my_little_object.Cat 혹은 my_little_object.CAT과는 다릅니다. 자바스크립트는 주어진 키와 속성 이름이 같은지 검사할 때 === 연산자를 사용합니다.

복사

Object.assign 함수로 객체의 속성들을 다른 객체로 복사할 수 있습니다. 객체를 복사하고 싶다면 빈 객체에 대입하면 됩니다.

```
let my_copy = Object.assign({}, my_little_object);
my_copy.bar              // "a long rod or rigid piece of wood or metal"
my_copy.age                                      // 39
my_copy.age += 1;
my_copy.age                                      // 40
delete my_copy.age;
my_copy.age                                      // undefined
```

여러 객체들로부터 값을 복사할 수도 있습니다. 이런 방식으로 간단한 객체들을 조합해서 복잡한 객체로 만들 수 있습니다.

상속

자바스크립트에서 객체는 다른 객체를 상속받을 수 있습니다. 하지만 자바스크립트의 상속은 클래스와 같이 코드와 아주 강하게 결합된 구조를 제공하는 여타 언어의 상속과는 전혀 다른 방식입니다. 자바스크립트의 상속은 데이터만 연결되므로 애플리케이션 구조를 취약하게 만들 가능성을 줄여 줍니다.

Object.create(*prototype*)은 이미 있는 객체를 전달받아서 이를 상속받는 새로운 객체를 반환합니다. 즉, 기존의 객체가 새로운 객체의 *prototype*이 되는 것이죠. 모든 객체가 프로토타입이 될 수 있습니다. 프로토타입을 상속받은 객체 역시 다른 새로운 객체의 프로토타입이 될 수 있습니다. 프로토타입 체인(prototype chain)의 길이에 제한은 없지만, 짧은 것이 당연히 좋습니다.

객체에 없는 속성을 참조하려 할 때, undefined를 반환하기 전에 시스템은 해당 객체의 프로토타입을 확인하고, 프로토타입의 프로토타입을 확인하는 식으로 거슬러 올라갑니다. 프로토타입 체인 중에 같은 이름의 속성을 발견하면, 마치 해당 객체가 가지고 있던 속성인 것처럼 값을 반환합니다.

객체의 속성에 값을 대입하면, 가장 새로운 객체, 즉 프로토타입 체인의 가장 위쪽에 있는 객체만 변경됩니다. 프로토타입 체인의 다른 객체는 변경되지 않습니다.

```
let my_clone = Object.create(my_little_object);
my_clone.bar              // "a long rod or rigid piece of wood or metal"
my_clone.age                                     // 39
my_clone.age += 1;
my_clone.age                                     // 40
delete my_clone.age;
my_clone.age                                     // 39
```

프로토타입을 쓰는 주된 용도 중 하나는 함수를 저장하는 공간으로 사용하는 것입니다. 자바스크립트 스스로도 그렇게 하지요. 객체가 객체 리터럴로 만들어지면, 그 객체는 Object.prototype을 상속받습니다. 비슷하게 배열은 Array.prototype의 메서드들을 상속받지요. 숫자 역시 Number.prototype 메서드들을 상속받습니다. 함수조차도 Function.prototype 메서드들을 상속받습니다. 배열이나 문자열의 메서드는 상당히 유용한 반면, Object.prototype의 메서드들은 거의 쓸모가 없습니다.

상속이 있으므로 속성에도 두 가지 형태가 있다는 것을 알 수 있습니다. 고유(own) 속성, 즉 가장 최근의 객체에만 있는 속성과 상속받은(inherited) 속성, 즉 프로토타입 체인에 존재하는 속성이죠. 대부분의 경우 두 가지 형태의 속성은 똑같이 동작합니다. 하지만 때때로 해당 속성이 정말 그 객체 '스스로'의 것인지 알아야 하는 경우가 있습니다. 대부분의 객체는 hasOwnProperty(*string*) 함수를 상속받지만, 믿을 만한 함수는 아닙니다. 문자열을 인자로 받아서 객체가 해당 이름의 속성을 가지고 있으며 상속받지 않았다면 true를 반환합니다. 하지만 객체가 hasOwnProperty라는 이름의 속성을 가지고 있으면 Object.prototype.hasOwnProperty 메서드 대신 객체의 속성이 함수로서 호출됩니다. 이로 인해 문제가 일어날 수도 있고, 헷갈릴 수도 있습니다. hasOwnProperty가 연산자라서 hasOwnProperty 호출이 실패하지 않도록 했으면 좋았겠죠. 상속된 속성이 없어서 속을 썩이는 이 메서드가 필요 없었다면 더 좋았을 테고요.

```
my_little_object.hasOwnProperty("bar")                    // true
my_copy.hasOwnProperty("bar")                             // false
my_clone.hasOwnProperty("bar")                            // false
my_clone.hasOwnProperty = 7;
my_clone.hasOwnProperty("bar")                            // EXCEPTION!
```

객체의 속성 중에 hasOwnProperty라는 이름이 있다면 상속받은 hasOwnProperty 메서드를 사용할 수 없습니다. 그 대신 객체 고유의 속성을 호출하겠죠. Object.prototype.toString에도 역시 같은 문제가 있습니다. 제대로 동작해도, 그 결과는 실망스럽기 이를 데 없고요.

```
my_clone.toString                                         // "[object Object]"
```

여러분의 객체가 객체인지 꼭 알아볼 필요는 없습니다. 아마 여러분이 더 잘 알겠죠. 그 대신 객체가 무엇을 가지고 있는지 확인해야 합니다. JSON.stringify를 써서 객체를 문자열로 변환해서 쉽게 확인할 수 있습니다.

Object.assign(Object.create({}), *prototype*)에 비교했을 때 Object.create (*prototype*)의 장점은 메모리를 덜 쓴다는 점입니다. 눈에 띌 만큼 메모리가 절약되는 경우가 드물긴 하지만요. 프로토타입은 좋은 점보다는 이상한 부분을 더 많이 추가하는 것 같습니다.

의도하지 않은 상속으로 인해 생기는 문제도 있습니다. 해시 테이블처럼 쓰기 위해서 만든 객체가 "toString", "constructor", 그 외에 구현에 종속적인 이름의 속성들을 상속받을 수도 있습니다. 이런 이름의 속성들은 여러분이 만든 객체의 속성과 헷갈릴 가능성이 있습니다.

다행히 Object.create(null)을 써서 객체가 아무것도 상속받지 않게 만들 수 있습니다. 원하지 않은 상속이나, 상속받은 값 때문에 헷갈리는 경우가 없죠. 객체에는 여러분이 명시적으로 집어넣은 속성 외에는 아무것도 없습니다. 저는 그래서 Object.create(null)을 자주 사용합니다.

키

Object.keys(*object*) 함수는 상속받은 속성을 제외한 객체의 나머지 모든 속성의 이름을 문자열의 배열로 반환합니다. 이 배열을 써서 객체의 속성을 배열 메서드로 처리할 수 있습니다.

배열에 있는 문자열은 삽입된 순서로 나열됩니다. 필요하면 배열의 sort 메서드를 사용하여 다른 순서로 나열할 수 있습니다.

동결

Object.freeze(*object*) 함수는 객체를 전달받아서 동결합니다. 즉, 변경할 수 없게 만듭니다. 불변성은 시스템을 더 신뢰할 수 있게 만들어 줍니다. 객체가 여러분이 원하는 대로 만들어진 후 동결되면 손상되거나 마구 변경되지 않을 것이라고 보장받습니다. 깊은 동결(deep freeze)은 아닙니다. 오직 최상위 객체만 동결되고, 프로토타입 체인의 다른 객체는 동결되지 않습니다.

언젠가 불변 객체는 아주 귀중한 성능상의 특징을 가지게 될지도 모릅니다. 객체가 절대 변하지 않는다는 사실을 알면, 언어에 아주 강력한 최적화가 구현될 수도 있거든요.

불변 객체는 보안 면에서도 아주 훌륭합니다. 요즘같이 믿을 수 없는 코드를 여러분의 시스템에 설치할 수밖에 없는 시대에 보안은 아주 중요합니다. 불변성은 여러분이 안전한 프로그램을 만드는 데 언젠가 도움이 될 것입니다. 여러분은 불변성을 통해 스스로를 지킬 수 있는 인터페이스를 갖춘 좋은 객체를 만들 수 있습니다.

Object.freeze(*object*)와 const 문은 아주 다른 일을 합니다. Object.freeze는 값에 적용됩니다. 반면, const는 변수에 적용되죠. const 변수에 변경 가능한 객체를 저장해도 그 객체는 여전히 수정 가능합니다. 그 대신 const 변수에 다른 객체를 저장할 수는 없죠. 반면, 일반 변수에 불변 객체를 지정해도 객체를 변경할 수 없습니다. 그 대신 변수에 다른 값을 저장할 수는 있죠.

```
Object.freeze(my_copy);
const my_little_constant = my_little_object;

my_little_constant.foo = 7;                      // allowed
my_little_constant = 7;                          // SYNTAX ERROR!
my_copy.foo = 7;                                 // EXCEPTION!
my_copy = 7;                                      // allowed
```

프로토타입과 동결을 같이 쓰지 마세요

프로토타입은 객체의 간단한 복사본을 만들 때 사용됩니다. 하지만 원본 객체가 데이터로 가득 차 있다면 어떨까요? 한 가지 속성만 바꾸고 나머지 속성은 모두 동일한 또 다른 객체를 만들려면, 위에서도 보았듯이 Object.create로 할 수 있습니다. 새로운 객체를 만드는 시간은 좀 아낄 수 있지만, 프로토타입 체인을 뒤지느라 속성 값을 가져오는 것은 비용이 좀 들 수도 있습니다.

객체가 동결되어 있다면 이 방법을 쓸 수 없습니다. 프로토타입의 속성이 불변이라면, 상속받은 객체는 해당 속성을 자신만의 버전으로 가질 수 없습니다. 다른 함수형 프로그래밍처럼 신뢰성을 향상시키기 위해 모든 객체를 불변 객체로 만들고 싶을 수도 있습니다. 그런 경우 변경 사항을 저장하기 위해 사본을 만드는 대신 동결된 프로토타입을 상속받아서 인스턴스를 만들고, 인스턴스를 변경한 다음, 인스턴스를 동결하면 될 것입니다. 하지만 자바스크립트에서는 그렇게 할 수 없습니다. 인스턴스를 수정하면 예외가 발생하기 때문입니다. 그리고 새로운 속성을 추가하는 것이 좀 느리게 동작합니다. 새로운 속성을 추가할 때마다 모든 프로토타입 체인을 뒤져서 그 중에 해당 이름의 속성을 불변으로 지정한 경우가 있는지 검사해야 합니다. 프로토타입 전체를 뒤지는 것은 `Object.create(null)`을 써서 피할 수 있습니다.

WeakMap

자바스크립트 설계의 잘못된 점 중 하나는 객체의 속성 이름이 반드시 문자열이어야 한다는 것입니다. 객체나 배열을 키로 쓰고 싶을 수도 있는데 말이죠. 자바스크립트는 이런 경우 잘못된 방법을 씁니다. 바로 키 객체를 `toString` 메서드를 통해 키 문자열로 변환해 버리는 것이죠. 앞에서도 보았듯이 `toString` 메서드는 실망스럽기 짝이 없습니다.

어떤 키를 써도 제대로 동작하는 객체를 제공해 주는 대신, 자바스크립트는 WeakMap이라는 두 번째 방법을 제공합니다. WeakMap은 문자열을 제외한 다른 객체를 키로 씁니다. 완전히 다른 인터페이스죠.

Object	WeakMap
object = Object.create(null);	weakmap = new WeakMap();
object[key]	weakmap.get(key)
object[key] = value;	weakmap.set(key, value);
delete object[key]	weakmap.delete(key);

말도 안 되는 건, 똑같은 일을 하지만 두 방식의 문법이 다르다는 사실입니다. 더 말이 안 되는 건 이 두 가지가 하나가 아니라는 것이죠. 하나는 키로 문자열만 허용하고, 다른 하나는 키로 객체만을 허용한다면, 이 두 가지 대신 문자열과 객체 모두를 키로 사용할 수 있는 한 가지만 제공하는 게 나았을 것입니다.

뭐, 그런 점을 제외하면 WeakMap은 아주 좋습니다. 아래에 두 가지 예시가 있습니다.

객체에 비밀스럽게 보관되어야 할 속성을 추가하고자 합니다. 이 비밀스러운 속성에 접근하려면 객체와 비밀 키에 접근할 수 있어야 합니다. 둘 다 가지고 있어야만 비밀 속성에 접근이 가능한 것이죠. 이는 WeakMap을 써서 구현할 수 있습니다. WeakMap을 비밀 키처럼 다루어 보죠.

```
const secret_key = new WeakMap();
secret_key.set(object, secret);

secret = secret_key.get(object);
```

객체와 비밀 키에 모두 접근할 수 있어야 비밀 내용을 볼 수 있습니다. 이 방법의 또 다른 좋은 점은 동결된 객체에도 효율적으로 비밀스러운 속성을 추가할 수 있다는 것입니다.

카탈로그 생성이나 나중에 검색할 때 쓸 수 있도록 저장하는 등 유용한 코드를 객체에 제공하는 한편, 그 코드들이 객체의 메서드를 호출하거나 수정하는 것은 막고 싶은 경우도 생각해 봅시다. 마치 발레 파킹을 위해 주차 대리인이 차를 운전하는 것은 괜찮지만, 차 안의 물건을 훔치거나 차를 팔아버려서는 안 되는 것과 비슷하죠. 현실에서는 양심이 이런 일을 막아줄지 모르지만, 컴퓨터는 양심이라는 것이 없습니다.

그래서 봉인자(sealer)라는 것이 있습니다. 봉인자에 객체를 전달하면 열 수 없는 상자를 반환합니다. 이 상자는 주차 대리인에게 줘도 되는 상자인 것이죠. 원래 객체로 복구하려면 일치하는 개봉자(unsealer)에 이 상자를 전달합니다. 이 함수들은 WeakMap을 써서 쉽게 구현할 수 있습니다.

```
function sealer_factory() {
    const weakmap = new WeakMap();
    return {
        sealer(object) {
            const box = Object.freeze(Object.create(null));
            weakmap.set(box, object);
            return box;
        },
        unsealer(box) {
            return weakmap.get(box);
        }
    };
}
```

WeakMap은 그 내용에 대한 검사를 허용하지 않습니다. 키를 가지고 있지 않는 한, 값을 볼 수 없습니다. WeakMap은 자바스크립트의 가비지 컬렉터와 잘 맞습니다. 존재하는 키의 사본이 더 이상 없다면, 해당 키의 속성은 자동으로 삭제됩니다. 메모리 누수를 막을 수 있죠.

자바스크립트는 이와 비슷한 Map도 가지고 있지만, Map은 보안 기능이나 메모리

누출 방지 기능이 없습니다. WeakMap이라는 이름은 정말 못 봐주겠지만, Map은 더 헷갈리는 이름입니다. 배열의 map 메서드와는 아무런 연관도 없으며, 진짜 지도 제작과 관련된 함수들과도 헷갈립니다. 그래서 전 Map은 추천하지 않습니다. 하지만 WeakMap과 배열의 map 함수는 아주 좋아합니다.

자바스크립트에는 WeakMap이 할 수 있는 것 중 단 한 가지 기능만 제공하는 Symbol이라는 것도 있습니다. Symbol은 별로 필요가 없어서 추천하지 않습니다. 필요하지 않은 과도한 기능들을 없애서 좀 단순하게 만들었으면 좋겠군요.

9장

{ "number" : 9 , "chapter" : "String" }

문자열

○ ● ○ ○ ●

불공평해! 불공평하다고! 내 보물!
너의 그 불쾌하고 쪼그만 주머니에
뭐가 들었는지 물어보는 건 불공평하지 않니?
— 골룸, 영화 〈호빗〉 중에서

컴퓨터는 비트 패턴을 아주 잘 다룹니다. 사람은 그렇지 않습니다. 문자열은 사람과 컴퓨터 간에 존재하는 틈을 이어주는 다리입니다. 문자와 정수를 연결하는 것은 디지털 컴퓨터 개발에 있어서 중요한 진전 중 하나였습니다. 사용자 인터페이스 개발에 있어 중요한 첫 번째 발걸음이 되었죠.

왜 이런 자료형을 끈(string)이라고 부르는지는 잘 모르겠습 니다. 텍스트(text)라고 하는 게 더 낫지 않았을까요? 아무도 그 이유는 모릅니다. 자바스크립트의 문자열은 끈과는 전혀 닮지 않았습니다. 그냥 string이라고 부르는 것은 문자로 이루어진 끈이라고 할 수도 있고, 문장이 엮인 끈, 비트로 만들어진 끈, 실패로 구성된 끈 등등으로 부를 수도 있겠지요. 현실에서는 끈과 끈을 연결하지 않습니다. 끈을 묶을 뿐이죠.

기초

문자열은 0에서 65535 사이의 크기를 가지는 부호가 없는 16비트 정수로 이루어진 불변 배열입니다. 문자열을 String.fromCharCode 함수로 만들 수도 있는데, 이 함수는 임의 개수의 숫자들을 인자로 받습니다. 문자열 요소는 charCodeAt 함수로 접근할 수 있습니다. 문자열은 항상 동결된 상태이므로 그 요소는 변경되지 않습니다. 배열과 마찬가지로 문자열은 length 속성을 가집니다.

```
const my_little_array = [99, 111, 114, 110];
const my_little_string = String.fromCharCode(...my_little_array);
my_little_string.charCodeAt(0) === 99                        // true
my_little_string.length                                      // 4
typeof my_little_string                                      // "string"
```

대괄호([]) 표기법으로 문자열의 개별 값을 읽어올 수 있지만, 배열의 경우처럼 요소 하나의 값을 숫자로 가져오지는 않습니다. 그 대신 길이가 1이고 값이 숫자로 구성된 새로운 문자열을 반환합니다.

```
my_little_string[0] === my_little_array[0]                   // false
my_little_string[0] === String.fromCharCode(99)             // true
```

String.prototype에는 문자열에서 작동하는 메서드들이 있습니다. concat과 slice 메서드는 같은 이름을 가지는 배열 메서드와 마찬가지로 동작합니다. 하지만 indexOf 메서드는 약간 다릅니다. indexOf의 인자는 문자열이지 숫자가 아닙니다. 이 메서드는 문자열의 모든 요소를 뒤져서, 인자로 전달된 문자열과 일치하는 첫 번째 요소 순서를 찾아서 그 색인을 반환합니다.

```
my_little_string.indexOf(String.fromCharCode(111, 114))     // 1
my_little_string.indexOf(String.fromCharCode(111, 110))     // -1
```

startsWith, endsWith, contains는 indexOf와 lastIndexOf를 사용한 래퍼(wrapper) 함수입니다.

문자열은 그 값이 같을 경우 === 연산자에 의해 동일하다고 판단됩니다. 하지만 배열은 그 값이 같아도, 배열이 서로 다르면 다릅니다.

```
my_little_array === my_little_array                          // true
my_little_array === [99, 111, 114, 110]                      // false
my_little_string === String.fromCharCode(99, 111, 114, 110) // true
```

문자열의 동등성 검사는 아주 강력한 기능입니다. 값이 같으면 같은 객체라고 취급할 수 있기 때문에 심벌형이 필요가 없죠. 자바와 같은 다른 언어에서는 이와는 다릅니다.

유니코드

자바스크립트에서는 16비트가 가질 수 있는 패턴 65536개를 문자열 요소로 사용할 수 있습니다. 하지만 일반적으로 각 요소는 하나의 문자(character)로 다루어지며, 유니코드 표준에 의해서 문자열의 인코딩이 결정됩니다. 자바스크립트는 아주 많은 체계적이고 문법적인 방법으로 유니코드를 지원합니다. 유니코드 표준은 절대 사용해서는 안 되는, 문자가 아닌 몇 가지 코드에 대해 규정하고 있습니다. 자바스크립트는 사실 그런 건 신경 쓰지 않습니다. 16비트 코드는 다 허용하죠. 다른 언어로 만들어진 시스템과 여러분의 자바스크립트 프로그램이 서로 상호 작용해야 한다면, 절대 유니코드를 오용하여서는 안 됩니다.

문자열 리터럴은 0개 이상의 유니코드 캐릭터를 큰따옴표(")로 묶어서 만들어집니다. 작은따옴표(')도 쓸 수 있지만 그럴 필요가 없으니 추천하지 않습니다. 각 문자는 16비트 요소로 표현됩니다.

더하기(+) 연산자는 문자열 연결에 사용됩니다. 앞서 더하기 연산을 수행할 때도 + 기호를 사용했었죠. 만약 더하기가 아닌 '연결'을 하고 싶으면, 피연산자 둘 중 최소한 하나가 문자열인지 확인해야 합니다. 한 가지 방법은 피연산자 중 하나를 문자열 리터럴로 사용하는 것입니다. 또 다른 방법은 값을 String 함수에 전달하는 것입니다.

```
my_little_string === "corn"              // true
"uni" + my_little_string                 // "unicorn"
3 + 4                                    // 7
String(3) + 4                            // 34
3 + String(4)                            // 34
```

문자열 리터럴은 반드시 한 줄로 끝나야 합니다. \(백슬래시)는 이스케이프 문자로서 문자열 리터럴 내부에 큰따옴표("), 백슬래시(\), 그리고 개행 문자를 포함할 수 있게 해 줍니다.

대괄호([])는 문자열에서 문자를 꺼내올 때 사용됩니다. 문자는 길이가 1인 문자열로 만들어집니다. 자바스크립트에는 문자(character) 형이 없습니다. 문자는 숫자나 문자열로 표현 가능합니다.

많은 언어에는 문자형이 있으며 대개 char 형으로 표시되지만, 표준화된 발음은 없는 것으로 보입니다. 저는 char 형을 car, care, chair, char, share 등등으로 발음

하는 경우를 많이 들었습니다.

　문자열은 만들어지면 동결됩니다. 한번 만들어지면 변경할 수 없다는 뜻이죠. 문
자열의 일부분을 복사해서 새로운 문자열을 만들 수 있습니다. 또한 문자열을 연결
해서 새로운 문자열을 만들 수도 있습니다.

```
const mess = "monster";
const the_four = "uni" + my_little_string + " rainbow butterfly " + mess;
                        // the_four is "unicorn rainbow butterfly monster"

const first = the_four.slice(0, 7);        // first is "unicorn"
const last = the_four.slice(-7);           // last is "monster"
const parts = the_four.split(" ");         // parts is [
                                           //     "unicorn"
                                           //     "rainbow"
                                           //     "butterfly"
                                           //     "monster"
                                           // ]
parts[2][0] === "b"                        // true
"*".repeat(5)                              // "*****"
parts[1].padStart(10, "/")                 // "///rainbow"
```

더 많은 유니코드

유니코드의 원래 목적은 세상에 존재하는 모든 언어를 16비트로 표현하는 것이었
습니다. 나중에는 전 세계의 언어를 21비트로 표현하는 것으로 바뀌었죠. 아쉽게
도 자바스크립트는 유니코드가 16비트로 표현하려던 시절에 설계되었습니다.

　유니코드는 자바스크립트의 '문자'를 받아서 코드 유닛(code unit)과 코드 포인트
(code point) 둘로 나눕니다. 코드 유닛은 16비트 문자 중 하나를 의미합니다. 코드
포인트는 문자에 해당하는 숫자를 표시합니다. 코드 포인트는 하나나 그 이상의 코
드 유닛들로 구성됩니다.

　유니코드는 1,114,112개의 코드 포인트를 정의하고 있으며, 이는 한 평면당
65,536 코드 포인트, 총 17개 평면으로 나눠질 수 있는 양입니다. 원래의 평면은
BMP(Basic Multilingual Plane)라고 불립니다. 나머지 16개 평면은 나중에 추가되
었습니다. BMP에 있는 코드 포인트는 하나의 코드 유닛으로 식별할 수 있으므로
자바스크립트 역시 BMP에 있는 문자를 쉽게 사용할 수 있습니다. 그 외의 문자는
조금 어렵습니다.

　그래서 자바스크립트는 대리 쌍(surrogate pairs, 써로게이트 페어)을 사용해서

추가적인 문자에 접근합니다. 대리 쌍은 두 개의 특별한 코드 유닛으로 구성됩니다. 자바스크립트에는 1024개의 상위 대리 코드 유닛과 1024개의 하위 대리 코드 유닛이 있습니다. 상위 대리 코드 유닛은 하위 대리 코드 유닛보다 더 낮은 코드 값을 가집니다.

0xD800부터 0xDBFF까지	상위 대리 코드 유닛
0xDC00부터 0xDFFF까지	하위 대리 코드 유닛

제대로 짝이 이루어지면, 각 대리 코드 유닛이 10비트씩, 총 20비트 오프셋을 만들수 있습니다. 이를 통해 65,536이 코드 포인트에 추가되었죠. (추가한 이유는 두 개의 서로 다른 코드 유닛 순서가 같은 코드 포인트 값을 만들어 낼 수 있는 혼란을 없애기 위함입니다. 하지만 혼란이 없어지기보단 더 가중된 것 같네요. 더 간단한 해결책은 BMP의 코드 포인트를 표현할 때 대리 코드 유닛을 사용하지 못하게 하는 것이죠. 그렇게 하면 21비트 문자셋 대신 20비트 문자셋을 만들어 낼 수 있었을 것입니다.)

코드 포인트 U+1F4A9(10진수 128169)를 예로 들어 보겠습니다. 여기에서 65,536을 빼면 62,633(0XF4A9)을 얻을 수 있습니다. 상위 10비트는 0x03D입니다. 하위 10비트는 0x0A9이고요. 상위 비트에 0xD800을 더하고, 하위 비트에 0xDC00을 더하면 대리 쌍을 얻을 수 있습니다. 이렇게 해서 자바스크립트는 U+1F4A9를 U+83D와 U+DCA9로 저장합니다. 즉, 자바스크립트 관점에서 U+1F4A9는 두 개의 16비트 문자입니다. 운영체제가 이런 처리에 능숙하다면 두 개의 16비트 문자는 하나의 문자로 표시될 것입니다. 자바스크립트는 그 외의 유니코드 평면에 대해서는 인지하지 못하지만, 그렇다고 나머지 유니코드 평면을 배척하지는 않습니다.

코드 포인트 U+1F4A9를 문자열 리터럴에 이스케이프 문자를 써서 표현하는 방법은 두 가지가 있습니다.

```
"\uD83D\uDCA9" === "\u{1F4A9}"                                    // true
```

두 가지 방법 모두 길이가 2인 동일한 문자열을 만들어 냅니다.

String.fromCodePoint 메서드를 써서 대리 쌍을 만들 수 있습니다.

```
String.fromCharCode(55357, 56489) === String.fromCodePoint(128169)  // true
```

codePointAt 메서드는 다음 문자가 무엇인지 볼 수도 있고, 다음 문자가 대리 쌍을 이루는 경우 추가적인 코드 포인트를 반환한다는 점을 제외하면 charCodeAt과 비슷합니다.

```
"\uD83D\uDCA9".codePointAt(0)                              // 128169
```

전 세계 사람들과 대화하기 위해 필요한 문자 대부분을 BMP에서 찾을 수 있으므로 일반적인 경우 대리 쌍 기능은 많이 사용되지 않습니다. 그렇다고 해도 추가 문자가 언제 필요하게 될지 모르므로, 유니코드를 써야 하는 프로그램을 만들 때는 이 점에 항상 유념하세요.

유니코드에는 강세 표시나 기타 문자를 수정할 수 있는 조합 및 수정 문자들도 포함되어 있습니다. 또한 쓰기 방향을 제어하거나 다른 서비스를 제공하는 문자들도 있습니다. 좀 복잡하게 구성될 수도 있기 때문에, 두 개의 유니코드가 동일한 문자들을 가지고 있다고 해도 어떤 경우에는 똑같지 않을 수 있습니다. 유니코드는 정규화 규칙을 통해 어떤 것들이 반드시 적용되어야 하고, 수정 문자를 가졌지만 변경되지 않은 기본 문자가 언제 수정 문자가 적용된 합성 문자가 되어야 하는지 등을 정합니다. 사람들은 이런 규칙에 얽매이지 않으므로, 항상 정규화되지 않은 유니코드들도 다룰 수 있어야 합니다. 자바스크립트는 정규화 규칙을 normalize 메서드에 감쌉니다.

```
const combining_diaeresis = "\u0308";
const u_diaeresis = "u" + combining_diaeresis;
const umlaut_u = "\u00FC";

u_diaeresis === umlaut_u                                   // false
u_diaeresis.normalize() === umlaut_u.normalize()          // true
```

유니코드는 중복되거나 비슷해 보이는 내용을 많이 가지고 있기 때문에, 정규화를 하고 나서도 같아 보이지만 같지 않은 문자열이 생길 수 있습니다. 이런 점이 혼란을 가중시키고 보안상 취약점이 될 수도 있습니다.

템플릿 문자열 리터럴

템플릿은 웹 애플리케이션 개발에서 자주 사용됩니다. 웹 브라우저의 DOM API가 잘못 설계된 데다가 오류도 많아서, 그 대신 템플릿을 이용해서 HTML 뷰를 만드는 방법이 더 각광받고 있습니다. DOM과 씨름하는 것보단 더 쉬운 방법이지만, 대신 XSS(Cross Site Scripting)나 그 외에 다른 웹 보안 문제를 일으킬 수 있습니다. 자바스크립트의 템플릿 문자열 리터럴은 이런 보안 문제를 해결하면서 템플릿을 지원하기 위해 개발되었으며, 실제로 가끔 그 의도대로 안전한 템플릿을 제공하기도 합니다.

템플릿 문자열 리터럴은 여러 줄에 걸쳐 쓸 수 있는 문자열 리터럴입니다. 백틱(backtick)으로 더 많이 알려진 `(억음 부호, grave accent)가 구분자로 사용됩니다.

```
const old_form = (
    "Can you"
    + "\nbelieve how"
    + "\nincredibly"
    + "\nlong this"
    + "\nstring literal"
    + "\nis?"
);

const new_form = `Can you
believe how
incredibly
long this
string literal
is?`;

old_form === new_form                                    // true
```

예전 형식에 비해 새로운 형식이 더 나아 보이나요? 표기상에 약간의 이득은 있을 수 있지만 감수해야 하는 비용이 있습니다. 바로 언어의 가장 큰 문법적 구조가 공백 문자에 의해 구분된다는 것입니다. 이로 인해 발생할 수 있는 잠재적인 오류는 아주 큽니다. 또한 딱 보기에도 헷갈립니다. 'incredibly'라는 단어 뒤에 공백이 있어 보이나요? 예전 형식이라면 분명히 '없다'고 답할 수 있습니다.

일반적으로 아주 긴 형태의 텍스트는 프로그램에 저장하지 않습니다. 그 대신 텍스트 에디터나 JSON 에디터, 데이터베이스 등에 저장하고 프로그램은 자원의 일부로서 텍스트에 접근하고 사용하는 편이죠. 이런 새로운 문법은 좋지 않은 습관을 유발합니다.

문자열은 사람이 쓰는 언어를 기록하는 용도로 주로 쓰입니다. 이런 문자열은 전세계 사람들이 이해할 수 있도록 번역되는 경우가 많습니다. 그렇다고 모든 언어별로 프로그램을 만들 수도 없는 노릇이죠. 그 대신 프로그램을 하나만 만들고, 현지화된 텍스트를 받아서 사용하는 것이 좋습니다. 새로 선보인 긴 문자열 포맷은 템플릿 문자열을 프로그램이 제공할 수 있도록 함으로써 텍스트의 현지화를 더 어렵게 만듭니다.

템플릿 문자열 리터럴의 이점 중 하나는 문자 보간(interpolation)을 제공한다는 것입니다. 템플릿 문자열 리터럴 안에 ${ }를 써서 올바른 표현식을 넣을 수 있습니다. 이 표현식은 계산되어 문자열로 변경된 다음 템플릿 문자열 리터럴에 삽입됩니다.

```
let fear = "monsters";

const old_way = "The only thing we have to fear is " + fear + ".";

const new_way = `The only thing we have to fear is ${fear}.`;

old_way === new_way                                          // true
```

이 방법의 위험한 점은 삽입되는 내용이 다음과 같이 아주 심술궂은 내용일 수 있다는 것이죠.

```
fear = "<script src=htps://themostevilserverintheworld.com/malware.js>";
```

웹 환경에서는 의심스러운 코드를 활성화할 수 있는 많은 방법이 있습니다. 템플릿을 사용하는 것 역시 보안 위험성을 증가시키는 것으로 보이고요. 대부분의 템플릿 도구들이 이러한 위험을 줄여 주는 장치를 제공해 주지만, 그래도 여전히 보안 취약점이 발생합니다. 어쨌든 문자 보간을 제공하는 템플릿 문자열 리터럴처럼 템플릿은 기본적으로 안전하지 않습니다.

그나마 여기에서 보안 위험성을 완화시킬 수 있는 방법은 태그(tag) 함수라고 불리는 특별한 함수를 쓰는 것입니다. 템플릿 문자열 리터럴 바로 앞에 함수 표현식을 쓰면 해당 함수가 호출되는데 해당 함수에 대한 인자로 템플릿 문자열과 표현식의 값들이 전달됩니다. 태그는 이렇게 전달된 값들에 대해서 필터링하고, 인코딩하고, 조립한 다음 반환합니다.

dump 함수는 입력된 값들을 단순히 사람이 읽을 수 있는 형태로 반환하는 태그 함수입니다.

```
function dump(strings, ...values) {
    return JSON.stringify({
        strings,
        values
    }, undefined, 4);
}

const what = "ram";
const where = "rama lama ding dong";

`Who put the ${what} in the ${where}?`
                        // "Who put the ram in the rama lama ding dong?"

const result = dump`Who put the ${what} in the ${where}?`;
                        // The result is `{
                        //     "strings": [
                        //         "Who put the ",
                        //         " in the ",
                        //         "?"
                        //     ],
                        //     "values": [
                        //         "ram",
                        //         "rama lama ding dong"
                        //     ]
                        // }`
```

문자열은 배열 형태로 전달되는 데 반해, 값들은 개별 인자들로 전달되는 것이 좀 이상해 보입니다. 태그 함수는 제대로 만들고 제대로 쓴다면 XSS나 그 외에 보안 취약점을 막을 수 있습니다. 하지만 기본적으로 템플릿은 위험하다는 사실을 명심하세요.

템플릿 문자열은 언어에 아주 많은 새로운 문법과 기법, 그리고 복잡성을 추가했습니다. 좋지 않은 습관을 조장하기는 하지만, 큰 문자열 리터럴을 제공하는 데 효과가 있는 것은 사실입니다.

정규표현식

String의 match, replace, search, split 함수는 인자로 정규표현식 객체를 받습니다. 정규표현식 객체는 또한 그만의 고유한 메서드인 exec, test를 가집니다.

정규표현식 객체는 문자열에 대해서 일치하는 패턴이 있는지 찾습니다. 당황스러울 만큼 간결해 보이지만, 패턴을 표현하는 강력한 방법이죠. 아주 강력한 만큼

할 수 없는 것도 많습니다. 예컨대 정규표현식 객체로는 JSON 텍스트를 분석할 수 없습니다. JSON의 중첩 구조를 분석하려면 푸시다운(pushdown)[1] 저장과 같은 능력이 필요합니다. 정규표현식 객체는 푸시다운 저장 능력은 없죠. 그 대신 JSON 텍스트를 토큰으로 분해해서 JSON 파서를 좀 더 쉽게 만들 수는 있습니다.

토큰화

컴파일러는 컴파일 과정에서 소스 코드를 토큰화합니다. 에디터나 코드 데코레이터, 정적 분석기, 매크로 처리기, 최소화 툴(minifiers) 등에서도 토큰화를 사용합니다. 에디터와 같이 상호 작용이 많이 일어나는 프로그램에서는 이런 토큰화가 아주 빨라야겠죠. 안타깝게도 자바스크립트는 토큰화하기에는 아주 어려운 언어입니다.

이는 정규표현식 리터럴과 자동 세미콜론 삽입 간의 상호 작용 때문입니다. 이 상호작용이 프로그램이 코드를 분석할 때 헷갈리게 만들죠. 다음 코드를 살펴봅시다.

```
return /a/i;                    // return a regular expression object

return b.return /a/i;           // return ((b.return) / a) / i
```

이 코드만 봐도, 자바스크립트가 코드 전체를 분석하지 않고서는 제대로 토큰화를 하기 힘들다는 사실을 알 수 있습니다.

템플릿 문자열 리터럴 때문에 더 힘든 부분도 있습니다. 리터럴 안에 표현식이 내장될 수 있거든요. 그리고 그 표현식 안에 또 다른 템플릿 문자열 리터럴이 중첩되어 있을 수도 있습니다. 이런 중첩은 얼마든지 깊어질 수 있습니다. 표현식에는 이 외에도 백틱이 있는 문자열이나 정규표현식 리터럴이 있을 수도 있습니다. 백틱만 해도, 이것이 현재 리터럴을 끝낸다는 의미인지 아니면 중첩된 다른 리터럴을 시작한다는 의미인지 알 수 없습니다. 그래서 전체적인 구조가 도대체 어떻게 된다는 것인지 파악하기가 힘듭니다.

```
`${`${"\"}`"}`}`
```

더 심한 경우도 있습니다. 표현식에는 정규표현식 리터럴과 빠진 세미콜론, 그리고

---

1 (옮긴이) 푸시다운이란, 가장 나중에 저장된 정보가 가장 먼저 검색되는 기억 시스템을 일컫는 말이며, 스택 (stack) 자료구조라고 볼 수 있습니다.

더 많은 템플릿 문자열 리터럴을 가지는 함수들이 포함되어 있을 수도 있습니다.

에디터와 같은 툴들은 프로그램이 제대로 잘 동작한다고 가정할 겁니다. 자바스크립트에는 전체 분석을 하지 않고도 토큰화할 수 있는 부분이 있습니다. 하지만 이런 부분에만 집중하면, 여러분이 만든 툴은 제대로 동작하지 않을 것입니다.

다음 세대 언어에서는 토큰화 따위는 하찮은 일이었으면 합니다. 그때까지 템플릿 문자열 리터럴은 쓰지 마시고요.

Fulfill

템플릿 문자열의 문자 보간 대신 쓸 만한 것이 있습니다. 바로 fulfill이라는 함수입니다. 심벌릭 변수가 포함된 문자열, 그리고 심벌릭 변수를 대체할 수 있는 값이 포함된 객체나 배열을 인자로 받습니다. 또한 값을 대체할 때 인코딩할 수 있는 함수나 함수 객체를 추가로 전달할 수도 있습니다.

템플릿 문자열의 잠재적인 문제는 같은 스코프에 있는 모든 것이 포함될 수 있다는 것입니다. 편리하지만, 보안상 취약하죠. 반면 fulfill 함수는 명시적으로 전달한 값에만 접근할 수 있으므로 훨씬 안전합니다. 기본으로 제공되는 인코더는 HTML이나 다른 문맥에서 위험하다고 알려져 있는 문자들을 제거하므로 기본적으로 안전합니다. 템플릿 문자열은 그렇지 않으니 기본적으로 위험하고요. 하지만 템플릿 문자열의 문자 보간처럼, 인코더를 잘못 쓰면 fulfill 함수 역시 위험합니다.

문자열은 문자열 리터럴이나 JSON 데이터 등 어디에서도 가져올 수 있습니다. 자바스크립트 파일에 있어야 할 필요도 없습니다. 그래서 현지화가 필요한 프로그램에 적합하죠.

심벌릭 변수는 중괄호({})로 둘러쌉니다. 그 안에는 어떠한 공백이나 괄호가 있어서는 안 됩니다. 경로가 포함될 수 있으며, 인코딩 이름을 콜론 뒤에 추가로 붙일 수 있습니다. 경로는 하나 이상의 이름이나 숫자가 점(.)으로 연결된 형태입니다.

```
{a.very.long.path:hexify}
```

컨테이너는 심벌릭 변수를 대체할 값이 담긴 객체나 배열입니다. 중첩된 객체나 배열을 포함할 수도 있습니다. 값은 경로를 참조해서 찾습니다. 대체할 값이 함수라면 우선 해당 함수를 호출한 다음 반환 값을 대체 값으로 사용합니다. 컨테이너 자체가 함수일 수도 있습니다. 그 경우에는 경로와 인코딩 함수를 전달해서 함수를 호출한 다음 대체할 값을 반환받습니다.

대체 값은 인코더에 의해 변환될 수 있습니다. 템플릿에 비해 보안상 안전하다는 게 가장 큰 이유이지만, 다른 용도로 쓸 수도 있습니다.

추가로 제공할 수 있는 인코더 인자는 인코더 함수를 포함한 객체입니다. 심벌릭 변수를 인코딩하는 부분에서, 인코더들 중 하나를 고릅니다. 인코더 객체에 일치하는 함수가 없으면 심벌릭 변수가 대체되지 않습니다. 인코더 인자는 모든 심벌릭 변수에 대해 호출되는 인코더 함수일 수도 있습니다. 인코더 함수에는 대체할 후보, 경로, 그리고 인코딩이 전달됩니다. 문자열이나 숫자를 반환하지 않으면 원래의 심벌릭 변수는 대체되지 않습니다.

심벌릭 변수에 인코딩이 명시되지 않으면 "" 인코딩을 쓴다고 가정합니다.

경로에 있는 숫자는 값의 배열에 있는 요소의 색인과 연결되고, 경로에 있는 이름은 객체에 있는 속성과 연결됩니다. 경로는 점으로 연결되어 중첩된 객체와 배열에서도 원하는 속성 값을 찾을 수 있습니다.

변수가 올바른 형식이고 대체할 값이 있으며, 인코딩이 지정되고 제대로 구현되었을 경우에만 심벌릭 변수가 대체 값으로 바뀝니다. 이들 중 하나라도 잘못되면 심벌릭 변수는 그대로 남습니다. 리터럴 괄호는 별다른 이스케이프 문자 없이 문자열 안에 쓸 수 있습니다. 괄호가 심벌릭 변수의 일부가 아니라면 그대로 표시됩니다.

```
const example = fulfill(
    "{greeting}, {my.place:upper}! :{",
    {
        greeting: "Hello",
        my: {
            fabulous: "Unicorn",
            insect: "Butterfly",
            place: "World"
        },
        phenomenon : "Rainbow"
    },
    {
        upper: function upper(string) {
            return string.toUpperCase();
        },
        "": function identity(string) {
            return string;
        }
    }
```

```
);  // example is "Hello, WORLD! :{"
```

entityify 함수는 HTML에 넣을 수 있는 안전한 텍스트를 만듭니다.

```
function entityify(text) {
    return text.replace(
        /&/g,
        "&amp;"
    ).replace(
        /</g,
        "&lt;"
    ).replace(
        />/g,
        "&gt;"
    ).replace(
        /\\/g,
        "&bsol;"
    ).replace(
        /"/g,
        "&quot;"
    );
}
```

템플릿을 위험한 데이터로 채워봅시다.

```
const template = "<p>Lucky {name.first} {name.last} won ${amount}.</p>";

const person = {
    first: "Da5id",
    last: "<script src=https://enemy.evil/pwn.js/>"
};

// fulfill 함수를 호출해 봅시다.

fulfill(
    template,
    {
        name: person,
        amount: 10
    },
    entityify
)
// "<p>Lucky Da5id &lt;script src=https://enemy.evil/pwn.js/&gt; won $10.</p>"
```

entityify 인코더는 아주 나쁜 스크립트를 위험하지 않은 HTML 태그로 대신 표현합니다.

이제 여러분이 읽고 있는 이 책 원서의 챕터 목록을 만들기 위해 작성한 코드를
보여 드리겠습니다.

챕터의 목록은 JSON 텍스트 형식으로 구성되었습니다. 템플릿에 리터럴 괄호
가 있지만 문제는 안 됩니다. 중첩 템플릿 문자열의 어휘적 복잡함을 피하기 위해
fulfill 함수를 중첩 호출하였습니다.

```
const chapter_names = [
    "Read Me First!",
    "How Names Work",
    "How Numbers Work",
    "How Big Integers Work",
    "How Big Floating Point Works",
    "How Big Rationals Work",
    "How Booleans Work",
    "How Arrays Works",
    "How Objects Work",
    "How Strings Work",
    "How The Bottom Values Work",
    "How Statements Work",
    "How Functions Work",
    "How Generators Work",
    "How Exceptions Work",
    "How Programs Work",
    "How this Works",
    "How Classfree Works",
    "How Tail Calls Work",
    "How Purity Works",
    "How Eventual Programming Works",
    "How Date Works",
    "How JSON Works",
    "How Testing Works",
    "How Optimization Works",
    "How Transpiling Works",
    "How Tokenizing Works",
    "How Parsing Works",
    "How Code Generation Works",
    "How Runtimes Work",
    "How Wat! Works",
    "How This Book Works"
];
const chapter_list = "<div>[</div>{chapters}<div>]</div>";
const chapter_list_item = `{comma}
<a href="#{index}">{"number": {index}, "chapter": "{chapter}"}</a>`;

fulfill(
    chapter_list,
```

```
    {
        chapters: chapter_names.map(function (chapter, chapter_nr) {
            return fulfill(
                chapter_list_item,
                {
                    chapter,
                    index: chapter_nr,
                    comma: (chapter_nr > 0)
                    ? ","
                    : ""
                }
            ).join("");
        })
    },
    entityify
)
// 아래가 원서에 사용된 챕터 목록입니다.
//[
//    {"number": 0, "chapter": "Read Me First!"},
//    {"number": 1, "chapter": "How Names Work"},
//    {"number": 2, "chapter": "How Numbers Work"},
//    {"number": 3, "chapter": "How Big Integers Work"},
//    {"number": 4, "chapter": "How Big Floating Point Works"},
//    {"number": 5, "chapter": "How Big Big Rationals Work"},
//    {"number": 6, "chapter": "How Booleans Work"},
//    {"number": 7, "chapter": "How Arrays Works"},
//    {"number": 8, "chapter": "How Objects Work"},
//    {"number": 9, "chapter": "How Strings Work"},
//    {"number": 10, "chapter": "How The Bottom Values Work"},
//    {"number": 11, "chapter": "How Statements Work"},
//    {"number": 12, "chapter": "How Functions Work"},
//    {"number": 13, "chapter": "How Generators Work"},
//    {"number": 14, "chapter": "How Exceptions Work"},
//    {"number": 15, "chapter": "How Programs Work"},
//    {"number": 16, "chapter": "How this Works"},
//    {"number": 17, "chapter": "How Classfree Works"},
//    {"number": 18, "chapter": "How Tail Calls Work"},
//    {"number": 19, "chapter": "How Purity Works"},
//    {"number": 20, "chapter": "How Eventual Programming Works"},
//    {"number": 21, "chapter": "How Date Works"},
//    {"number": 22, "chapter": "How JSON Works"},
//    {"number": 23, "chapter": "How Testing Works"},
//    {"number": 24, "chapter": "How Optimization Works"},
//    {"number": 25, "chapter": "How Transpiling Works"},
//    {"number": 26, "chapter": "How Tokenizing Works"},
//    {"number": 27, "chapter": "How Parsing Works"},
//    {"number": 28, "chapter": "How Code Generation Works"},
//    {"number": 29, "chapter": "How Runtimes Work"},
//    {"number": 30, "chapter": "How Wat! Works"},
```

```
//  {"number": 31, "chapter": "How This Book Works"}
//]
```

fulfill 함수는 그다지 크지 않습니다.

```
const rx_delete_default = /[ < > & % " \\ ]/g;
const rx_syntactic_variable = /
    \{
    (
        [^ { } : \s ]+
    )
    (?:
        :
        (
            [^ { } : \s ]+
        )
    )?
    \}
/g;

// Capturing groups:
//      [0] original (symbolic variable wrapped in braces)
//      [1] path
//      [2] encoding

function default_encoder(replacement) {
    return String(replacement).replace(rx_delete_default, "");
}

export default Object.freeze(function fulfill(
    string,
    container,
    encoder = default_encoder
) {
```

fulfill 함수는 심벌릭 변수가 포함된 문자열, 그리고 심벌릭 변수를 대체할 값을 가진 배열이나 객체 또는 값을 만들 수 있는 함수, 마지막으로 부수적인 인코더 함수나 인코더 함수 객체를 인자로 받습니다. 기본 인코더는 태그에서 사용되는 꺾쇠 (<>)를 모두 제거합니다.

대부분의 작업은 문자열의 심벌릭 변수를 찾아서 원래의 부분 문자열, 경로 문자열, 그리고 부수적인 인코딩 문자열로 바꿔 주는 문자열 replace 메서드로 이루어집니다.

```
return string.replace(
    rx_syntactic_variable,
    function (original, path, encoding = "") {
        try {
```

경로를 가지고 컨테이너에서 대체할 때 사용할 값을 찾습니다. 경로는 하나 이상의 이름이나 숫자가 점으로 연결되어 있습니다.

```
let replacement = (
    typeof container === "function"
    ? container
    : path.split(".").reduce(
        function (refinement, element) {
            return refinement[element];
        },
        container
    )
);
```

대체 값이 함수라면, 대체 값을 얻기 위해 해당 함수를 호출합니다.

```
if (typeof replacement === "function") {
    replacement = replacement(path, encoding);
}
```

인코더 객체가 제공될 경우 이 객체의 함수 중 하나를 호출합니다. 인코더가 함수라면, 그냥 호출합니다.

```
replacement = (
    typeof encoder === "object"
    ? encoder[encoding]
    : encoder
)(replacement, path, encoding);
```

대체 값이 숫자나 불 값이라면, 문자열로 변환합니다.

```
if (
    typeof replacement === "number"
    || typeof replacement === "boolean"
) {
    replacement = String(replacement);
}
```

대체 값이 문자열이라면 원래 문자열로 치환합니다. 그렇지 않다면 심벌릭 변수는 원래 상태 그대로 남습니다.

```
            return (
                typeof replacement === "string"
                ? replacement
                : original
            );
```

이 중 하나라도 잘못된다면 심벌릭 변수를 원래 상태 그대로 둡니다.

```
        } catch (ignore) {
            return original;
        }
    }
  );
});
```

10장

{ "number": 10, "chapter": "Bottom Value" }

빈 값

○ ● ○ ● ○

> 그대는 로맨스요,
> 그대는 러시아의 대초원이며,
> 그대는 록시 극장 안내원의 바지처럼 아리땁구려.
> 나는 망가진 인형, 하찮은 존재, 똥덩어리에 불과하오.
> 그대여, 내가 밑바닥이라면 그대는 최고에요!
>
> — 콜 포터(Cole Porter)

빈 값(bottom value)은 재귀적 데이터 구조의 끝을 가리키거나 값이 없음을 뜻하는 특수한 값입니다. 프로그래밍 언어에서 빈 값은 nil, none, nothing, null과 같은 이름을 가집니다.

자바스크립트는 두 개의 빈 값, 즉 null과 undefined를 가지고 있습니다. NaN 역시 숫자가 아님을 뜻하니 빈 값이라고 볼 수도 있습니다. 하지만 언어에 빈 값이 많으면 설계상에 문제가 있었다고 볼 수 있습니다.

자바스크립트 객체에서 오로지 null과 undefined만이 빈 값입니다. 이들 값에서 속성을 읽어오려고 하면 예외가 발생하죠.

어떤 면에서 null과 undefined는 아주 비슷하다고 볼 수 있지만, 어떤 경우에는 서로 다르게 동작합니다. 경우에 따라서는 바꿔 쓸 수는 있지만, 그렇다고 같지는 않다는 뜻이죠. 비슷해 보이지만 이따금 서로 다르게 동작하는 것은, 결국 헷갈릴 여지가 있다는 말입니다. 이들을 언제 어떻게 써야 하는지를 알아내는 데 많은 시간을 허비하고, 근거 없는 이론들로 인해서 더 헷갈리고 버그를 만들어 내게 됩니다.

둘 중 하나를 쓰지 않으면 더 좋은 프로그램을 만들 수 있겠죠. 물론 언어에서 제 거할 수는 없겠지만, 최소한 우리가 만들 프로그램에서 둘 중 하나를 없앨 수는 있 습니다. 그래서 null을 제거하고, 대신 undefined를 사용할 것입니다.

일반적인 상황에서 두 단어 중 하나를 고르라고 하면 저는 대개 더 짧은 쪽을 고 르는 편입니다. null은 프로그램의 문맥상이나 자료구조에서 알려진 뜻도 가지고 있는 반면, undefined는 그렇지 않습니다. 게다가 undefined라는 이름은 상당히 헷 갈리죠. 수학자들이 말하는 '정의되지 않았음'과는 다른 뜻입니다. 프로그래머가 의도한 '정의되지 않음'과도 다른 뜻이고요.

그렇다면 null이 더 적합한 이름일 텐데, 왜 undefined를 선택했을까요? undefined는 자바스크립트 스스로가 값으로 사용하기 때문입니다. let이나 var 구 문으로 변수를 정의하고 초기화하지 않으면, 자바스크립트는 묵시적으로 이 변수 값을 undefined로 초기화합니다. 새로 정의된 변수의 값이 undefined라는 게 좀 헷 갈리긴 하죠. 함수에 충분한 수의 인자를 넘겨 주지 못하면, 남는 매개변수의 값은 undefined로 설정됩니다. 객체에 특정 속성 값을 요청했는데 객체가 그 속성을 가 지고 있지 않다면 undefined를 반환합니다. 배열에 특정 요소를 요청했는데 그 요 소가 배열에 없다면, 이 역시 undefined를 반환합니다.

null을 쓰는 유일한 경우는 새로 빈 객체를 만들기 위해 Object.create(null) 을 사용할 때입니다. 잘못된 언어 명세 때문에 Object.create()나 Object.create (undefined)는 쓸 수 없습니다.

null과 undefined를 동등 연산자로 테스트해 보겠습니다.

```
function stringify_bottom(my_little_bottom) {
    if (my_little_bottom === undefined) {
        return "undefined";
    }
    if (my_little_bottom === null) {
        return "null";
    }
    if (Number.isNaN(my_little_bottom)) {
        return "NaN";
    }
}
```

고참 개발자들이 (typeof my_little_bottom === "undefined")라고 작성하는 것 을 보았을지 모르겠는데, 이 코드는 동작하긴 합니다. 하지만 (typeof my_little_ bottom === "null")은 그렇지 않은데, 그 이유는 typeof null이 "null"이 아닌 "object"를 반환하기 때문입니다. (typeof my_little_object === "object")를 쓰는 것은 거짓 양성 때문에 아주 좋지 않은 방법인데, my_little_object가 null이면 값이 true고, 결국 객체가 빈 값인지 검사하고자 했던 테스트 코드는 오류 상황으로 치단게 될 것입니다. 이 점이 null을 쓰지 않으려고 하는 또 다른 이유입니다.

undefined는 엄밀히 말하면 null을 쓰는 것보다는 낫지만, 경로 문제라는 골칫거리가 있습니다. 객체에 없는 속성에 대한 값을 요청하면 undefined를 반환한다는 점을 떠올려 보세요. undefined가 비어있는, 동결된 객체라면 좋은 특성이었겠지만 실제로는 그렇지 않습니다. undefined는 객체가 아니기 때문에 undefined에서 속성 값을 읽으려고 시도하면 예외가 발생합니다. 이는 특히 경로 표현식을 쓸 때 문제가 됩니다. 예를 들어 다음 코드를 살펴보면

```
my_little_first_name = my_little_person.name.first;
```

이 코드에서 my_little_person에 name 속성이 없거나, my_little_person이 undefined라면 예외가 발생합니다. 그래서 연속된 점(.)이나 첨자들을 경로라고 생각하면 안 됩니다. 그 대신 그중 어느 하나라도 실패할 수 있는, 연속적인 개별 연산이라고 생각해야 합니다. 이 점을 생각하면, 코드를 다음과 같이 작성할 수 있습니다.

```
my_little_first_name = (
    my_little_person
    && my_little_person.name
    && my_little_person.name.first
);
```

&& 논리 연산자를 사용해서 오른쪽 표현식이 계산되는 것을 막았습니다. && 연산자에서 왼쪽이 false면 나머지는 평가하지 않거든요. 아주 크고, 우스꽝스럽고, 느린 코드지만 예외를 일으키지는 않습니다. 만약 undefined가 객체처럼 동작했다면, 위의 코드는 다음과 같이 간결하게 표현할 수 있습니다.

```
my_little_first_name = my_little_person.name.first;
```

11장

`{ "number": 11, "chapter": "Statement" }`

문장

○ ● ○ ● ●

내가 고개를 끄덕이면, 니가 망치로 그걸 내려쳐.

— 불윙클 J. 무스(Bullwinkle J. Moose)

프로그래밍 언어는 표현 언어(expression language)와 문장 언어(statement language)로 나눌 수 있습니다. 문장 언어는 문장과 표현식을 가지고 있지만, 표현 언어는 표현식만 가지고 있습니다. 표현 언어를 지지하는 사람들은 표현 언어가 아주 뛰어나다는 이론을 주장하는 반면, 문장 언어가 뛰어나다는 이론은 없는 것처럼 보이는군요. 그렇다고 해도, 자바스크립트를 포함한 대부분의 인기 있는 언어들은 문장 언어입니다.

초기 프로그램은 단순히 명령어를 나열하는 수준에 불과했습니다. 명령어가 문장과 비슷한 형태인 경우도 있고, 심지어 마침표로 끝나는 경우도 있었습니다. 하지만 마침표는 소수점과 헷갈릴 수 있어 나중에 만들어진 언어는 문장의 끝을 나타내는 기호로 세미콜론을 사용하기 시작했습니다.

구조적 프로그래밍은 문장의 단순한 나열이라는 생각에서 벗어나, 문장 목록이 다른 문장 안에 중첩될 수 있도록 허용했습니다. ALGOL 60은 이런 구조를 처음 받아들였는데, 문장 블록을 BEGIN과 END로 표시했습니다. BCPL(Basic Combined Programming Language)에서는 BEGIN과 END 대신 중괄호({, })를 사용했습니다. 1960년대에 유행했던 이 방식은 수십 년 동안 지속되어 왔습니다.

선언문

자바스크립트에는 모듈이나 함수 내에서 변수를 선언할 수 있는 세 가지 문장, 즉 let, function, const가 있습니다. 인터넷 익스플로러에서 사용되던 구닥다리 문장 인 var도 있지만 다른 웹 브라우저에서는 사랑받지 못했습니다.

먼저 let에 대해서 살펴보겠습니다. let 문은 현재 스코프에 새로운 변수를 선언 합니다. 모든 블록(중괄호({, })로 둘러쌓인 문장의 집합)은 그만의 스코프를 생성 합니다. 해당 스코프에 선언된 변수는 바깥쪽 스코프에서는 보이지 않습니다. let 문은 초기화 없이 변수를 선언할 수 있습니다. 초기화를 할 수도 있지만, 초기화하 지 않을 경우 변수의 초기 값은 undefined로 지정됩니다. 또한 let 문에서는 여러 개의 변수를 한번에 선언할 수 있습니다. 하지만 개인적으로는 let 문을 사용해서 각각의 변수를 한 개씩 선언할 것을 권장합니다. 이렇게 하면 읽기도 쉽고 관리하 기도 편리하기 때문입니다.

let 문은 구조분해 할당(destructuring, 디스트럭처링)도 허용합니다. 구조분해 할당은 객체나 배열로부터 여러 개의 변수를 선언하고 값을 초기화하는 일종의 문 법 꼼수죠. 예를 들어 다음 코드는

```
let {huey, dewey, louie} = my_little_object;
```

다음 코드의 축약판인 셈이죠.

```
let huey = my_little_object.huey;
let dewey = my_little_object.dewey;
let louie = my_little_object.louie;
```

비슷하게 다음 코드는

```
let [zeroth, wunth, twoth] = my_little_array;
```

다음 코드를 줄여 쓴 것입니다.

```
let zeroth = my_little_array[0];
let wunth = my_little_array[1];
let twoth = my_little_array[2];
```

구조분해 할당은 중요한 기능은 아니지만, 몇몇 패턴을 쉽게 적용하는 데 도움을 주긴 합니다. 잘못 사용되는 경우도 많습니다. 이름을 바꾸고 기본 값을 적용하는

데 사용할 수 있는 문법적인 도구가 있긴 하지만, 보기에 너무 복잡합니다.

function 선언문은 함수 객체를 만들고 이를 저장할 수 있는 변수를 지정합니다. 안타깝게도, 이 문장은 함수 표현식과 그 문법이 비슷해서 헷갈립니다.

```
function my_little_function() {
    return "So small.";
}
```

위 코드는 다음 코드를 줄여 쓴 것입니다.

```
let my_little_function = undefined;

my_little_function = function my_little_function() {
    return "So small.";
};
```

function 문은 세미콜론으로 끝나지 않지만, let 문과 선언문은 세미콜론으로 끝납니다.

function 선언문은 호이스팅(hoist)됩니다. 즉, 해당 선언문은 여러분이 지정한 위치가 아닌, 함수 몸체나 모듈의 최상위로 옮겨집니다. function 문에 의해 만들어진 모든 let 문 역시 함수 최상위 위치로 옮겨지고, 그 다음 함수 객체를 해당 변수로 할당하는 문장이 위치합니다.

그래서 function 문은 블록 내에 위치해서는 안 됩니다. function 문을 함수 몸체나 모듈 안에 두는 것은 괜찮지만, if나 switch, while, do, for 문 안에 두는 것은 좋지 않습니다. 함수에 대해서는 12장에서 다룰 것입니다.

const 문은 let 문과 비슷하지만 두 가지 중요한 차이점이 있습니다. 초기화가 반드시 있어야 하며, 변수가 나중에 선언될 수 없다는 것입니다. const를 사용하면 프로그램을 훨씬 깔끔하게 만들 수 있어 저는 const를 더 선호하는 편입니다. 이 내용은 19장에서 더 살펴보겠습니다.

const는 당연히 constant(상수)의 줄임말입니다. constant라는 말은 영구성 혹은 영속성을 의미하기 때문에, const라는 단어는 잘못 사용되는 것이 아닌가 생각합니다. 사실 const는 함수의 실행이 끝나면 사라질 수도 있는 임시적인 것입니다. 또한 프로그램이 실행될 때마다, 혹은 함수가 호출될 때마다 다른 값을 가질 수도 있습니다. 또한 const에 지정된 값이 동결되지 않은 객체나 배열처럼 변경 가능한 값인 경우도 유의해야 합니다. const 변수에는 다른 값을 할당할 수는 없지만, 할당된 객체나 배열의 값을 바꾸는 것은 가능합니다. Object.freeze는 값에 지정되는 것이니, 변수 자체가 동결되는 것은 아닙니다. 그리고 const는 변수이지 값이 아닙니다. 변수와 값의 차이를 아는 것이 중요합니다. 변수는 값에 대한 참조를 담고 있습니다. 값은 절대 변수를 가질 수 없습니다.

```
let my_littlewhitespace_variable = {};
const my_little_constant = my_littlewhitespace_variable;
my_little_constant.butterfly = "free";     // {butterfly: "free"}
Object.freeze(my_littlewhitespace_variable);
my_little_constant.monster = "free";                // FAIL!
my_little_constant.monster                          // undefined
my_little_constant.butterfly                        // "free"
my_littlewhitespace_variable = Math.PI;  // my_littlewhitespace_variable is
                                         // approximately π
my_little_constant = Math.PI;                       // FAIL!
```

표현식

자바스크립트에서는 문장 위치에 어떤 표현식을 쓰든 상관없습니다. 조잡하지만, 인기가 많은 언어 설계 방식이죠. 문장이 올 자리에 쓰기 좋은 세 가지 자바스크립트 표현식으로는 할당문, 호출문, delete가 있습니다. 아쉽게도 자바스크립트에서는 이 세 가지 외 다른 모든 종류의 표현식을 문장 위치에 쓸 수 있기 때문에 컴파일러가 에러를 찾아내기가 쉽지 않습니다.

할당문은 변수의 참조를 바꾸거나, 변경 가능한 객체 혹은 배열을 수정합니다. 할당문은 네 가지 부분으로 구성됩니다.

0. 좌측값(lvalue), 즉 값을 받을 표현식입니다. 변수, 또는 객체와 객체 내부의 속성에 대한 접근을 나타내는 점(.) 및 속성 이름을 나타낼 수 있는 표현식(예: variable.prop_a), 또는 배열과 배열의 요소 또는 속성을 나타낼 수 있는 대괄호([,]) 표현식(예: my_array[0], my_array["prop"])이 올 수 있습니다.

1. 할당 연산자

    ◦ =   할당

    ◦ +=   더하기 할당

    ◦ -=   빼기 할당

    ◦ *=   곱하기 할당

- ∘ /= 나누기 할당
- ∘ %= 나머지 할당
- ∘ **= 지수 할당
- ∘ >>>= 오른쪽 밀기 할당
- ∘ >>= 부호 확장 오른쪽 밀기 할당
- ∘ <<= 왼쪽 밀기 할당
- ∘ &= 비트 곱(and) 할당
- ∘ |= 비트 합(or) 할당
- ∘ ^= 비트 배타적 논리합(xor) 할당

3. 저장할 값을 나타내는 표현식

4. 세미콜론(;)

++나 -- 같은 증감 연산자는 사용하지 않는 것이 좋습니다. 증감 연산자는 옛날 옛적 포인터 연산을 하기 위해 만들어진 연산자입니다. 포인터 연산이 아주 위험하다는 사실을 안 뒤로, 최근에 나온 언어에서는 포인터 연산을 더 이상 허용하지 않습니다. 포인터 연산이 있다는 것을 자랑스럽게 여긴, 마지막으로 인기를 끈 언어는 C++입니다. 심지어 언어의 이름에도 ++를 사용하였다니 안타깝네요.

이제 포인터 연산은 하지 않지만, 많은 언어가 아직도 증감 연산자에 얽매여 있습니다. 이제 증감 연산자가 포인터 연산 대신 1을 더하거나 뺍니다. 1을 더하거나 빼는데 왜 다른 형태의 문법을 써야 할까요? 이게 어떻게 말이 되는 걸까요?

답은 '말이 안 된다'입니다.

더 말이 안 되는 것은 증감 연산자에 전위 증감 형태와 후위 증감 형태가 있다는 것입니다. 이들을 서로 바꿔서 쓰기는 아주 쉽고, 오류를 찾기는 어렵습니다. 아울러 버퍼 오버런과 관련된 에러, 그리고 다른 보안 문제도 있습니다. 이런 불필요하고 위험한 기능들은 반드시 제거되어야만 합니다.

표현식은 순수하지 못합니다. 할당문과 delete는 그 이름대로 무언가를 변화시킵니다. 반환 값이 필요없거나 버리는 호출문은 함수의 사이드 이펙트(side effect)에 의존합니다. 표현식은 고유 식별자 키워드로 시작하지 않는 유일한 문장입니다. 이런 문법적인 최적화가 순수하지 않은 코드를 조장합니다.

분기

자바스크립트는 두 개의 분기문, 즉 if와 switch를 가지고 있습니다. 분기문은 하나로도 충분할 거 같은데 말이죠.

switch 문의 사용은 권장하지 않습니다. switch 문은 토니 호어(C. A. R. Hoare)가 만든 case 문과 포트란의 계산된 goto 문의 끔찍한 혼종입니다. if 문으로 만들 수 없는 switch 문은 없습니다. switch 문은 묵시적인 스위치 변수를 제공하지만 나쁜 습관과 오류를 유발할 위험이 있습니다. 그리고 코드 작성 방식에도 문제가 있습니다. case 문은 switch와 같은 수준으로 써야 할까요, 혹은 들여쓰기를 해야 할까요? 정확한 답은 없어 보입니다.

객체를 써서 switch 문을 대신할 수 있습니다. 각 케이스별로 처리해야 할 동작을 구현한 함수들로 객체를 채우고, case 변수와 일치하는 값을 객체의 키로 사용합니다.

```
const my_little_result = my_little_object[case_expression]();
```

*case_expression*이 객체에 있는 함수 중 하나를 고르고, 그 함수가 호출됩니다. *case_expression*과 일치하는 함수가 없으면 예외가 발생합니다.

하지만 이 방식에서는 this 바인딩 때문에 잠재적인 보안 위협이 발생할 수 있습니다. 이 점은 16장에서 this와 함께 더 자세히 알아보겠습니다.

if 문은 switch 문보다 좋습니다. else는 문이 아니라 절(clause)이므로 문장처럼 다루어서는 안 됩니다. else는 이전 블록을 닫는 중괄호(})와 같은 줄에 있어야 합니다.

자바스크립트는 조건문이 '불인 척하는 값'이길 기대합니다. 이는 실수라고 생각합니다. 자바스크립트는 대신 정확한 불 값을 기대했어야만 합니다. 자바스크립트는 약간 엉성할지언정, 여러분은 꼭 정확한 불 값을 조건문에 제공하길 바랍니다.

else if는 switch 문을 과도한 들여쓰기 없이 if 문으로 바꿀 때 큰 도움이 됩니다. else if는 잘못 사용될 수도 있고, 실행 흐름을 헷갈리게 만들 수도 있습니다. else if는 꼭 case 문의 구조처럼 만들 때만 사용해야 합니다. 그게 아닌데도 else 절이 if 문으로 시작해야 한다면, else if를 사용하지 말고 else 블록 안에 if 문을 넣는 것이 좋습니다. 이전의 블록이 중단된 경우에는 else if 형식을 써서는 안 됩니다.

순수 함수 스타일로 코드를 작성할 것이라면, 삼항 연산자를 쓰는 것이 좋습니다. 삼항 연산자는 잘못 사용하기 일쑤라서 좋지 않은 평판을 받아왔습니다. 그러니 삼항 연산자 전체를 괄호로 둘러싸세요. 여는 괄호 다음에 줄바꿈을 하고 조건문과 조건에 따라 실행할 두 개의 문장을 같은 수준으로 정렬합니다.

```
let my_little_value = (
    is_mythical
    ? (
        is_scary
        ? "monster"
        : "unicorn"
    )
    : (
        is_insect
        ? "butterfly"
        : "rainbow"
    )
);
```

반복문

자바스크립트는 for, while, do라는 세 가지 반복문을 제공합니다. 반복문도 너무 많네요.

for 문은 포트란에 있는 DO 문의 후손입니다. 두 가지 모두 배열 요소를 한 번에 하나씩 처리하고, 반복문 내에서 처리할 배열 및 배열 요소와 연관된 변수 관리는 전부 개발자에게 맡깁니다. 이런 경우에는 관련 변수 관리를 전부 알아서 해 주는 forEach와 같은 배열 메서드를 사용하는 것이 좋습니다. 다음 세대 언어에서는 배열 메서드에 각 요소별로 적용할 순수 함수를 전달하면 대부분의 일을 병렬로 처리할 수 있었으면 좋겠습니다. for 문을 사용하는 멍청한 프로그램은 아직도 배열 요소를 한 번에 하나씩만 처리할 수 있죠.

초보자에게 프로그래밍을 가르치면서 for 문의 세 가지로 구성된 제어문(초기화, 종료 조건문, 증가문)이 정말 이해하기 힘들다는 사실을 알게 되었습니다. 그 절들이 무슨 의미인지, 왜 그런 순서로 있는지, 그리고 쉽게 이해하거나 기억에 도움이 될 만한 문법적인 도구도 없습니다.

그래서 for 문은 안 쓰는 것이 좋습니다.

while과 do 문 역시 일반적인 반복문입니다. 문법적으로 아주 다르게 보이지만,

유일한 차이점이라고는 while 문의 조건문이 반복문의 가장 위에 있으며 반복문 시작 전에 체크하고, do 문은 조건문이 가장 아래에 있으며 반복 후에 체크한다는 것입니다. 시각적으로는 아주 큰 차이를 보이지만 정작 동작의 차이는 아주 작다는 것이 참 이상하죠.

반복문의 대부분은 가장 위나 아래에서 반복문을 빠져나가는 경우가 없죠. 대개는 중간쯤에서 빠져나갑니다. 그래서 많은 반복문이 다음과 같은 형태입니다.

```
while (true) {
    // do some work
    if (are_we_done) {
        break;
    }
    // do some more work
}
```

반복문을 만드는 가장 좋은 방법은 꼬리 재귀(tail recursion)를 사용하는 것입니다. 이 내용은 18장에서 다룹니다.

중단문

자바스크립트에는 네 가지 중단문, 즉 break, continue, throw, return이 있는데, 이들 중 그 어떤 것도 goto가 아닙니다.

break 문은 반복문을 빠져나갈 때 사용됩니다. switch 문을 빠져나갈 때도 사용되지만, switch 문이 반복문 안에 있을 때는 어디를 빠져 나가는 것인지가 좀 복잡합니다.

continue 문은 goto 문을 쓴 것처럼 반복문의 가장 꼭대기로 실행 흐름을 변경합니다. continue 문을 제거했을 때 프로그램이 나아지지 않는 경우는 단 한 번도 보지 못했습니다.

throw 문은 예외를 발생시킵니다(14장 참조).

return은 제가 가장 좋아하는 중단문입니다. return 문은 함수의 실행을 끝내고 반환 값을 지정합니다. 가끔 함수에는 반드시 하나의 반환문만 있어야 한다고 가르치는 사람들이 있는데, 그런 가르침이 도움이 된다는 그 어떤 증거도 없습니다. 그보다는 함수에서 언제 return 문을 쓰는지 정확하게 아는 것이 중요합니다. 유일한 함수 종료 지점을 만들기 위해 실행 흐름을 억지로 좁힐 필요는 없습니다.

자바스크립트에는 goto 문이 없지만, 모든 문장에 제목(label)을 달 수는 있습니다. 이는 실수라고 생각됩니다. 문장에는 제목이 있을 필요가 없습니다.

그 외의 내용들

throw 문, try 문, catch 절은 14장에서 다룹니다.

import와 export 문은 15장에서 알아봅니다.

debugger 문은 실행의 중단을 유발할 수 있는데, 중단점에 도달한 것과 비슷하다고 보면 됩니다. debugger 문은 개발 과정에서만 사용해야 하며, 완성된 프로그램에서는 반드시 제거해야 합니다.

구두법

if나 else 문에는 단일 문장이나 블록 모두 사용할 수 있습니다. 하지만 항상 블록을 사용하세요. 블록에 문장이 단 하나밖에 없다고 하더라도요. 블록을 쓰면 코드를 좀 더 탄력적으로 만들 수 있기 때문입니다. 또한 에러 없이 코드를 더 쉽게 개선시킬 수 있습니다. 굳이 문법적인 함정을 만들어서 팀 동료가 실수하게 만들 필요는 없으니깐요. 중요한 코드라서 항상 잘 동작해야 하는 것처럼 코드를 작성하세요.

표현식, do 문, 실행 흐름 변경문, debugger 문은 모두 세미콜론으로 끝납니다. 자바스크립트에는 자동 세미콜론 삽입이라는 기능이 있어 초보자가 세미콜론을 빠뜨려도 되게 함으로써 코드를 좀 더 쉽게 작성할 수 있도록 하였는데, 아무래도 잘못된 기능 같습니다. 이 기능은 잘못 동작할 수도 있으므로 전문가처럼 세미콜론을 넣은 코드를 작성하길 바랍니다. 자바스크립트가 애초에 세미콜론을 쓰지 않는 문법으로 설계되었다면 좋았겠지만, 그렇지 않으므로 세미콜론이 없는 것처럼 다루지는 맙시다. 이런 혼란이 에러를 만들어 내니깐요.

문장이 한 줄에 들어가기에 너무 길다면 나누어야겠죠. 저는 주로 (, [, { 다음에 줄바꿈을 합니다. 짝을 이루는),], }는 새 줄에서 (, [, {와 같은 수준으로 들여쓰기 합니다. 괄호 안의 것들은 네 칸 들여쓰기 합니다.

12장

{ "number": 12, "chapter": "Function" }

함수

○ ● ● ○ ○

사실, 적절한 절차가 있다면 모든 사람이 그걸 따르겠죠.
프로그램을 만드는 과정에서 적절한 절차를 따르는 것은
그 이점이 압도적입니다.

— 이안 F. 커리(Ian F. Currie)

최초의 프로그램은 루틴(routine)이라고 불렸습니다. 루틴은 주문서(혹은 명령어들)의 나열이었습니다. 루틴은 몇몇 데이터와 함께 처리 장치에 적재되고, 시간과 운이 따르는 경우 결과물이 나왔습니다.

하지만 단일 목록 형태로 루틴을 관리하는 것은 굉장히 어려웠습니다. 동일한 명령어 목록이 여러 루틴에서 발견되기도 하고, 같은 루틴에서 같은 명령어 목록이 여러 번 나오기도 했으니깐요. 그래서 서브루틴(subroutine)이 만들어졌습니다. 그리고 유용한 여러 서브루틴을 묶어서 라이브러리라고 부르기 시작했습니다. 각각의 서브루틴은 호출 번호가 지정되었는데, 마치 도서관 책의 요청 번호와 같은 맥락이죠. 그 시절에 이름은 사치였습니다.

그레이스 호퍼(Grace Murray Hopper)는 A-0이라고 명명된 루틴을 개발했습니다. 이것이 최초의 컴파일러입니다. 컴파일러는 명령어 목록들과 호출 번호들, 그리고 서브루틴 라이브러리를 가지고 있는 테이프를 전달받아 처리했습니다. 호출 번호와 연관된 서브루틴을 찾아서 새로운 프로그램에 집어넣었습니다. 그 시절의 컴파일(compile, 엮다)은 지금보다는 훨씬 그럴듯한 말이었죠. 다른 소스의 정보를 조립해서 프로그램을 만들어 냈으니깐요. 그때 어셈블러, 컴파일러, 라이브러리,

소스, 그리고 가장 중요한 '호출(call)' 등 지금까지도 사용되는 많은 용어가 탄생했습니다. 이제는 도서관에서 책을 요청하는 것처럼 프로그램에서 서브루틴을 호출합니다. 서브루틴을 시작하거나 활성화하는 것이 아니라 '호출'합니다. 그레이스 호퍼는 우리가 일하는 분야에 전문화된 많은 용어가 정착되는 데 큰 도움을 주었습니다. '전자 두뇌'가 아니라 '컴퓨터'라고 부르는 것도 그레이스 호퍼 덕분이죠. 그레이스 호퍼 덕분에 제 자신을 '프로그래머'라고 자랑스럽게 말할 수 있습니다.

수학적인 함수와 서브루틴이 연관성이 있다는 사실이 알려지면서, 포트란 II에는 SUBROUTINE 선언과 서브루틴을 쓰기 위한 CALL 문, 그리고 표현식에 값을 주입할 수 있도록 값을 반환할 수 있는 FUNCTION 선언문이 도입되었습니다.

C 언어는 서브루틴과 함수를 합쳐서 함수라고 불렀습니다. C는 함수임을 기술(descriptive)하는 키워드를 사용하지 않았지만, 자바스크립트에서는 function 키워드를 사용합니다.

function 연산자는 함수 객체를 만듭니다. function 연산자는 매개변수 목록과 문장 블록으로 구성된 함수 몸체를 전달받습니다.

매개변수 목록에 있는 각각의 이름은 함수 호출 시 인자 목록으로 전달되는 표현식을 통해 초기화될 변수들입니다. 각각의 이름 뒤에는 = 부호와 표현식이 올 수 있습니다. 이 경우 인자로 전달되는 값이 undefined라면 대신 = 다음의 표현식 값이 초기화에 사용됩니다.

```
function make_set(array, value = true) {

// 문자열 배열에서 속성 이름을 가져와서 객체를 만듭니다.

    const object = Object.create(null);
    array.forEach(function (name) {
        object[name] = value;
    });
    return object;
}
```

함수 객체는 인자 목록과 함께 호출되는데, 인자 목록에는 표현식이 없을 수도 있고, 한 개 이상의 표현식이 있을 수도 있으며, 각각은 쉼표(,)로 구분됩니다. 각 표현식은 계산된 뒤 함수의 매개변수에 지정됩니다.

인자 목록과 매개변수 목록은 길이가 같지 않을 수도 있습니다. 매개변수보다 긴 인자들은 함수에서 무시됩니다. 빠진 인자는 매개변수에 대해 undefined 값을 지정하게 됩니다.

확산 연산자(...)는 인자 목록이나 매개변수 목록에서 사용할 수 있습니다. 확산 연산자를 인자 목록에서 쓰면 전개(spread)문이라고 부릅니다. 배열을 받아서 전개함으로써 배열의 각 요소가 구분된 인자처럼 전달되도록 해 줍니다. 매개변수 목록에서 쓰면 나머지(rest)문이 됩니다. 인자의 나머지가 하나의 배열로 묶여서 해당 매개변수 이름과 연결됩니다. 그래서 나머지문을 쓰는 매개변수는 매개변수 목록에서 반드시 마지막에 나와야 합니다. 함수는 나머지문을 써서 가변 인자를 처리할 수 있습니다.

```
function curry(func, ...zeroth) {
    return function (...wunth) {
        return func(...zeroth, ...wunth);
    };
}
```

함수가 호출되면 활성 객체(activation object)가 만들어집니다. 활성 객체는 눈에 보이지 않습니다. 숨겨진 데이터 구조로서 호출된 함수의 반환 주소와 실행에 필요한 정보를 저장하고 이를 호출된 함수에 바인딩해 줍니다.

C와 같은 언어에서는 활성 객체가 스택에 저장됩니다. 그리고 함수가 종료되고 반환되면 스택에서 제거합니다. 자바스크립트는 좀 다르게 동작합니다. 자바스크립트는 활성 객체를 다른 객체와 마찬가지로 힙에 저장합니다. 함수가 종료된다고 활성 객체를 자동으로 비활성화하진 않습니다. 활성 객체는 해당 객체에 대한 참조가 있는 한 계속 살아있으며, 다른 객체와 마찬가지로 가비지 컬렉터에 의해 처리됩니다.

활성 객체는 다음 정보를 가지고 있습니다.

- 함수 객체에 대한 참조
- 함수를 호출한 측의 활성 객체에 대한 참조. 이 참조는 return 문이 실행 흐름을 함수 호출 측으로 돌릴 때 사용합니다.
- 함수 호출이 끝난 뒤 실행을 재개하기 위해 필요한 정보. 대개는 함수 호출문 바로 다음 명령어의 주소가 됩니다.
- 인자에 의해 초기화되는 함수 매개변수
- undefined로 초기화된 함수 변수들

- 함수가 복잡한 표현식을 계산하기 위해 임시로 사용하는 변수들
- 함수 객체가 메서드로서 호출되었을 때 사용할 수 있는 this 참조

함수 객체는 다른 일반적인 객체와 마찬가지로 속성을 가지고 있으며 변경할 수 있습니다. 이는 좋은 점이 아닙니다. 함수 객체는 불변 객체였어야만 합니다. 일부 보안 시나리오에서는 공유되는 변경 가능한 함수 객체가 취약점으로 사용될 수 있습니다.

함수 객체는 prototype이라는 속성을 가지고 있습니다. prototype은 특정 상태에 있는 요소를 선택하기 위한 의사 클래스 모델(pseudoclassical model)에서 사용되는데, prototype의 사용을 권장하지는 않습니다. prototype 속성은 Object.prototype에 대한 델리게이션 링크[1]와 constructor 속성을 가진 객체의 참조를 가지고 있는데, constructor 속성은 또한 함수 객체에 대한 역참조를 가지고 있습니다. 이 내용은 16장에서 다룹니다.

함수 객체는 Function.prototype에 대한 델리게이션 링크를 가지고 있습니다. 이 링크를 통해 함수 객체는 필요없는 메서드인 apply와 call을 상속받습니다.

함수 객체에는 두 가지 속성이 숨겨져 있습니다.

- 함수 실행 코드에 대한 참조
- 함수 객체가 생성되는 시점에 활성화된 활성 객체에 대한 참조. 덕분에 클로저(closure)를 사용할 수 있습니다. 함수는 숨겨진 이 속성을 통해 함수를 만든 함수의 변수에 접근할 수 있습니다.

자유 변수(free variable)라는 용어는 함수가 함수 바깥에 선언된 함수를 사용하는 것을 설명하기 위해 만들어진 말입니다. 반면, 묶인 변수(bound variable)라는 용어는 매개변수를 포함해서 함수 내부에 선언된 변수를 설명하는 말입니다.

함수는 중첩될 수 있습니다. 내부 함수 객체가 생성되면 이 객체는 자신을 생성한 외부 함수에 대한 활성 객체의 참조를 가지게 됩니다.

이렇게 함수 객체가 외부 함수에 대한 활성 객체의 참조를 가지는 방식을 클로저(closure)라고 합니다. 클로저는 프로그래밍 언어의 긴 역사 속에서도 중요한 발견 중 하나입니다. 스킴(Scheme) 언어에서 처음 발견되었죠. 그리고 자바스크립트의

---

[1] (옮긴이) 델리게이션 링크란, 어떤 객체가 처리할 수 없는 메시지 등을 다른 객체로 전달하기 위한 연결 정보를 의미합니다.

주류에까지 이르렀습니다. 클로저 덕분에 자바스크립트가 더 흥미로운 언어가 되었습니다. 클로저가 없었다면 자바스크립트는 그저 좋은 의도와 실수, 클래스 무더기로 가득 차 있었을 뿐일 것입니다.

13장

`{ "number": 13, "chapter": "Generator" }`

제너레이터

○ ● ● ○ ●

오늘날의 작곡가들은 죽기를 거부합니다.

— 에드가르 바레즈(Edgard Varèse)

자바스크립트는 ES6부터 제너레이터(generator)라는 기능을 도입했습니다. 이 기능은 표준위원회가 파이썬을 극심하게 질투하던 시절에 추가된 것으로, 여러 가지 이유로 이 기능을 사용하지 않을 것을 권장합니다.

코드가 보기와는 매우 다르게 동작합니다. 평범한 함수처럼 보이지만 그렇지 않죠. 제너레이터는 함수 객체를 만드는데, 이 함수 객체는 function* 몸체로 만들어진 next 메서드를 포함하는 객체를 만듭니다. return과 비슷한 yield 연산자가 있지만, 기대한 값을 만들어 내지는 않습니다. 그 대신 value 속성을 가지는 객체를 만드는데, 기대한 값은 이 속성에 들어 있습니다. 자그마한 별표(*) 하나가 아주 큰 차이를 불러옵니다.

이 때문에 아주 복잡한 실행 흐름이 생깁니다. 실행 흐름이란 쉽고 예측이 가능해야 한다고 배웠지만, 제너레이터는 실행 흐름을 멈추거나 재개할 수 있어 실행 흐름이 복잡해집니다. finally와 return은 상호 작용이 헷갈리기까지 하고요.

제너레이터는 결국 반복문을 사용하도록 조장합니다. 객체에서 함수로 옮겨가는 시대 흐름에 맞춰 반복문의 사용도 점점 줄여야 하지만, 제너레이터는 반대로 더 많은 반복문을 요구합니다. 대부분의 제너레이터는 반복문에서 값을 생성할 수 있는 yield 메서드를 가지고 있고, 제너레이터를 사용하는 대부분의 사용자는 for 반복문을 써서 값을 소비합니다. 두 가지 반복문 모두 필요가 없는데도 불구하고요.

제너레이터는 어설픈 객체 지향 프로그래밍(Object-Oriented Programming, OOP) 인터페이스를 사용합니다. 팩토리도 객체를 만들고 제너레이터도 객체를 만들죠. (반면, 함수형 설계(functional design)에서는 팩토리는 제너레이터 함수를, 제너레이터 함수는 값을 만듭니다. 함수형 설계가 더 간단하고, 더 명료하며, 쓰기도 쉽습니다.)

가장 최악인 것은 ES6 제너레이터가 필요없다는 것이죠. 쓸만한 다른 기능이 생길 때까지는 쓰지 않기를 권장합니다.

다음은 ES6 제너레이터의 예제입니다.

```
function* counter() {
    let count = 0;
    while (true) {
        count += 1;
        yield count;
    }
}

const gen = counter();

gen.next().value                    // 1
gen.next().value                    // 2
gen.next().value                    // 3
```

그 대신 다음과 같이 하기를 추천합니다.

```
function counter() {
    let count = 0;
    return function counter_generator() {
        count += 1;
        return count;
    };
}

const gen = counter();

gen()                               // 1
gen()                               // 2
gen()                               // 3
```

위에서는 값을 반환하는 함수처럼 보이지만 사실은 '값을 가진 value 속성을 가진 객체를 반환하는 next 메서드를 가진 객체를 반환하는 함수'를 만듭니다. 아래에서는 대신 '값을 반환하는 함수'를 만드는 함수를 만들었습니다. 훨씬 간단하고 분명하죠.

더 나은 방법

제너레이터는 사실 정말 좋은 기능입니다. 그러니 제대로 알아봅시다. 우선 함수를 반환하는 함수부터 시작해 보겠습니다. 외부 함수는 팩토리(factory)고, 내부 함수는 제너레이터입니다. 일반적으로 다음과 같은 형식으로 만들죠.

```
function factory(factory's parameters) {

    Initialization of the generator's state

    return function generator(generator's parameters) {

        update the state

        return value;
    };
}
```

물론 다른 방식으로도 만들 수 있습니다. 제너레이터의 상태는 팩토리 변수에 안전하게 저장됩니다.

가장 쉽게 만들 수 있는 것으로 constant 팩토리가 있습니다. 값을 인자로 받고, 항상 그 값을 반환하는 제너레이터를 반환합니다.

```
function constant(value) {
    return function constant_generator() {
        return value;
    };
}
```

좀 더 유용한 예로 integer 팩토리를 살펴보겠습니다. 제너레이터는 호출될 때마다 그다음 정수를 반환합니다. 마지막에는 undefined를 반환합니다. 정수 목록이 끝났다는 것을 알리기 위해 undefined를 쓰는 것이죠.

```
function integer(from = 0, to = Number.MAX_SAFE_INTEGER, step = 1) {
    return function () {
        if (from < to) {
            const result = from;
```

```
                from += step;
                return result;
            }
        };
    }
```

element 팩토리는 배열을 전달받아서 호출될 때마다 배열의 각 요소를 반환하는 제너레이터를 만듭니다. 배열에 남은 요소가 더 이상 없으면 undefined를 반환합니다. element 팩토리는 배열 요소에 접근할 색인 값을 생성하는 또 다른 제너레이터를 부수적인 인자로 받을 수 있습니다. 기본 값은 배열의 모든 요소를 순서대로 방문하는 것이고요.

```
function element(array, gen = integer(0, array.length)) {
    return function element_generator(...args) {
        const element_nr = gen(...args);
        if (element_nr !== undefined) {
            return array[element_nr];
        }
    };
}
```

property 팩토리는 element 팩토리와 동일한 작업을 (배열 대신) 객체를 대상으로 수행합니다. property 팩토리가 만든 제너레이터는 객체의 모든 속성을 키와 값으로 구성된 배열로 반환합니다. property의 경우와 비슷하게, 속성 값을 가져올 때 쓰는 키를 생성할 수 있는 제너레이터를 부수적인 인자로 받을 수 있습니다. 기본 값은 역시 모든 속성을 삽입된 순서로 탐색하는 것입니다.

```
function property(object, gen = element(Object.keys(object))) {
    return function property_generator(...args) {
        const key = gen(...args);
        if (key !== undefined) {
            return [key, object[key]];
        }
    };
}
```

collect 팩토리는 제너레이터와 배열을 인자로 받습니다. 만들어진 제너레이터는 인자로 전달된 제너레이터와 동일한 동작을 하는데, 추가로 관심 있는 반환 값을 배열에 추가합니다. 새 함수로 전달되는 모든 인자는 예전 함수로도 전달됩니다.

```
function collect(generator, array) {
    return function collect_generator(...args) {
        const value = generator(...args);
        if (value !== undefined) {
            array.push(value);
        }
        return value;
    };
}
```

드라이버로 repeat 함수를 사용할 수 있습니다. 함수를 받아서 해당 함수가 undefined를 반환할 때까지 호출합니다. 우리에게 필요한 유일한 반복이죠. do 구문을 쓸 수도 있겠지만, 18장에서 살펴볼 꼬리 재귀(tail recursion)를 쓰는 것이 더 좋습니다.

```
function repeat(generator) {
    if (generator() !== undefined) {
        return repeat(generator);
    }
}
```

데이터를 저장하기 위해서는 collect 함수를 사용합니다.

```
const my_array = [];
repeat(collect(integer(0, 7), my_array));  // my_array is [0, 1, 2, 3, 4, 5, 6]
```

repeat와 collect 함수를 함께 써서 harvest 함수를 만듭니다. harvest 함수는 팩토리도 아니고 제너레이터도 아닙니다. 제너레이터를 인자로 받기만 합니다.

```
function harvest(generator) {
    const array = [];
    repeat(collect(generator, array));
    return array;
}
```

```
const result = harvest(integer(0, 7));  // result is [0, 1, 2, 3, 4, 5, 6]
```

limit 팩토리 함수는 함수를 인자로 받아서 제한된 횟수만큼만 사용할 수 있는 함수를 반환합니다. 제한 횟수를 초과하면 함수는 undefined만 반환하고 아무것도 하지 않습니다. 두 번째 인자는 함수 호출을 제한할 횟수 값입니다.

```
function limit(generator, count = 1) {
    return function (...args) {
        if (count >= 1) {
            count -= 1;
            return generator(...args);
        }
    };
}
```

limit 팩토리 함수는 어떤 함수에나 사용 가능합니다. 소원을 들어주는 함수를 limit 팩토리 함수에 인자 3과 함께 전달하면, 그 함수는 소원을 세 번만 들어줄 것입니다.

　filter 함수는 제너레이터와 술어 함수(predicate function)를 인자로 받습니다. 술어 함수란, true나 false를 반환하는 함수를 말합니다. 새로 만들어지는 제너레이터 함수는 이전 함수와 거의 동일하게 동작하지만, 술어 함수가 true를 반환하는 경우에만 값을 반환한다는 차이가 있습니다.

```
function filter(generator, predicate) {
    return function filter_generator(...args) {
        const value = generator(...args);
        if (value !== undefined && !predicate(value)) {
            return filter_generator(...args);
        }
        return value;
    };
}

const my_third_array = harvest(filter(
    integer(0, 42),
    function divisible_by_three(value) {
        return (value % 3) === 0;
    }
));
// my_third_array is [0, 3, 6, 9, 12, 15, 18, 21, 24, 27, 30, 33, 36, 39]
```

concat 팩토리 함수는 두 개 이상의 제너레이터 함수를 인자로 받아서 이들을 조합하여 순차적으로 실행하는 새로운 제너레이터를 만듭니다. 첫 번째 제너레이터에서 undefined가 나올 때까지 값을 받습니다. 그리고 그다음 제너레이터로 옮깁니다. concat 팩토리는 이전에 살펴본 element 팩토리를 사용해서 제너레이터들을 아주 영리하게 다룹니다.

```
function concat(...generators) {
    const next = element(generators);
    let generator = next();
    return function concat_generator(...args) {
        if (generator !== undefined) {
            const value = generator(...args);
            if (value === undefined) {
                generator = next();
                return concat_generator(...args);
            }
            return value;
        }
    };
}
```

join 팩토리는 함수와 한 개 이상의 제너레이터를 받아서 새로운 제너레이터를 반환합니다. 새 제너레이터가 호출될 때마다 인자로 전달된 제너레이터를 호출하고 그 결과를 함수로 전달합니다. join과 repeat를 함께 써서 for of 문과 똑같은 일을 할 수 있습니다. join에 전달되는 함수 인자는 블록과 같은 역할을 합니다. join 팩토리는 여러 개의 제너레이터를 한꺼번에 처리할 수 있는 것이죠.

```
function join(func, ...gens) {
    return function join_generator() {
        return func(...gens.map(function (gen) {
            return gen();
        }));
    };
}
```

이 모든 것들을 사용해서 배열의 map 메서드와 똑같이 동작하는 map 함수를 만들 수 있습니다. 함수와 배열을 전달받아서 배열의 각 요소에 대해 함수를 호출한 결과를 담은 새로운 배열을 반환합니다.

```
function map(array, func) {
    return harvest(join(func, element(array)));
}
```

objectify 팩토리는 데이터 객체를 만드는 다른 방법입니다.

```
function objectify(...names) {
    return function objectify_constructor(...values) {
        const object = Object.create(null);
        names.forEach(function (name, name_nr) {
```

```
            object[name] = values[name_nr];
        });
        return object;
    };
}

let date_marry_kill = objectify("date", "marry", "kill");
let my_little_object = date_marry_kill("butterfly", "unicorn", "monster");
                // {date: "butterfly", marry: "unicorn", kill: "monster"}
```

제너레이터는 순수 함수와 비순수 함수 사이의 경계에 있습니다. constant 팩토리로 만들어진 제너레이터는 순수 함수이지만, 대부분의 제너레이터는 완벽하게 비순수 함수입니다. 제너레이터는 상태를 가지고 있을 수도 있지만, 상태 정보는 팩토리 클로저에 숨겨져 있습니다. 상태는 제너레이터를 호출하는 경우에만 변경됩니다. 대부분의 비순수 함수를 괴롭히는 사이드 이펙트가 없죠. 그래서 제너레이터는 아주 잘 구성될 수 있습니다.

여러분의 프로그램은 가급적 순수하게 만드는 것이 좋습니다. 세상이 순수하지 않기 때문에 세상과 통하는 프로그램을 완벽하게 순수하게 만드는 것은 불가능합니다. 무엇이 순수하고 무엇이 순수하지 않아야 하는지는 어떻게 알 수 있을까요? 제너레이터가 그 답을 보여 줄 것입니다.

14장

{ "number": 14, "chapter": "Exception" }

예외

○ ● ● ● ○

아냐! 해보는 것이 아니야. 하냐 하지 않느냐야. 해본다는 건 없어.

— 요다, 영화 〈스타워즈〉 중에서

프로그래머들은 낙천적입니다. 프로그래머들은 프로그램의 모든 것이 잘 돌아갈 것이라고 마음 한구석에서 믿고 있습니다. 하지만 낙천주의자라도 언젠가, 무언가 잘못될 것이라는 사실을 알죠.

호출한 함수는 개발자가 예상하지 못한 방식으로 문제를 일으킬 수 있습니다. 특히 서드 파티(third party)에서 가져온 코드를 사용할 때 주의해야 합니다. 그 결과로 프로그램에 문제가 발생할 수도 있습니다. 이런 문제가 생기면 무슨 일이 일어나야 할까요? 전체 프로그램이 멈추어야 할까요? 이번엔 잘 동작하리라 믿고 함수를 다시 호출해야 할까요? 문제가 발생하면 어떻게 알아낼 수 있을까요?

이런 문제를 다루는 가장 보편적인 방법은 예외 처리입니다. 예외 처리는 프로그래머가 낙천적이고 자유롭게 프로그램을 만들 수 있게 도와주는 방법이죠. 모든 반환 값에 대해서 오류 코드가 있는지 매번 확인할 필요가 없습니다. 프로그램의 상태가 어떤지 수시로 들여다 볼 필요도 없고요. 그 대신 예전처럼 모든 것이 정확하게 동작한다고 가정합시다. 예상하지 못한 일이 발생하면, 현재 하고 있는 일을 전부 멈추고 예외 핸들러가 프로그램이 무엇을 해야 할지 알려 줄 것입니다.

자바스크립트의 예외 처리 방법은 자바에서 영감을 받았습니다. 자바는 C++에서 영감을 받았고요. C++는 제대로 된 메모리 관리 기능이 없었기에 무언가가 잘못되면 호출 체인에 있는 모든 함수는 반드시 자신이 할당한 메모리를 명시적으로 해제해야만 했었습니다. 자바스크립트는 좋은 메모리 관리 기법을 가졌지만, C++의 잘못된 메모리 모델에 영향을 받은 것 같습니다.

문제가 생기면 throw 문을 통해 신호가 발생됩니다. C++는 에이다(Ada)처럼 raise 문을 사용하고 싶었겠지만 C 라이브러리에서 이미 raise라는 단어를 사용하고 있었기 때문에 대신 다른 단어를 사용할 수밖에 없었죠.

자바스크립트는 throw에 어떤 값이든 허용합니다. throw로는 Error 생성자로 만들어진 값을 던지는 것이 일반적이지만 필수는 아닙니다. 말 그대로 아무거나 '던져도' 됩니다. C++나 자바의 예외 객체는 중요해 보이지만, 사실은 별것 아닙니다. 잘 작성된 자바스크립트 프로그램에서는 예외 객체가 전혀 필요하지 않습니다.

```
throw "That does not compute.";
```

try 문의 예외 핸들러에 코드 블록을 붙일 수 있습니다. 예외 핸들러는 catch 절에 있습니다. 여기에는 무엇이 되었건, throw 문이 던진 단 한 개의 인자만 받을 수 있습니다.

```
try {
    here_goes_nothing();
} catch {
    console.log("fail: here_goes_nothing");
}
```

try 문 내에서 예외가 발생하면 catch 절이 실행됩니다.

try를 써서 예외를 아주 세밀하게 관리할 수 있습니다. 함수의 모든 문장은 제각각의 try와 catch를 가질 수 있습니다. try 안에 try를 쓸 수도 있습니다. 더 심하게는 catch 절 안에서도 try 문을 쓸 수 있고, try와 catch 모두 throw 문을 쓸 수 있습니다. 하지만 하나의 함수에서는 try를 두 번 이상 쓰지 않도록 주의해야 합니다.

되감기

예외 처리가 신경 써야 할 중요한 점 하나는 제대로 동작하는 프로그램에는 성능 패널티가 없어야 한다는 것입니다. 예외가 발생하면 성능이 저하될 수도 있지만 그런 상황은 극히 드물며, 설령 저하된다 해도 그 폭이 크지 않습니다.

자바스크립트 컴파일러는 컴파일하는 모든 함수에 대한 캐치맵(catchmap)을 만듭니다. 캐치맵은 함수 몸체의 명령어 위치와 이들을 처리하는 catch 문을 연결해 줍니다. 프로그램이 정상적으로 동작할 때는 캐치맵이 쓰일 일이 없습니다.

throw 문이 실행되면 예외가 발생하고 현재 함수에 대한 캐치맵을 참조합니다. 지정된 catch 절이 있으면 해당 절이 제어권을 얻어 실행됩니다.

지정된 catch 절이 없으면 함수를 호출한 곳을 찾습니다. 함수를 호출한 측이 '현재 함수'가 되며, 함수를 호출한 위치가 문제를 일으킨 새로운 위치가 됩니다. 다시 이 새로운 위치를 기준으로 캐치맵을 참조합니다. 지정된 catch 절이 있으면 역시 해당 절이 제어권을 얻어 실행됩니다.

이 과정을 계속 반복해서 catch 절을 찾을 때까지 가상의 호출 스택을 타고 내려 갑니다. 호출 스택이 더 이상 없으면 처리할 수 없는 예외(uncaught exception)가 됩니다.

간단하면서도 우아한 메커니즘입니다. 예외를 완전히 무시하지 않으면서 성공 시나리오에 집중하고 프로그래밍할 수 있도록 해주죠. 하지만 잘못 사용하기 일쑤 입니다.

일상적인 예외

예외 처리를 잘못 쓰는 가장 흔한 경우는 정상적인 결과를 처리할 때도 쓰는 것입 니다. 예를 들어 파일을 읽는 함수에서 파일을 찾을 수 없는 것은 예외가 아닙니다. 흔히 일어날 수 있는 일이죠. 예외 처리는 예상하지 못한 문제를 처리할 때만 사용 되어야 합니다.

자바는 타입 시스템에 문제가 있어서 이를 우회하는 수단으로써 예외를 잘못 사 용하도록 조장하였습니다. 자바 메서드는 오직 한 가지 자료형만 반환할 수 있기 때문에, 자료형이 다르지만 정상적인 결과를 반환하는 방법으로 예외를 사용할 수 있습니다. 그래서 try 블록 하나에 여러 catch 절이 붙어있는 것이죠. 이렇게 되면 정상적인 결과와 진짜 예외가 섞여서 혼란스러울 수 있습니다.

이는 포트란의 할당된(assigned) GOTO 문과 비슷합니다(할당된 GOTO 문에서는 변 수가 점프할 위치의 주소를 가지고 있습니다). 올바른 catch 절이 선택될 수 있도록 그 순서를 제대로 배치해야 합니다. switch 문과는 달리, 어떤 catch 절이 선택될지 는 동등성과는 전혀 관련 없이 이루어집니다. 그 대신, 그 자체만으로도 끔찍한 형 변환 규칙을 따릅니다. 어떤 타입 시스템이든, 명시적인 형변환을 요구한다면 그 시스템은 잘못된 것입니다.

실행 흐름은 예외 객체를 만들어 낸 메서드에 의해 결정됩니다. 이는 깔끔한 모듈화 설계 방식에 반하는, 예외 생성 주체와 예외 처리 주체 간의 아주 단단한 결합을 만듭니다.

이렇게 얽히고설킨 결합들로 아주 많은 실행 경로가 만들어지며, 할당된 자원을 해제하는 작업이 아주 어려워질 수 있습니다. 이 문제를 해결하기 위해 finally 절이 추가되었습니다. finally 절은 매개변수가 없는 함수로서 try 및 각 catch 절의 모든 탈출 지점에서 묵시적으로 호출됩니다.

반면 자바스크립트는 훨씬 깔끔한 방법을 제공합니다. try 문이 성공하면 좋은 결과를 가져옵니다. 자바스크립트의 타입 시스템은 유연해서 예상할 수 있는 모든 상황을 처리하기에 충분합니다.

정말 생각치도 못한 일이 벌어진다면 catch 절이 시작되고 다른 이야기가 시작됩니다. 무언가를 끝내거나, 아니면 다른 것을 시작하는 방식으로요. 플랜 A로 시작해서 성공하면 좋고, 실패하면 플랜 B로 직행하는 것이죠.

```
try {
    plan_a();
} catch {
    plan_b();
}
```

에러를 복구하는 데 필요한 원인을 추론하기 어렵고, 테스트하기는 훨씬 더 어렵습니다. 그래서 단순하고 믿을 수 있는 패턴으로 가야 합니다. 예상되는 모든 출력 값을 반환 값으로 다루고, 그렇지 않은 것만 예외로 남겨둡니다.

문제는 다른 언어에서 잘못된 습관을 배워 온 개발자가 잘못 개발한 프로그램이 많다는 점이죠. 그런 개발자들은 return을 써야 할 자리에 throw를 쓰곤 합니다. 그리고 어려운 문제를 풀고 절대 영원할 수 없는 불변성을 유지하기 위해 복잡한 catch 절도 만듭니다. 그리고 자바스크립트가 가지고 있지만 쓸 일은 없는 finally 절을 써서 자신들이 저지른 잘못을 수습하려 합니다.

비동기 프로그래밍에서의 예외 처리

예외 처리는 스택을 거꾸로 되감으면서 진행됩니다. 예외로 발생된 값은 스택의 더 아래쪽에 있는 함수 호출로 전달됩니다. 스택이 아래에서 위로 쌓인다는 점을 생각하면, 결국 가장 처음 함수를 호출한 곳까지 전달될 수 있겠죠. 비동기 프로그래밍에서 스택은 매 회 비워집니다. 그래서 더 이상 존재하지 않는 스택을 거슬러 가서 예외 값을 전달할 수가 없죠. 이런 상황에서 예외는 아주 제한된 쓰임새만 가지게 됩니다. 현재 존재하는 지역적인 문제만 알릴 수 있습니다. 이 부분에 대해서는 20장에서 더 자세히 다룹니다.

보안

중요한 보안 모델 중 하나로, 함수에 처리해야 할 참조만 전달하고 그 외에는 아무것도 주지 않는 것으로 파괴적인 함수의 힘을 제한하는 방법이 있습니다. 하지만 지금 살펴보고 있는 예외 처리는 신뢰할 수 없는 두 개의 함수가 서로 결탁할 수 있는 대화 창구를 제공합니다.

이는 다음과 같이 돌아갑니다. A와 B를 서버에 부주의하게 설치된 패키지라고 합시다. 이렇게 하는 것만으로도 충분히 위험하지만, A와 B가 때때로 유용하기 때문에 이 점에 대해서는 충분히 고려했다고 칩시다. A에는 네트워크 소켓에 접근 가능한 권한을 줍니다. 그리고 B에는 우리가 숨겨야 할 비밀 키에 대한 접근 권한을 줍니다. A와 B가 서로 통신할 수 없다면, 모든 것이 괜찮습니다.

A의 기능을 쓰기 위해서 어떤 암호화된 데이터를 풀어야 한다면, A가 B와 직접 통신하길 원하지는 않을 것입니다. 그래서 믿을 수 있는 매개체 역할을 담당하는 함수를 만듭니다. 그리고 A가 매개체 함수를 호출할 수 있도록 합니다. 매개체 함수는 B를 호출하고요. 그러면 B는 매개체 함수에 값을 반환합니다. 매개체 함수는 반환 값을 검사해서 원하던 평문인지 검사한 다음, 이것을 A에 전달합니다.

하지만 B가 반환하는 대신 다음을 실행한다면 어떻게 될까요?

```
throw top_secret.private_key;
```

그리고 매개체 함수가 발생한 예외 값을 처리하지 않거나, 혹은 예외 값을 전달받아서 다시 던진다면(C++에서는 아주 흔히 볼 수 있는 좋지 않은 방법이죠), A는 비밀 키를 전달받아서 해커에게 전송할 수 있습니다. 이렇게 결탁이 이루어지는 것이죠.

신뢰성

무언가에서 심각한 문제가 발생하면, 프로그램은 어떻게 해야 할까요? 함수가 제대로 동작할 거라고 기대하는 다른 함수를 호출할 수 있습니다. 하지만 호출한 다른 함수가 제대로 동작하지 않는다면 어떻게 될까요? 인자가 범위를 벗어났거나, 객체가 불변이거나, 혹은 다른 실수가 있었다는 사실을 예외 객체를 통해 함수에게 알려 줍니다. 하지만 현재의 기술 수준에서 함수들이 알아서 이런 실수들을 고칠 수 있다고 기대하긴 어렵습니다.

예외 객체의 세부 사항은 아주 중요하며 프로그래머가 알아야 할 유용한 정보입니다. 하지만 그 정보는 프로그래머 대신 예외 객체를 제대로 사용하지 못하는 함수로 전달됩니다. 정보의 흐름을 오염시키는 것이죠. 이런 정보는 아마 저널 항목, 로그 등의 형태로 프로그래머에게 전달되어야만 할 것입니다. 하지만 호출 스택으로 전달되어 잘못 이해되거나 그냥 잊혀지기 일쑤입니다. 예외 처리 방법 그 자체를 신뢰할 수 없게 만듭니다.

15장

{ "number": 15, "chapter": "Program" }

프로그램

○ ● ● ● ●

안녕하신가, 프로그램 여러분들!

— 케빈 플린, 영화 〈트론〉 중에서

자바스크립트는 실행되어야 하는 웹 사이트에 소스 형태로 제공됩니다. 자바스크립트의 첫 번째 임무는 웹 페이지에 몇 가지 상호 작용 기능을 구현하는 것이었죠. HTML이 텍스트 형태였기 때문에, 자바스크립트 역시 웹 페이지에 텍스트 형태로 삽입되는 것으로 결정되었습니다. 사실 이런 형태로 코드가 제공되는 경우는 드뭅니다. 다른 언어로 된 대부분의 프로그램은 특정 기계의 명령어 코드, 아니면 코드 제너레이터나 인터프리터가 해석할 수 있는 중간 바이트코드 명령어 형태로 만들어져서 실행되어야 하는 곳으로 전달됩니다.

자바스크립트 엔진은 자바스크립트 소스 코드를 컴파일해서 기계어나 중간 언어, 혹은 둘 다로 변환합니다. 그래서 자바스크립트는 이식성이 아주 뛰어납니다. 실행되는 기계의 구조와 프로그램 사이에 아무런 의존성이 없는 것이죠. 자바스크립트 프로그램은 기저가 무엇이든 상관없이, 어떤 자바스크립트 엔진에서도 수정 없이 동작합니다.

자바스크립트 컴파일러는 프로그램의 중요한 보안 관련 속성을 쉽고 빠르게 확인할 수 있습니다. 프로그램이 금지된 영역의 메모리 값을 훔쳐보지 않고, 자료형에 대한 제한을 위반하지 않는다고 확신할 수 있죠. 자바도 바이트코드 검증 툴로 이것과 비슷한 일을 하지만, 자바스크립트만큼 빠르고 쉽고 확실하지는 않습니다.

사실 자바스크립트 소스의 파싱은 자바스크립트의 몇몇 문법적 기능 덕분에 쓸

데없이 어려워졌습니다. 그럼에도 자바스크립트 엔진은 여전히 자바스크립트 코드를 컴파일하고, 적재하고, 빠르게 실행할 수 있습니다. 자바가 .jar 파일을 적재하고 실행하는 것만큼요.

자바스크립트 코드는 여러 단위로 나눠집니다. 그 단위는 대개 .js 파일이지만 JSON 객체의 소스 문자열이 될 수도 있고, 데이터베이스에 저장될 수도 있고, 혹은 소스 관리 시스템에 있을 수도 있습니다.

예전의 웹 브라우저에서 소스 코드들은 <script> 태그나 인라인 이벤트 핸들러에 포함되어 페이지 단위로 나눠지는 경우가 많았습니다. 다음 예제에서는 alert("Hi");가 자바스크립트 코드(소스 단위)입니다.

```
<img src=hello.png onclick=alert("Hi");>
```

최근에는 자바스크립트 코드를 HTML 페이지에 포함시키는 것이 좋지 않다는 생각이 지배적입니다. 우선 디자인 측면에서 화면에 표현하는 부분과 동작하는 부분을 구분할 수 없으니 좋지 않습니다. 성능상으로도 페이지에 있는 코드를 압축하거나 캐싱할 수 없습니다. 보안상으로도 XSS(Cross Site Scripting) 공격을 받을 수 있기 때문에 좋지 않습니다. 따라서 W3C의 콘텐츠 보안 정책(Content Security Policy, CSP)을 지속적으로 사용해서 페이지 내에 소스 코드를 포함시키지 않도록 해야 합니다.

각 소스 단위는 매개변수 없는 함수의 몸체처럼 다룹니다. 함수처럼 컴파일되어서 호출되죠. 그 결과로 함수 객체가 만들어지고 실행될 수도 있습니다.

각 소스 단위에서 프로그램 실행이 끝날 수도 있습니다. 하지만 자바스크립트 코드는 일반적으로 이벤트나 메시지를 전달받으면 실행되도록 등록되거나, 혹은 다른 쪽에서 사용할 수 있도록 함수를 익스포트(export)하는 데 많이 사용됩니다. 자바스크립트가 원래 이런 식으로 사용될 거라고 예상하지는 못했겠지만, 이는 프로그램을 만드는 아주 좋은 방법이며 자바스크립트는 다른 어떤 언어보다도 이런 방식의 프로그래밍을 잘 지원합니다.

(역사적으로 인라인 이벤트 핸들러는 약간 다르게 동작했습니다. 이벤트 핸들러의 소스는 함수 몸체처럼 취급받긴 했지만, 즉각 호출되지는 않았습니다. 그 대신 DOM 노드에 연결되고 이벤트가 발생하는 시점에 호출되었죠.)

태초의 존재

모든 소스 단위에 자동으로 만들어지는 객체와 함수들이 있습니다. 이미 살펴본 `Number`, `Math`, `Array`, `Object`, `String`들도 여기에 속하죠. 이 외에도 더 많은데, 전부 ECMAScript 표준에서 제공하는 것입니다. 추가로 실행되는 환경(웹 브라우저나 Node.js 등)에서 더 추가할 수도 있습니다. 제공되는 모든 기능은 여러분의 소스 단위에서 함수로 사용할 수 있습니다.

전역 변수

옛날 브라우저의 프로그래밍 모델에서는 함수 바깥의 모든 함수 선언이 페이지 (page) 스코프에 추가되었습니다. 좀 거창하게 말하면, 전역(global) 스코프라고도 알려져 있죠. 전역 스코프에는 `window` 변수와 페이지 스코프에 대한 참조가 포함된 `self` 변수가 있습니다. 페이지 스코프에 있는 모든 변수는 해당 페이지에서 사용하는 모든 소스 단위에서 볼 수 있습니다.

이는 좋지 않습니다. 공유된 전역 변수를 통해서 보안 취약점이 발생할 수 있으며, 좋지 않은 프로그래밍 습관을 유발합니다. 결국 프로그램에 버그가 생기고, 부서지기 쉬워집니다. 서로 관계가 없는 두 개 이상의 소스 단위에서 우연히 같은 변수 이름을 사용한다면, 예측할 수 없는 에러를 발생시킬 수도 있습니다. 그리고 심각한 보안 취약점 문제를 발생시킵니다. XSS 공격에 기름을 붓는 격이죠.

전역 변수는 악의 근원입니다.

다행히 더 좋은 방법이 있습니다.

모듈

함수 바깥에 변수를 선언하는 더 좋은 방법은 모듈(module) 스코프에 선언하는 것입니다. 모듈 스코프의 변수들은 해당 소스 유닛에 있는 함수들만 볼 수 있죠. 더 강하고, 더 안전하고, 더 보안이 강한 설계를 할 수 있습니다.

다른 소스 단위와 함께 쓰려면 `import`와 `export` 문을 써서 명시적으로 하게 됩니다. 이런 문장을 써서 나쁜 프로그램을 만들 수도 있고, 좋은 프로그램을 만들 수도 있습니다. 여기에서는 어떻게 좋은 프로그램을 만드는지에만 집중하도록 하죠.

익스포트함으로써 모듈은 다른 모듈에게 자신의 기능을 사용할 수 있도록 허용합니다. 모듈은 일반적으로 하나의 함수, 또는 함수로 가득찬 한 개의 객체와 같이 한 가지만 익스포트해야 합니다. 익스포트된 것은 다른 많은 모듈이 사용할 수 있으므로, 예상하지 못한 오류나 교차 오염을 막기 위해서 익스포트되는 내용을 동결하는 것이 좋습니다. 익스포트는 일종의 인터페이스입니다. 인터페이스는 간단하고 명료해야 합니다.

소스 유닛의 코드 몸체는 한 번만 실행됩니다. 즉, 임포트하는 여러 주체들은 동일한 익스포트 내용을 공유한다는 것이죠. 익스포트된 내용이 자체 상태를 가지고 (stateful) 있는 데 반해, 임포트해서 쓰는 곳에서는 이들이 아주 깨끗하고 공유되지 않는 인스턴스라고 생각하는 경우 문제가 생길 수 있습니다. 정말 이렇게 생각하고 싶다면, 깨끗하고 공유되지 않는 인스턴스를 만들 수 있는 팩토리 함수를 익스포트하는 것이 좋습니다. export 문은 인스턴스를 만들지는 않습니다.

export 문은 다음과 같이 사용할 수 있습니다.

```
export default exportation;
```

'default'라는 단어를 붙여서 써야 한다는 점이 정말 불행한 일입니다. *exportation*에 들어가는 내용은 익스포트하고자 하는 동결된 함수 또는 객체 표현식입니다.

임포트를 해서 하나의 소스 유닛이 다른 소스 유닛의 함수나 객체를 받아서 사용할 수 있습니다. 받아온 함수나 객체를 저장할 새로운 변수의 이름을 지정합니다. 모듈의 위치를 큰 따옴표로 둘러 싼 문자열 리터럴로 지정해서 여러분이 사용하는 시스템이 소스 유닛의 위치를 찾아서 읽고, 컴파일하고, 적재하고, 실행해서 해당 모듈의 익스포트를 사용할 수 있게 합니다.

import 문은 다른 위치에서 초기화된 값을 가져오는 특수한 const 문처럼 사용할 수 있습니다. 다음과 같이 사용할 수 있습니다.

```
import name from string literal;
```

export 문은 한 번만 쓰는 게 좋지만, import 문은 필요한 만큼 많이 사용해도 상관없습니다. import 문은 파일의 최상단에, export 문은 가장 아래에 쓰세요.

응집도(Cohesion)과 결합도(Coupling)

미시적 수준에서 좋은 프로그래밍이란 좋은 코딩 규칙에 달려 있습니다. 좋은 코딩 규칙은 좋은 코드와 에러를 만드는 나쁜 코드를 시각적으로 쉽게 구분할 수 있게 만들어 주죠.

거시적 수준에서 좋은 프로그래밍은 좋은 모듈 설계에 달렸습니다.

좋은 모듈은 응집도가 높습니다. 다시 말해 모듈의 모든 요소가 어우러져 하나의 목적을 이루기 위해 함께 동작한다는 것이죠. 나쁜 모듈은 좋지 않은 구조와 더불어 모듈에서 너무 많은 일을 하려고 하다 보니 응집도가 낮습니다. 모듈에서의 자바스크립트 함수를 강력하게 만들려면, 모듈에서는 신경 써서는 안 될 세부 사항들을 모듈의 함수로 전달하고 처리할 수 있도록 만들어야 합니다.

좋은 모듈들은 약하게 결합되어 있습니다. 모듈의 인터페이스를 제대로 사용하기 위해서 모듈의 모든 내용을 다 알아야 할 필요는 없습니다. 꼭 필요한 내용만 알면 되니까요. 어떻게 구현되었는지 알 필요는 없습니다. 좋지 않은 모듈은 강한 결합도를 초래합니다. 자바스크립트는 이런 강한 결합도를 왕왕 초래합니다. 상호 의존적인 모듈은 결국 서로 강하게 결합할 수밖에 없죠. 전역 변수만큼 나쁘고 쓸데없이 거창합니다.

모듈 인터페이스를 간단 명료하게 만드세요. 의존성을 최소화하세요. 프로그램이 혼란에 빠지지 않고도 충분히 커지기 위해서는 좋은 구조가 꼭 필요합니다.

응집과 결합이라는 개념은 다음의 훌륭한 두 책에 잘 소개되어 있습니다.

- *Reliable Software Through Composite Design*. Glenford Myers. John Wiley & Sons, 1975.
- *Structured Design*. Edward Yourdon and Larry L. Constantine. Yourdon Press, 1979.

두 책 모두 객체 지향 프로그래밍이라는 것이 나오기 전에 출간되어서 요즘 추세와는 동떨어져 있고 많이 잊혀진 상태입니다. 하지만 높은 응집도와 약한 결합도에 대한 가르침은 여전히 진실이고 중요합니다.

16장

{ "number": 16, "chapter": "this" }

this

● ○ ○ ○ ○ ○

> 제가 '객체 지향(Object-Oriented)'이라는 용어를 만들었지만,
> C++는 염두에 두지 않았다고 말씀드릴 수 있습니다.
>
> — 앨런 케이(Alan Kay)

Self는 스몰토크(Smalltalk) 언어에서 파생되었으며, 클래스를 프로토타입으로 대체한 프로그래밍 언어입니다. 객체는 다른 객체를 바로 상속할 수 있죠. 클래스 모델에서는 extends를 이용하여 클래스들이 강하게 결합되어 깨지거나 문제가 발생하기 쉬웠습니다. 반면, Self의 프로토타입은 아주 영리하게 간소화된 방법입니다. 프로토타입을 사용하는 모델은 훨씬 가볍고 더 나은 표현이 가능합니다.

하지만 자바스크립트는 프로토타입 모델을 좀 이상하게 구현했습니다.

객체가 생성되면 새로운 객체 콘텐츠의 일부 혹은 전체를 가지는 프로토타입이 지정됩니다.

```
const new_object = Object.create(old_object);
```

객체는 속성만 저장하며, 프로토타입은 그냥 객체일 뿐입니다. 그리고 메서드는 객체에 저장된 함수에 불과하고요.

객체가 가지고 있지 않은 속성의 값을 얻으려고 하면, 그 결과 값은 undefined입니다. 하지만 객체가 프로토타입(위의 경우 new_object)을 가지고 있는 경우 결과 값은 프로토타입의 속성 값이 됩니다. 프로토타입에도 해당 속성이 없고, 프로토타입이 또 다른 프로토타입을 가지고 있다면 해당 결과는 '프로토타입의 프로토타입

의 속성' 값이 됩니다. 전에 살펴본 프로토타입 체인이죠. 이 과정은 프로토타입이 더 이상 없을 때까지 반복됩니다.

많은 객체가 같은 프로토타입을 공유할 수 있습니다. 이런 객체들은 클래스 인스턴스처럼 보일 수 있지만, 실은 프로토타입을 공유하는 개별적인 객체에 불과합니다.

프로토타입을 사용하는 가장 큰 이유 중 하나는 메서드를 저장하는 공간으로 쓰기 위함입니다. 비슷한 객체들이 전부 비슷한 메서드를 가지는 경우가 많기 때문에, 이런 메서드들을 하나의 공유 프로토타입에만 저장한다면 메모리를 절약할 수 있겠죠.

그렇다면 프로토타입에 있는 함수가 어떤 객체에서 동작하고 있는지는 어떻게 알 수 있을까요? 그것을 알아내기 위해서 this가 등장하게 됩니다.

문법상으로 메서드 호출은 점(.)과 호출(()), 혹은 첨자([])와 호출(())로 구성된 삼항 연산자를 사용합니다. 이 삼항 연산자는 다음의 세 가지 하위 표현식으로 구성됩니다.

- 사용하고자 하는 객체
- 메서드 이름
- 인자 목록

지정된 이름의 메서드를 찾기 위해 객체와 프로토타입 체인을 검색합니다. 메서드를 찾지 못하면 예외가 발생하죠. 아주 좋은 현상입니다. 다형성(polymorphism)을 사용하도록 권장하는 방식이거든요. 객체가 무엇을 물려받았는지 신경 쓰지 않아도 됩니다. 객체가 무엇을 할 수 있는지만 알면 됩니다. 만약 객체에 필요한 메서드가 없다면 예외가 발생합니다. 객체에 메서드가 있다면, 그냥 사용하면 됩니다. 그 메서드를 어떻게 가지게 되었는지는 알 필요가 없죠.

메서드가 발견되면 인자 목록을 건네 메서드를 호출합니다. 그리고 메서드는 자신을 동작시킨 객체에 대한 정보를 this라는 묵시적 매개변수로 전달받습니다.

메서드 안에 내부 함수가 있다면, 그 함수는 그냥 함수로서 호출되는 것이므로 this에 접근할 수 없습니다. 오직 메서드 호출만 this 바인딩을 제공받죠.

```
old_object.bud = function bud() {
    const that = this;
```

// lou 함수는 bud 메서드의 this는 볼 수 없지만, bud 메서드의 that은 볼 수 있습니다.

```
    function lou() {
        do_it_to(that);
    }
    lou();
};
```

this 바인딩은 메서드 호출에만 적용되므로 다음 코드는 성공합니다.

```
new_object.bud();
```

하지만 다음 코드는 실패하죠.

```
const funky = new_object.bud;
funky();
```

funky는 new_object.bud와 동일한 함수를 가리키는 참조를 가지지만, funky는 단순히 함수 호출로 처리되는 것이기 때문에 this 바인딩을 제공받지 못합니다.

this는 또한 동적으로 바인딩된다는 점에서 독특합니다. 다른 모든 변수들은 정적으로 바인딩되죠. 이 점이 혼란을 가져옵니다.

```
function pubsub() {
```

// pubsub 팩토리는 게시자/구독자 객체를 만듭니다. 해당 객체에 대한 접근 권한을 가진
// 코드는 게시 내용을 받을 수 있는 구독 함수를 사용할 수 있으며, 또한 어떤 내용을
// 게시해서 다른 모든 구독자에게 전달할 수도 있습니다.

// subscribers 배열은 구독 함수를 저장하는 데 사용됩니다. pubsub 함수 스코프에
// 위치하기 때문에 바깥에서는 보이지 않습니다.

```
    const subscribers = [];
    return {
        subscribe: function (subscriber) {
            subscribers.push(subscriber);
        },
        publish: function (publication) {
            const length = subscribers.length;
            for (let i = 0; i < length; i += 1) {
                subscribers[i](publication);
            }
        }
    };
}
```

구독자 함수는 다음 문장이 메서드 호출이기 때문에 subscribers 배열에 대한 this 바인딩을 제공받습니다.

```
subscribers[i](publication);
```

메서드 호출처럼 보이지 않지만, 사실 메서드 호출입니다. 모든 구독자 함수가 subscribers 배열에 접근할 수 있으니 다른 함수를 위한 구독자들을 삭제하거나 메시지를 훔쳐보거나 하는 나쁜 일을 얼마든지 저지를 수 있습니다. 다음 코드처럼 말이죠.

```
my_pubsub.subscribe(function (publication) {
    this.length = 0;
});
```

this는 보안이나 신뢰성 위험을 초래할 수 있습니다. 함수가 배열에 저장되어 나중에 호출된다면, 해당 함수를 호출할 때는 해당 배열에 대한 참조가 this로 제공됩니다. 함수가 이 배열에 접근하게 할 의도가 없었더라도 여전히 문제가 발생할 여지가 있는 것이죠.

publish 함수는 for 문을 forEach 문으로 바꾸는 것으로 고칠 수 있습니다.

```
publish: function (publication) {
    subscribers.forEach(function (subscriber) {
        subscriber(publication);
    }
}
```

모든 변수는 정적으로 바인딩됩니다. 이게 좋은 것이죠. 오직 this만이 동적으로 바인딩되며, 결국 함수를 만든 쪽이 아닌 함수를 호출하는 쪽이 this 바인딩을 결정합니다. 이런 차이가 혼란을 가중시킵니다.

함수 객체는 두 개의 프로토타입 속성을 가지고 있습니다. 하나는 Function.prototype에 대한 델리게이션 링크입니다. 그리고 new 접두어로 함수가 호출되어 객체가 생성된 경우, 생성된 객체의 프로토타입으로 사용된 객체에 대한 참조를 prototype이라는 속성으로 가집니다.

생성자 호출은 함수 호출문 앞에 new라는 접두사를 붙여서 이루어집니다. 다음은 new 접두사가 하는 일들입니다.

- Object.create(*function*.prototype)에 대한 this 값을 만듦
- 새로운 객체에 바인딩된 this 값으로 함수를 호출
- 함수가 객체를 반환하지 않으면 this를 강제로 반환

Object.assign 함수를 써서 하나의 프로토타입의 메서드들을 다른 프로토타입으로 복사하는 방식으로도 상속이 가능합니다. 더 일반적인 방식은 함수 객체의 prototype 속성을 다른 생성자를 통해 만들어진 객체로 바꾸는 것이죠.

모든 함수가 잠재적으로 생성자처럼 사용될 수 있으므로, 언제 어디서 어떤 함수에 new 접두사를 붙여서 호출해야 하는지 바로 알아내는 것은 매우 어렵습니다. 더최악인 것은 new 접두사를 써야 하는데도 쓰지 않았을 경우, 아무런 경고도 없다는 것입니다.

그래서 이런 관습이 생겼습니다. new 접두사를 써서 호출해야 하는 생성자 함수는 반드시 그 이름을 대문자로 시작해야 한다는 것입니다. 다른 함수들은 대문자로 시작해서는 안 됩니다.

자바스크립트는 자바스크립트가 어떻게 동작하는지 모르거나, 혹은 영원히 알고 싶지 않은 개발자들을 위해서 특별히 만든, 그리고 더 평범해 보이는 class 문법을 제공합니다. 이를 통해 다른 언어에서 자바스크립트로의 전환을 더 쉽게 이끌어주죠.

하지만 class 문법은 그 이름과는 다르게 클래스를 구현하지는 않습니다. 전통적인 자바스크립트 생성자의 이상함을 감추고 좀 더 문법을 쉽게 사용하게 만들 뿐이죠. class 문법은 클래스 모델의 최악인 부분 중 하나인, 클래스들을 서로 강하게 결합하는 extends를 허용합니다. 이런 강한 결합은 쉽게 부서지고 에러가 많은 구조를 낳기 마련이죠.

this 없이 쓰기

2007년도에 자바스크립트를 더 안전하게 사용하기 위한 연구가 몇 가지 진행되었습니다. 여기에서 다룬 가장 큰 문제 중 하나가 바로 this를 관리하는 방법이었죠. 메서드 호출에서는 사용되는 객체가 this로 바인딩되기 때문에 this가 때때로 쓸모가 있습니다. 하지만 동일한 함수 객체가 함수로서 호출되면 this는 전역 객체에 바인딩될 수 있으므로 최악이죠.

제가 생각한 해법은, this를 완전히 금지하는 것입니다. this는 문제가 많고 필요도 없습니다. this를 언어에서 제거해도, 언어는 여전히 '튜링 완전(Turing Complete)¹' 합니다. 그래서 this가 없는 비슷한 언어로 프로그래밍을 시작해서, this 없이 프로그래밍하는 것이 얼마나 힘든지 살펴보았습니다.

하지만 this 없이 프로그램을 만드는 것은 생각보다 쉬웠으며 만들어진 프로그램은 더 작고 더 좋았습니다.

그래서 저는 this를 완전히 사용하지 않을 것을 권장합니다. this 없이 프로그래밍하는 법을 배우면 더 나은, 더 행복한 프로그래머가 될 수 있습니다. 여러분에게서 무언가를 빼앗아 가는 것이 아닙니다. 더 나은 프로그램을 만들어서 더 나은 삶을 살기를 권하는 것이죠.

class를 사용하는 개발자들은 죽을 때까지 자신이 얼마나 비참한지 모를 것입니다.

this는 좋은 것이 아닙니다.

this는 대명사입니다. 언어에 this가 있는 것만으로도, 그 언어에 대해서 말하는 것이 얼마나 힘들어지는지 모릅니다. 마치 애벗과 코스텔로²와 짝 프로그래밍을 하는 것만큼 고통스럽죠.

---

1 (옮긴이) 한 언어가 튜링 기계를 시뮬레이션할 수 있는 경우 그 언어를 튜링 완전하다고 하는데, 일반적으로 한 언어가 다른 언어가 할 수 있는 일을 모두 할 수 있는지를 설명하는 용도로 사용됩니다. 예컨대, 자바스크립트가 튜링 완전하고, 자바가 튜링 완전하다면 자바스크립트는 자바로 만들 수 있는 모든 프로그램을 만들 수 있다는 뜻입니다.
2 (옮긴이) 애벗과 코스텔로는 "1루수가 누구야(Who's on first)"로 유명한 미국의 코미디 듀오로, 서로 담담한 대화를 진행하는 것을 웃음 포인트로 삼고 있습니다. 이 코미디에서 1루수의 이름은 "Who"로, 질문자와 답변자가 계속 같은 대화("Who's on first?" "Who's on first.")를 이어나갑니다.

17장

{ "number": 17, "chapter": "Classfree" }

클래스 없는 자바스크립트

● ○ ○ ○ ●

> 그리고 당신은 당신이 너무나 똑똑하고
> 계급을 차별하지 않으며(classless)
> 자유롭다고 생각할 것입니다.
>
> — 존 레논

객체 지향 프로그래밍 개발에 있어서 중요한 통찰 중 하나는 프로그램의 각 부분이 서로 통신하는 모델입니다. 메서드 이름과 인자를 메시지라고 생각해 보죠. 메서드 호출이란 객체에 메시지를 보내는 행위입니다. 각 객체는 특정 메시지를 받았을 때 취하는 고유한 동작이 있고요. 메시지를 보내는 쪽은 받는 쪽이 그 메시지로 무엇을 해야 하는지 잘 알고 있을 거라 믿습니다.

이 모델이 잘 들어맞지 않는 것 중 하나가 바로 다형성(polymorphism)입니다. 특정 메시지를 인식할 수 있는 모든 객체는 해당 메시지를 받을 자격이 있죠. 메시지를 받은 다음에 어떤 일이 일어나는지는 그 객체가 어떻게 만들어졌냐에 따라 다릅니다. 아주 강력한 아이디어죠.

하지만 상속 때문에 정신이 없습니다. 상속은 아주 강력한 코드 재사용 기법입니다. 코드 재사용은 프로그램 개발에 들이는 노력과 양을 줄일 수 있는 아주 중요한 요소입니다. 상속은 "거의 같지만, 예외가 있다"라는 생각에 그 기초를 두고 있습니다. 객체 또는 객체 클래스들이 다른 객체나 객체 클래스와 거의 같지만 몇 가지 중요한 차이점이 있다고 할 수 있죠. 이 생각은 단순한 프로그램에서 힘을 발휘합니다. 현대의 객체 지향 프로그래밍이 아이들을 위한 프로그래밍 언어인 스몰토크(Smalltalk)에서 유래되었다는 점을 생각해 보세요. 하지만 프로그램이 복잡해지면서, 상속은 많은 문제를 일으켰습니다. 상속은 클래스 사이의 강한 결합도를 유발하죠. 한 클래스에 가해지는 변경은 의존적인 다른 클래스에 문제를 일으킵니다. 클래스가 아주 나쁜 모듈처럼 변하는 것이죠.

그리고 클래스 때문에 객체 그 자체가 아닌, 객체의 속성에 너무 많은 주의를 기울입니다. 각각의 속성에 대한 getter나 setter 메서드가 지나치게 강조되며, 최악의 설계에서는 속성들이 공개되어서 객체가 알아차리지도 못하는 사이 변경될 수도 있습니다. 좋은 설계에서는 속성들이 숨겨져 있고 메서드들이 속성 값을 단순히 변경하는 것이 아닌 트랜잭션(transaction)을 처리하지만, 이렇게 만들어진 경우는 드물죠.

타입(type)에 대한 지나친 의존도 문제도 있습니다. 타입은 포트란과 그 이후 언어의 컴파일러를 편리하게 만들기 위한 기능이었습니다. 그 이후 타입은 타입 검사가 프로그램을 에러로부터 막아 준다는 과장된 주장과 함께 성장해 왔습니다. 하지만 타입 검사에 대한 노력에도 불구하고 에러는 늘 발생하죠.

타입은 그에 대한 신뢰와 함께 컴파일러가 버그를 더 일찍 찾을 수도 있다는 믿음도 불러옵니다. 버그는 일찍 발견할수록 좋겠죠. 하지만 프로그램을 제대로 테스트한다면 모든 버그를 빨리 찾을 수 있습니다. 타입 검사를 통해 찾을 수 있는 버그는 소수에 불과하죠.

타입은 미처 발견하지 못한 값비싼 버그 때문에 비난받지는 않습니다. 또한 타입을 우회하여 사용하는 방법을 강제하는 것 때문에 비난받지도 않고요. 타입은 개발자가 읽기 힘들고 복잡하며 모호한 코딩 습관을 가지도록 만들 수 있습니다.

타입은 체중 감량을 위한 식이요법과 비슷합니다. 그런 식이요법은 체중을 감소시킬 수 있다는 믿음을 가져오죠. 요요 현상으로 체중이 다시 증가한다고 식이요법을 비난하지는 않습니다. 식이요법으로 인해 고통받고 건강에 문제가 생긴다고 식이요법을 비난하지도 않고요. 식이요법은 건강한 체중을 유지할 수 있고 몸에 좋지 않은 음식을 먹어도 괜찮다는 믿음을 불러옵니다.

클래스 방식의 상속은 개발자가 좋은 프로그램을 만든다고 생각하게 하지만, 동시에 더 많은 버그와 더 이상 손대고 싶지 않은 고대의 유산을 만들기도 합니다. 그리고 타입은, 글쎄요, 단점을 빼고 생각하면 타입은 커다란 승리를 가져온 것처럼 보입니다. 실제로 타입을 사용함으로써 얻는 이득도 있습니다. 하지만 타입을 더

차분히 바라보면, 그 비용이 이득보다 크다는 것을 알 수 있습니다.

생성자

13장에서 함수를 반환하는 함수인 팩토리에 대해 다루어 보았습니다. 여기에서는 이와 비슷하게 함수를 포함한 객체를 반환하는 함수인 생성자를 다루어 보겠습니다.

우선 counter 제너레이터와 비슷한 counter_constructor를 만들어 보겠습니다. 여기에는 두 개의 메서드, 즉 up과 down이 있습니다.

```javascript
function counter_constructor() {
    let counter = 0;

    function up() {
        counter += 1;
        return counter;
    }

    function down(){
        counter -= 1;
        return counter;
    }

    return Object.freeze({
        up,
        down
    });
}
```

반환되는 객체는 동결된 상태입니다. 그래서 손상되거나 오염되지 않습니다. 객체는 자신만의 상태를 가집니다. counter 변수는 객체의 private 속성입니다. 메서드를 통해서만 접근할 수 있죠. 이를 위해 this를 사용할 필요는 없습니다.

이 점이 아주 중요합니다. 객체의 인터페이스는 오직 그 자신의 메서드여야만 합니다. 객체는 아주 단단하게 보호되어야 하죠. 이것이 가장 좋은 캡슐화(encapsulation) 방법입니다. 데이터에 직접 접근할 수 있는 방법이 없어야 합니다. 이것이 바로 좋은 모듈화 설계입니다.

생성자는 객체를 반환하는 함수입니다. 생성자의 매개변수와 변수는 객체의 private 속성이 됩니다. public 속성은 없습니다. 생성자 내부에서 정의되는 함수는 객체의 메서드가 되며, 메서드들은 private 속성들을 둘러쌉니다. 동결된 객체의 메서드들은 public 메서드가 됩니다.

메서드는 트랜잭션으로 구현되어야 합니다. 예를 들어 사람을 나타내는 객체가 있다고 가정해 보죠. 어떤 사람의 주소 값을 바꿀 수 있도록 만들 때, 서로 분리된 여러 함수가 주소를 구성하는 각각의 데이터를 변경하도록 해서는 안 됩니다. 이를테면 도, 시, 구, 군 등을 개별로 변경하는 것이죠. 그 대신 객체 리터럴로 변경하고자 하는 주소 전체를 전달받아서 주소 값을 바꾸는 하나의 메서드를 만들어야 합니다. {"city": "Seoul", "address1" : ... }라는 객체 리터럴을 넘기면, 각각을 나타내는 private 속성들을 한꺼번에 바꾸는 것이죠.

자바스크립트의 아주 좋은 것 중 하나가 바로 객체 리터럴입니다. 여러 가지 정보들을 묶을 때 쓰기 좋고 표현하기도 좋죠. 데이터 객체를 생성하고 소비하는 메서드를 만듦으로써 메서드의 수를 줄일 수 있고, 객체의 완전성을 증가시킬 수도 있습니다.

객체는 두 가지 종류로 볼 수 있습니다.

- 메서드만 가지고 있는 단단한 객체(hard object). 이런 객체는 클로저 내부에 있는 데이터에 대한 완전성을 보호하며 다형성과 캡슐화를 제공합니다.
- 데이터만 가지고 있는 부드러운 데이터 객체(soft data object). 정의된 동작이 없으며 함수에 의해 처리될 수 있는 편리한 데이터 집합이라고 할 수 있습니다.

객체 지향 프로그래밍에 대한 관점 중 하나는, 객체 지향 프로그래밍이 코볼 레코드에 어떤 동작을 지정하기 위해 프로시저를 추가하면서 시작되었다는 것입니다. 메서드와 데이터 속성을 섞는 것 자체는 발전을 위한 중요한 한 걸음이었다고 생각하지만, 그것이 마지막 걸음이 되어서는 안 되겠죠.

단단한 객체를 문자열화 해야 한다면 해당 객체에 `toJSON` 메서드를 정의해 줘야 합니다. 그렇지 않고 `JSON.stringify`를 사용하면, 그냥 빈 객체로 보고 메서드를 무시하고 데이터를 숨겨버릴 테니까요. 이 내용은 22장에서 자세히 살펴봅니다.

생성자 매개변수

예전에 열 개의 인자를 전달받는 생성자를 만든 적이 있습니다. 인자의 순서를 기억하기 어려워서 제대로 쓰기가 힘들었죠. 나중에는 열 개의 인자 중 두 번째 인자를 제대로 쓸 수 없다는 사실을 알게 되었습니다. 그래서 매개변수 목록에서 두 번째 인자를 빼버리고 싶었지만, 그렇게 하면 이미 생성자를 쓰고 있던 코드 전체를 바꿔야만 했죠.

영리하게 개발했다면, 매개변수로 하나의 객체만 전달받는 생성자를 만들었을 것입니다. 전달하는 객체는 대개 객체 리터럴이 되겠지만, 그 외에도 JSON 페이로 드와 같은 다른 소스를 사용할 수도 있겠죠.

이런 식으로 매개변수를 전달하게 되면 여러 가지 이점이 있습니다.

- key 문자열 값이 코드 자체를 문서화해 줍니다. 호출할 때 어떤 인자가 어떤 일을 하는지 코드 자체가 알려 주기 때문에 가독성이 증가합니다.
- 인자가 어떤 순서로 전달되어도 관계가 없습니다.
- 기존의 코드를 수정하지 않고도 새로운 인자를 추가할 수 있습니다.
- 쓸모없는 매개변수는 무시됩니다.

매개변수의 가장 흔한 용도는 private 속성 값을 초기화하는 것입니다.

```
function my_little_constructor(spec) {
    let {
        name, mana_cost, colors, type, supertypes, types, subtypes, text,
        flavor, power, toughness, loyalty, timeshifted, hand, life
    } = spec;
```

이 생성자는 15개의 private 변수들을 만들고 전달받은 spec 매개변수에서 동일한 이름을 가지는 속성 값을 찾아서 초기화합니다. spec에 동일한 이름의 속성이 없다면 새 변수는 undefined로 초기화됩니다. 빠진 값에 기본 값을 지정할 수 있는 방법이죠.

컴포지션

자바스크립트의 표현 방법은 너무도 강력합니다. 심지어 자바스크립트는 클래스가 없는 언어임에도 불구하고 전형적인 클래스 형태의 프로그램을 만들 수 있죠. 하지만 자바스크립트는 더 좋은 것을 할 수 있습니다. 바로 함수 컴포지션(functional composition)을 만드는 것이죠. 그래서 '거의 다 같지만 약간 다른' 것을 만드는 대신, 여기서 조금, 저기서 조금 가져와서 만들 수 있습니다. 이런 방식의 생성자는 다음과 같이 만들 수 있습니다.

```
function my_little_constructor(spec) {
    let {member} = spec;
    const reuse = other_constructor(spec);
    const method = function () {
        // 이 method는 spec, member, reuse, method를 사용할 수 있습니다.
    };
    return Object.freeze({
        method,
        goodness: reuse.goodness
    });
}
```

생성자는 원하는 상태 관리나 동작을 쓰기 위해서 원하는 만큼 다른 생성자를 호출해서 쓸 수 있습니다. 동일한 spec 객체를 다른 생성자에 전달할 수도 있습니다. spec 매개변수를 만들 때 my_little_constructor가 필요로 하는 속성도 나열하고, 다른 생성자가 필요로 하는 속성들도 나열하면 되니까요.

　몇몇 경우에는 우리가 얻은 메서드들을 동결된 객체에 추가하기만 하면 됩니다. 그 외의 경우에는 획득한 메서드를 호출하는 새로운 메서드를 만듭니다. 이렇게 코드를 재사용하는 방식은 상속과 비슷하긴 하지만 강한 결합이 없다는 점에서 더 좋습니다. 함수를 호출하는 것이 원래의 코드 재사용 방법이고, 여전히 가장 좋은 방법입니다.

크기

이렇게 객체를 생성하는 방법은 프로토타입을 쓰는 방법보다 메모리를 더 많이 사용합니다. 프로토타입을 사용하는 경우에는 프로토타입 객체가 메서드를 가진 프로토타입에 대한 참조만 가지고 있는 반면, 여기서 사용하는 방법은 모든 단단한 객체가 모든 객체의 메서드를 다 가지고 있기 때문이죠. 하지만 메모리 사용량에 아주 큰 차이가 있을까요? 그렇지 않습니다. 최근 메모리 용량의 증가와 비교해 보았을 때는 차이가 없습니다. 얼마 전까지만 해도 메모리를 킬로바이트 단위로 계산했지만, 이제는 기가바이트 단위로 계산합니다. 이 정도의 메모리 사용량 차이는 티끌에 불과하죠.

　또한, 메모리 사용량은 증가할지라도 모듈화에서 더 큰 이득을 얻을 수 있습니다. 속성 값 처리를 트랜잭션으로 만듦으로써 메서드의 수는 줄이고 응집도를 더 높입니다.

클래스 모델에는 모든 모델에 맞는 한 가지 크기만 있습니다. 모든 객체는 클래스의 인스턴스여야 하고요. 자바스크립트에는 이런 제약이 없습니다. 모든 객체가 단단할 필요는 없죠.

예를 들어 점(point)을 구현한 객체가 반드시 메서드가 있는 단단할 객체일 필요는 없습니다. 점은 두세 개의 숫자만 가지고 있는 단순한 컨테이너일 수도 있죠. 점 객체를 함수로 전달해서 함수가 점을 가지고 투영이나 보간, 그 외 점을 가지고 할 수 있는 무슨 일이든 할 수 있습니다. 점을 하위 클래스로 만들어서 특별한 행동을 정의해 주는 것보다 훨씬 생산적이죠. 함수가 일을 제대로 할 수 있게 해줍시다.

18장

{ "number": 18, "chapter": "Tail Calls"}

꼬리 호출

● ○ ○ ○ ● ○

> 사람이 살다보면 황소의 꼬리를 붙잡은 채로
> 상황을 파악해야 하는 날이 올 때도 있다.
>
> — W. C. 필즈(W. C. Fields)

보통 프로그램을 더 빠르게 만들기 위해 최적화 작업을 하는데요. 최적화는 규칙을 깨는 것이지만, 규칙을 깬다는 사실을 눈치 채지 못하게 합니다. 최적화를 한다고 좋은 프로그램이 나쁜 프로그램이 되어서는 안 됩니다. 버그를 만들어도 안 되고요.

최적화의 가장 중요한 점은 새로운 버그를 만들지 않는 것만이 아니라, 좋은 프로그램의 버그를 완전히 제거하여 프로그램의 새로운 패러다임을 가져온다는 것입니다. 네, 저는 지금 '꼬리 호출 최적화(Tail Call Optimization)'에 대해서 이야기하려고 합니다. 몇몇 전문가들은 이 최적화가 너무나 중요하기 때문에, 오히려 '최적화'라고 불러서 사소하게 보여서는 안 된다고 이야기하기도 합니다. 그래서 대신 '적절한 꼬리 호출(Proper Tail Calls)'이라고 부르기도 하죠. 그 외 다른 꼬리 호출 구현은 부적절합니다.

대부분의 개발자가 적절함이라는 단어보다는 효과가 별로 없더라도 최적화라는 단어를 훨씬 좋아하기 때문에, 저도 최적화라고 부르는 편입니다. 사람들이 이 기능을 더 많이 썼으면 하거든요.

꼬리 호출은 함수가 마지막으로 하는 일이 어떤 함수를 호출해 그 결과를 바로 반환하는 것일 때 일어납니다. 다음 예제에서 continuize 함수는 any 타입의 함수를 전달받아서 hero 함수를 반환합니다. hero 함수는 any 함수를 호출해서 그 반환 값을 continuation 함수에 전달합니다.

```
function continuize(any) {
    return function hero(continuation, ...args) {
        return continuation(any(...args));  // <-- 꼬리 호출
    };
}
```

함수가 함수 호출 결과를 바로 반환하는 경우를 꼬리 호출(tail call)이라고 합니다. 반환 호출(return call)이라고 하지 않고 꼬리 호출이라고 부르는 것이 좀 의아하긴 합니다.

꼬리 호출 최적화는 아주 간단하지만, 효과는 엄청납니다. 기존 방식을 사용하였을 경우 코드 생성기는 continuize 함수에 대해서 다음과 같은 기계어를 만들 겁니다.

```
call continuation    # continuation 함수를 호출함
return               # hero 함수를 호출한 함수로 돌아감
```

call 명령어는 다음 명령어의 주소를 호출 스택에 저장합니다. 위의 경우에는 return 명령어의 주소가 되겠네요. 그리고 함수로 실행 흐름을 변경하는데, 이때 변경되는 목적 주소는 continuation이라고 명명된 레지스터에 저장되어 있습니다. continuation 함수가 끝나면 스택에 저장된 주소 값을 꺼내와서 실행 흐름을 변경하는데, 위의 경우에는 return 명령어의 주소가 됩니다. 그리고 실행되는 return 명령어는 다시 호출 스택에서 hero 함수 호출의 다음 명령어 주소를 꺼내와서 실행 흐름을 변경합니다.

최적화는 이 두 명령어를 하나의 명령어로 대체합니다.

```
jump continuation    # continuation 함수로 점프
```

이렇게 하면 호출 스택에 반환 주소 값을 저장하지 않습니다. continuation 함수는 이제 hero 함수가 아니라 hero 함수를 호출한 함수로 바로 돌아갑니다. 꼬리 호출은 인자가 있는 goto와 비슷합니다. 다만 goto를 멸종에 이르게 한 위험한 요소가 없을 뿐이죠.

이렇게 보면 고작 명령어 한 줄만 줄인 것 같아 보입니다. 그 정도는 대수롭지 않은데 말이죠. 어떤 효과가 있는지 제대로 알기 위해, 자바스크립트의 함수 호출이

실제로 어떻게 이루어지는지 알아봅시다. 함수를 호출하면, 다음과 같은 일들이 일어납니다.

- 인자 표현식을 계산합니다.
- 함수의 매개변수와 변수를 저장할 수 있는 충분한 크기의 활성 객체를 생성합니다.
- 호출된 함수 객체에 대한 참조를 새로운 활성 객체에 저장합니다.
- 전달받은 인자를 새로운 활성 객체의 매개변수에 저장합니다. 빠진 인자는 undefined로 간주합니다. 남는 인자는 버립니다.
- 활성 객체의 모든 변수 값을 undefined로 지정합니다.
- 함수 호출 명령어의 바로 다음 명령어를 활성 객체의 다음 명령어(next instruction) 필드 값으로 지정합니다.
- 새로운 활성 객체의 호출자(caller) 필드 값에 현재 활성 객체를 지정합니다. 이는 실제 호출 스택이 아니라 활성 객체의 연결된 목록입니다.
- 새로운 활성 객체를 현재 활성 객체로 지정합니다.
- 호출된 함수를 실행합니다.

최적화한 경우에는 다르게 동작합니다.

- 인자 표현식을 계산합니다.
- 현재 활성 객체가 충분히 크다면
    - 현재 활성 객체를 새로운 활성 객체로 사용합니다.

  그렇지 않다면
    - 함수 매개변수와 변수를 저장할 수 있는 충분한 크기의 활성 객체를 만듭니다.
    - 새로운 활성 객체의 호출자(caller) 필드 값에 현재 활성 객체를 지정합니다.
    - 새로운 활성 객체를 현재 활성 객체로 지정합니다.
- 호출된 함수 객체에 대한 참조를 새로운 활성 객체에 저장합니다.
- 전달받은 인자를 새로운 활성 객체의 매개변수에 저장합니다. 빠진 인자는 undefined로 간주합니다. 남는 인자는 버립니다.
- 활성 객체의 모든 변수 값을 undefined로 지정합니다.
- 호출된 함수를 실행합니다.

중요한 차이점 하나는 활성 객체가 충분히 크다면(그리고 일반적으로 충분히 큽니다) 새로운 활성 객체를 할당할 필요가 없다는 것입니다. 그렇기 때문에 현재 활성 객체를 재사용할 수 있습니다. 연속된 호출 스택은 별로 긴 편이 아닙니다. 길어야 수백 정도죠. 그래도 눈앞에 닥친 꼬리 호출을 위해서는 최대 크기의 활성 객체 하나만 계속 사용하도록 만드는 것이 그럴듯해 보입니다. 메모리 할당과 가비지 컬렉션에 드는 시간을 줄이는 것만으로도 충분히 효과적으로 보이는군요. 하지만 이게 다가 아닙니다.

꼬리 호출 최적화를 통해서 재귀 함수 호출을 반복문만큼 빠르게 만들 수 있습니다. 반복문은 선천적으로 순수하지 않기 때문에, 재귀 함수 호출이 빠르다는 것은 함수적인 관점에서 아주 중요한 것입니다. 순수함은 바로 재귀를 통해 얻을 수 있습니다. 이 최적화 덕분에, 재귀 호출의 성능에 대한 반박을 물리칠 수 있게 되었습니다.

일반적인 반복문은 다음 구조와 비슷합니다.

```
while (true) {
    do some stuff
    if (done) {
        break;
    }
    do more stuff
}
```

꼬리 재귀 함수는 다음과 비슷한 형태입니다.

```
(function loop() {
    do some stuff
    if (done) {
        return;
    }
    do more stuff
    return loop();                          // <-- 꼬리 호출
}());
```

이 둘을 통해서 반복문과 재귀 함수 간의 연관성을 볼 수 있습니다. 재귀 함수는 할당 대신 매개변수로 변경된 상태를 전달하고 값을 반환하는 방식으로 더 우아하게 동작합니다.

이제 메모리 고갈이나 스택 오버플로 에러 걱정 없이 아주 깊은 재귀 호출도 사

용할 수 있습니다. 좋은 재귀 함수가 이제 제대로 동작할 것이라는 뜻이죠. '적절한 꼬리 호출'은 기능이 아니라 버그 수정입니다. 좋은 프로그램의 실패를 막는 데 중요한 것이기에 표준에서도 이 최적화를 구현하도록 요구하고 있습니다.

꼬리 위치

함수가 반환하는 값이 바로 반환되는 경우 해당 함수 호출은 꼬리 호출이라고 합니다. 그러므로 다음 코드는 꼬리 호출입니다.

```
return (
    typeof any === "function"
    ? any()                                  // <-- 꼬리 호출
    : undefined
);
```

논리 연산자 &&나 ||를 사용하는 반환 표현식도 꼬리 호출이 될 수 있습니다. 하지만 다음 코드는 꼬리 호출이 아닙니다.

```
return 1 + any();                            // <-- 꼬리 호출이 아님
```

함수가 마지막에 하는 일은 더하기의 결과를 반환하는 것이거든요. 다음 코드는 어떨까요?

```
any();                                       // <-- 꼬리 호출이 아님
return;
```

이 코드 역시 함수의 반환 값이 아니라 undefined를 반환하기 때문에 꼬리 호출이 아닙니다. 또 다른 예를 보죠.

```
const value = any();                         // <-- 꼬리 호출이 아님
return value;
```

value 값을 반환하기 때문에 이 역시 꼬리 호출이 아닙니다. 물론 value 값은 any() 함수의 반환 값이지만, 함수 호출이 꼬리 위치가 아닙니다.

재귀는 일반적으로 꼬리 호출이 아닙니다.

```
function factorial(n) {
    if (n < 2) {
        return 1;
```

```
    }
    return n * factorial(n - 1);            // <-- 꼬리 호출이 아님
}
```

factorial에 대한 재귀 호출이 꼬리 위치에 있지 않기 때문에 매 반복 시 활성 레코드를 만들게 됩니다. 하지만 다음과 같이 함수 호출을 꼬리 위치로 옮긴다면 최적화할 수 있습니다.

```
function factorial(n, result = 1) {
    if (n < 2) {
        return result;
    }
        return factorial(n - 1, n * result);     // <-- 꼬리 호출
}
```

이 재귀 함수 호출은 활성화 객체를 만들지 않고, 대신 재귀 함수 호출의 최상위로 바로 점프합니다. 매개변수를 새로 고치기 위해서 할당문 대신 인자를 사용하죠.

새로운 함수 객체를 반환하는 것 역시 꼬리 호출이 아닙니다.

```
return function () {};                        // <-- 꼬리 호출이 아님
```

물론 새로운 함수 객체를 바로 호출한다면 이야기는 다릅니다.

```
return (function () {}());                    // <-- 꼬리 호출
```

예외

좋은 프로그램이 이상해지는 것을 막기 위해서 최적화를 하지 말아야 하는 상황도 있습니다.

try 블록 내의 꼬리 호출은 최적화되지 않습니다. 이 최적화는 함수 호출 시 호출 스택에 활성 객체를 연결하지 않는 방법으로 시간과 메모리를 절약합니다. 하지만 try는 실행 흐름을 호출자의 catch 문으로 변경할 수 있어야 하는데, 이것이 가능하려면 활성 객체가 최적화되어서는 안 됩니다. 예외 처리를 잘못 사용해서는 안 되는 또 다른 이유가 되는 것이죠.

함수가 어떠한 자유 변수를 가지고 있는 새로운 함수 객체를 만드는 경우, 새로운 함수 객체는 함수 객체를 만든 활성 객체에 접근할 수 있어야 합니다. 따라서 활성 객체를 최적화해서는 안 되죠.

연속 전달 스타일

연속 전달 스타일(continuation passing style)에서 함수는 부수적인 continuation 매개변수를 가지는데, 이는 결과를 전달받는 함수입니다. 이 장의 처음에 소개한 continuize 팩토리는 어떤 형태의 함수도 전달받을 수 있기 때문에 continuation 함수도 전달받을 수 있습니다. 이 방식에 따르면 continuation 함수는 프로그램의 연속성을 나타내는 함수가 되는 것이죠. 프로그램의 흐름은 일반적으로 앞으로 나아가며, 뒤돌아가서 이전 상태를 재점검하는 경우는 드뭅니다. 이벤트 관리를 위한 좋은 도구인 것이죠. 이미 트랜스파일링(transpiling)[1]이나 다른 프로그램에서 사용되고 있습니다. 이들은 오직 꼬리 호출 최적화를 통해서만 구현할 수 있죠.

디버깅

프로그램의 디버깅을 위해서는 함수의 호출 스택을 추적하는 것이 좋은데, 꼬리 재귀를 사용할 경우 호출 스택의 활성화 객체를 없애기 때문에 디버깅이 좀 더 어려울 수 있습니다. 현재 상태에 이르기까지 어떤 일이 있었는지 그 단계를 밟아가기가 어렵거든요. 하지만 좋은 디버거는 활성 객체의 상태가 변할 경우 그 복사본을 만들고, 가장 최신의 객체를 유지하는 방식으로 디버깅을 좀 더 쉽게 만들 수 있습니다. 이렇게 해서 최적화를 방해하지 않고도 전통적인 방식으로 호출 스택을 검사할 수 있습니다.

---

1 (옮긴이) 트랜스파일링이란 비슷한 수준의 다른 언어로 바꾸는 것을 뜻합니다. 타입스크립트를 자바스크립트로 변환하는 것이 좋은 예라 할 수 있습니다.

19장

{ "number": 19, "chapter": "Purity" }

순수함

● ○ ○ ● ●

순수함의 대가는 순수주의자다.

— 캘빈 트릴린(Calvin Trillin)

함수형 프로그래밍(functional programming)은 말 그대로 함수로 프로그래밍하는 것을 뜻합니다. 하지만 좀 모호한 정의죠. 특정 도메인의 값을 다른 값과 연관짓는 수학적인 함수로 프로그래밍한다는 뜻일 수도 있고, 대부분의 프로그래밍 언어가 의미하는 매개변수를 사용하는 소프트웨어 함수로 프로그래밍한다는 뜻일 수도 있습니다.

수학적인 함수는 소프트웨어 함수보다 훨씬 더 순수하다고 여겨집니다. 순수함은 변경에 의해 오염되죠. 순수 함수는 변경을 초래하지 않습니다. 순수 함수는 변경에 영향을 받지도 않습니다. 순수 함수의 결과 값은 오직 함수의 입력 값에 의해서만 결정됩니다. 결과를 만드는 것 외에 다른 어떤 행동도 하지 않습니다. 동일한 입력을 주면 항상 동일한 출력을 내죠.

반면에, 자바스크립트는 변경의 잔치로 보이네요. 할당 연산자는 원칙적으로 무언가를 변경하는데, 자바스크립트는 15개의 할당 연산자, 아니 ++와 -- 연산자가 두 개씩 있다고 가정하면 17개의 할당 연산자를 가지고 있습니다.

=	할당
+=	더하기 할당
-=	빼기 할당

*=	곱하기 할당
/=	나누기 할당
%=	나머지 할당
**=	거듭제곱 할당
>>>=	오른쪽 시프트 할당
>>=	부호 확장 오른쪽 시프트 할당
<<=	왼쪽 시프트 할당
&=	비트 and 할당
|=	비트 or 할당
^=	비트 xor 할당
++	전위 증가
++	후위 증가
--	전위 감소
--	후위 감소

다른 주류 언어와 마찬가지로 자바스크립트는 지저분한 것을 좋아하고 분명한 것보다 변경을 더 선호합니다. 그래서 자바스크립트는 동등 기호(=)를 동등성 검사에 사용하지 않고 변경에 사용했습니다.

순수함의 축복

순수함은 몇 가지 중요한 가치를 가집니다.

순수함은 아주 훌륭한 모듈화를 내포하고 있습니다. 순수 함수는 매우 높은 응집도를 보이죠. 함수의 모든 것은 하나의 결과를 만들어 내기 위해서만 존재합니다. 낮은 응집도를 만들어 낼 수도 있는 다른 일은 절대 일어나지 않죠. 또한 순수 함수는 극도로 약한 결합도를 보입니다. 순수 함수는 오로지 자신의 입력에만 의존합니다. 좋은 모듈을 만드는 것은 어렵지만, 순수함을 쓰면 좋은 모듈화는 덤으로 가져오는 셈이죠.

순수 함수는 테스트하기도 훨씬 쉽습니다. 순수 함수는 오직 그 인자에만 의존하기 때문에 가짜를 만들거나, 속이거나, 토막 낼 필요가 없습니다. 일단 순수 함수가 입력에 대해서 올바른 출력을 낸다는 것을 한번 확인하면, 그 외의 환경에서 벌어지는 변경들이 순수 함수의 출력 값을 오염시키지 않는다는 사실을 확신할 수 있습니다. 전원을 껐다 켜면 사라지는 것처럼 보이는 버그들은 사실 순수하지 않은 것들 때문에 생기는 것입니다.

순수 함수는 구성하기가 아주 좋습니다. 어떤 사이드 이펙트도 없고 외부에 대한 의존성도 없으며 영향도 받지 않기 때문에 순수 함수들을 모아서 더 크고 복잡한 함수를 만들 수 있습니다. 심지어 그렇게 만들어진 함수도 순수하고 구성하기 좋은 함수가 되죠.

언젠가 순수 함수는 성능에서도 아주 큰 기여를 하게 될 것입니다. 순수 함수는 스레드에도 영향을 주는 신뢰성과 성능 문제를 해결할 수 있는 훌륭한 방법입니다. 멀티스레드 시스템에서 두 스레드가 같은 메모리 영역에 동시에 접근하려고 하면, 두 스레드 간 경쟁(race)이 발생하고, 데이터나 결과가 오염되거나 시스템이 멈출 수도 있습니다. 이런 경쟁은 찾아내기도 힘들죠. 상호 배제(mutual exclusion)를 통해서 경쟁을 줄이거나 관리할 수도 있지만 지연이나 데드락(deadlock), 심지어 시스템이 멈추는 상황이 발생할 수도 있습니다.

순수 함수는 스레드 안전(thread safe)하며 효과적입니다. 순수 함수는 아무것도 변경하지 않기 때문에 메모리를 공유한다고 해도 아무 문제가 없습니다. 배열의 map 메서드는 순수 함수이기 때문에 배열의 요소들을 사용 가능한 모든 코어에 균등하게 나누어서 처리할 수 있습니다. 그만큼 처리가 빨라지겠죠. 선형적인 성능 향상을 기대할 수 있습니다. 코어가 많을수록 더 빨라지며, 이런 이득을 볼 수 있는 유형의 프로그램들이 아주 많습니다.

자바스크립트에 포함시키려고 하는 아주 멍청한 기능들이 정말 많습니다. 그중 상당수가 실제로 포함되어 있고요. 하지만 그런 기능들은 필요가 없습니다. 순수 함수의 병렬화(parallelization)야말로 진짜 필요한 기능인데 말이죠.

순수해지기

순수해지면 정말 엄청난 이득을 볼 수 있습니다. 그렇다면 언어에 순수함을 추가할 수 있을까요? 그렇지 않습니다. 순수함은 추가할 수 있는 기능 따위가 아닙니다. 신뢰성이나 보안성과 비슷하죠. 신뢰성을 시스템에 추가할 수 없습니다. 그 대신 신뢰할 수 없는 것을 없앨 수는 있죠. 보안성 또한 마찬가지로 추가할 수 있는 것이 아닙니다. 안전하지 않은 것들을 제거할 뿐이죠. 그러므로 순수함 또한 추가할 수 없습니다. 그 대신, 순수하지 않은 것들을 빼야만 합니다. 비순수함은 수학적 모델에서의 함수에서 벗어난, 오염이라고 할 수 있습니다.

ECMA는 자바스크립트의 안 좋은 부분을 제거할 힘이 없어서, 계속 좋지 않은 부분만 커지고 있는 상태입니다. 하지만 우리가 나쁜 것을 쓰지 않으면 됩니다. 개발 과정에서 많은 연습을 통해 언어에 순수함을 부여할 수 있습니다. 순수하지 않은 기능을 쓰지 않기로 한다면, 그 기능들은 더 이상 함수 몸체를 약화시키거나 순수하지 않게 만들 수 없습니다.

일단, 언어의 순수하지 않은 부분을 훑어보도록 합시다.

당연히 var나 let 문을 포함한 할당 연산자를 사용해서는 안 됩니다. 그 대신 const 문을 쓰세요. const 문을 써서 변수를 초기화하고, 변경되는 일을 막을 수 있습니다.

delete 연산자나 Object.assign 메서드와 같이 객체를 수정하는 연산자나 메서드들을 제거해야 합니다. splice나 sort처럼 배열을 변경하는 메서드들도 제거해야겠죠. 배열의 sort 메서드는 순수 함수가 될 수 있었음에도 원본 배열 자체를 수정하도록 구현되었으니 제거해야 합니다.

getter와 setter도 없애야 합니다. setter는 분명히 변경을 가하는 함수이며, 두 가지 모두 사이드 이펙트를 만들기 위해 존재하는 것입니다. 모든 사이드 이펙트는 오염이며 제거해야 할 대상입니다.

정규표현식의 exec 메서드는 lastIndex 속성을 변경하기 때문에 제거해야 합니다. 더 나은 방식으로 설계할 수 있었는데도 그러지 않았죠.

for 문은 색인 변수를 변경하는 것이 목적이기 때문에 쓰지 않아야 합니다. while 이나 do도 마찬가지로 쓰지 말아야 합니다. 꼬리 재귀(tail recursion)가 반복을 구현할 수 있는 가장 순수한 방법입니다.

Date 생성자 역시 제거해야 합니다. 호출할 때마다 다른 값을 가져오거든요. 그건 순수하지 않은 함수입니다. Math.random 역시 같은 이유로 쓰지 않아야 합니다. 어떤 값을 반환할지 모르기 때문입니다.

사용자도 개입되어서는 안 됩니다. 사람과의 상호 작용은 다른 결과를 가져올 수 있습니다. 사람은 순수하지 않습니다.

마지막으로 네트워크와도 연결되어서는 안 됩니다. 람다 계산(Lambda Calculus, 또는 람다 대수)에서는 한 기계에는 있고 다른 기계에는 없는 정보를 표현할 수 있는 방법이 존재하지 않습니다. 이와 유사하게, 범용 튜링 머신(Universal Turing Machine)에는 와이파이가 없습니다.

세상이라는 문제

세상은 순수하지 않습니다. 이 세상은 비동기적이고, 완전히 분산되어 있으며, 고도로 병렬화되어 있습니다. 프로그래밍 모델은 이 사실을 포용하지 않을 수 없습니다. 프로그램이 세상과 소통하고 사용자와 상호 작용해야 한다면, 프로그램 중 일부는 순수하지 않을 수밖에 없습니다.

순수함으로 얻을 수 있는 이득은 확실하므로 가능하면 프로그램을 최대한 순수하게 만들어야 합니다. 객체는 변경이 가능한 상태 값을 가지고 있음에도 불구하고 여전히 가치가 있습니다. 객체를 제대로 설계해서 상태 값을 엄격하고 단단하게 관리해야 합니다.

연속체

순수함은 이분법으로 생각하면 판단하기 쉽습니다. 함수가 순수한가 그렇지 않은가죠. 하지만 현실은 이보다 복잡합니다. 순수함에 대해서는 여러 가지 방법으로 생각해 볼 수 있습니다.

변경은 순수하지 않지만, 궁극적으로는 가장 순수한 시스템이라 할지라도 그 속에 비순수함이 있습니다. 함수형 시스템은 항상 새로운 활성 객체를 만들고, 객체를 가용한 메모리에서 활성화 메모리, 혹은 그 반대로 옮기는 것은 결국 변경입니다. 이건 잘못된 것이 아니죠. 일반적으로 가능한 한 많은 부분을 순수하게 만들고, 순수하지 않은 부분을 숨기고자 합니다.

13장에서 살펴본 제너레이터나 17장의 객체는 그들의 상태를 잘 숨기고 있습니다. 외부의 코드는 제너레이터가 엄격하게 제공하는 함수나 메서드를 통해서만 그 상태를 변경할 수 있습니다. 제너레이터나 객체는 외부 할당에 의해 변경될 수 없습니다. 완전하게 순수하지는 않지만, 객체 지향 프로그래밍의 다른 패턴에 비하면 괄목할 만한 향상을 보입니다. 순수함의 경계를 관리할 수 있는 좋은 예죠.

순수함에 대해서 내릴 수 있는 한 가지 정의는 할당과 그 외의 변경으로부터 자유롭다는 것입니다. 그럼 이건 순수한 것일까요?

```
function repeat(generator) {
    if (generator() !== undefined) {
        return repeat(generator);
    }
}
```

repeat 함수는 generator 함수를 전달받아서 함수가 undefined를 반환할 때까지 호출합니다. 함수 몸체는 순수해 보이지만, 그 속은 아닙니다. 함수 자체는 순수하지만, generator에 의해 비순수 함수가 될 수 있습니다. 많은 고차 함수들이 이런 중간 지점에 위치합니다.

함수에서 할당문을 수행하는 경우에 순수할 수도 있습니다. 함수가 지역 변수를 선언하고 반복문을 사용하여 할당을 통해 지역 변수들을 수정하면 순수하지 않은 것처럼 보입니다. 하지만 이런 함수를 병렬 map 함수에 전달해도 아무 문제 없이 동작합니다. 함수 몸체는 순수해 보이지 않지만, 그 영혼은 순수합니다. 블랙박스처럼 그 속을 들여다 보지 않으면 순수합니다. 하지만 그 속을 들여다 보면 순수하지 않죠.

그래서 순수함에는 연속성이 있습니다. 수학적인 함수가 최상위고, 그 다음이 병렬 애플리케이션에도 쓸 수 있을 만큼 충분히 순수한 함수, 그 다음에 순수한 고차 함수, 그 다음에 상태를 가지는 고차 함수가 있습니다. 그 아래에는 웹을 오염시키는 클래스, 프로시저와 온갖 것들, 그리고 제일 아래에 전역 변수를 사용하는 모든 것이 포함됩니다.

20장

{ "number": 20, "chapter": "Eventual Programming" }

비동기 프로그래밍[1]

● ○ ● ○ ○

모(Moe)! 래리(Larry)! 치즈!

— 컬리 하워드(Curly Howard)

처음에는 순차적 프로그래밍이 있었습니다. 그 시절 컴퓨터는 자동화된 계산기에 불과했죠. 컴퓨터에 데이터와 루틴을 제공하면 한 번에 하나씩 순서대로 실행해서 결과를 만들고 종료되었습니다. 한 번에 하나만 실행하는 방식은 계산이나 대규모 데이터 처리에 적합했죠.

첫 번째 프로그래밍 언어도 순차적 프로그래밍이 세상을 지배하던 시절에 만들어졌습니다. 이 프로그래밍 언어의 영향력은 너무나도 막강해서, 현대 프로그래밍 언어의 대부분은 순차적 프로그래밍에 그 뿌리를 두고 있습니다. 예전의 패러다임은 당연히 오늘날 프로그램이 어떨지 예상하지 못했기에, 지금의 프로그래밍을 쓸데없이 어렵고, 신뢰하기 힘들고, 안전하지 못하게 하고 있습니다.

일반적으로 순차적 언어는 입출력을 블록(block) 방식으로 처리합니다. 프로그램이 파일을 읽거나 네트워크에서 데이터를 가져오려 하면, 데이터를 다 가져올 때까지 프로그램은 실행을 멈춥니다. 포트란 같은 언어에서는 이 방식이 합리적이었을 것입니다. 프로그램이 카드 리더에서 데이터를 전부 읽어올 때까지는 할 일이

---

1 (옮긴이) 이 장의 마지막에서도 밝히지만 저자는 아마도 비동기(asynchronous)라는 단어는 역사적으로 잘못되었다고 생각하고 있는 것 같습니다. 그래서 asynchronous라는 단어보다는 "언젠가는 그 일이 끝날 것이다"라는 의미의 eventually라는 단어를 더 선호하는 것으로 보입니다. 저자는 이 장에서 비동기 프로그래밍을 설명하기 위해 eventual programming 혹은 eventuality라는 단어를 사용하였으니 참고하기 바랍니다.

없기 때문에 블록한다고 해도 문제가 되지도 않았습니다. 오늘날 대부분의 프로그래밍 언어 역시 포트란의 I/O 모델을 구현하여 사용하고 있습니다. 하지만 자바스크립트는 그렇지 않습니다. 자바스크립트는 그 탄생 목적 자체가 사용자와의 상호작용이었기 때문에 더 나은 모델을 따르고 있습니다. 즉, 자바스크립트는 다른 언어보다 순차적 모델에 영향을 덜 받습니다.

동시성

순차적 모델은 컴퓨터가 사용자와, 그리고 다른 컴퓨터와 상호 작용하면서 무너지기 시작했습니다. 그래서 동시에 여러 가지 일을 할 수 있는 동시성 프로그래밍(concurrent programming)이 필요해졌습니다.

동일한 유형(homogeneous)의 동시성은 비슷한 많은 동작이 같은 시간에 처리될 수 있도록 해 줍니다. 앞에서 배열 메서드에 순수 함수를 전달해서 배열의 모든 요소를 한꺼번에 처리하는 예를 보여드렸습니다.

서로 다른 유형(heterogeneous)의 동시성은 각각 서로 다른 책임을 지는 특별한 프로세스들의 협업을 가능하게 만듭니다. 팀으로서 함께 일할 수 있는 것이죠. 어려운 점은 팀 멤버들이 바보 삼총사처럼 굴어서는 안 된다는 것입니다. 정말 신경써야 하는 부분이죠. 각 프로세스가 멍청하게 동작하면, 그 대가는 잘못된 설계의 피할 수 없는 결과로 돌아올 것입니다.

스레드

스레드는 가장 오래된 동시성 기법 중 하나이며 지금도 널리 사용되고 있습니다. 스레드는 실제 혹은 가상의 CPU로서 메모리를 공유하며 동시에 실행됩니다. 스레드는 순수 함수와 잘 맞습니다. 함수가 순수하지 않으면 스레드에서 멍청한 일을 벌일 수도 있습니다.

여기에 Moe, Larry라는 두 개의 스레드가 있습니다. 둘은 variable을 공유합니다. Moe는 variable에 1을 더하고 Larry는 2를 더합니다. 우리가 원하는 variable의 결과 값은 3이죠.

Moe	Larry	variable
		0
variable += 1		1
	variable += 2	3

Moe가 우선 variable 값을 변경합니다. Larry가 값을 먼저 변경해도 그 결과는 같습니다. 더하기 연산은 교환이 가능하므로, 누가 먼저 작업을 해도 문제가 생기지 않습니다. 만약 Larry가 더하기 대신 곱하기 연산을 하면 결과는 경쟁 결과에 따라 달라집니다. 하지만 더 큰 문제는 따로 있습니다.

더하기 할당자(+=) 연산자를 좀 더 저수준에서 살펴보면, 세 개의 간단한 기계어, 즉 load, add, store로 나눠볼 수 있습니다.

Moe	Larry	variable
		0
load variable		0
add 1	load variable	0
store variable	add 2	1
	store variable	2

전형적인 "읽기-수정-쓰기 경쟁"을 보여주고 있습니다. Moe와 Larry는 둘 다 variable이 0일 때 그 값을 우선 읽어옵니다. 두 스레드 모두 읽어온 변수 값에 더하기를 수행하고, 그 결과를 저장합니다. 그 결과로 Moe가 수정한 값은 다른 값에 의해 덮어쓰기 됩니다. 다른 순서로 하면 Larry가 수정한 값이 덮어쓰기 됩니다. 하지만 대부분의 경우에는 Moe와 Larry가 같은 값을 읽어오지 않기 때문에 코드가 제대로 동작하는 것처럼 보입니다.

즉, 코드가 제대로 동작할 수도 있지만, 그렇지 않을 수도 있다는 뜻이죠. 이렇게 한 줄로 된 간단한 프로그램에서조차 잠재적인 에러를 찾아내기란 쉬운 일이 아닙니다. 복잡한 프로그램에서는 에러를 찾기가 훨씬 더 어렵겠죠.

명령어가 데이터를 처리하는 순서는 컴퓨터의 적재(load) 명령어 때문에 바뀔 수 있습니다. 이 외에도 여러 가지 CPU 최적화 기법 등으로 인해 개발자가 작성한 코드 순서와는 다른 순서로 명령어가 실행될 수 있습니다. 그래서 개발이나 테스트

과정에서는 코드가 제대로 동작해도, 상용 제품은 그렇지 않을 수 있죠. 일년 내내 잘 동작하다가 12월에 문제가 생길 수도 있습니다. 스레드로 인해 발생하는 버그는 버그들 중에서도 그 대가가 비쌉니다. 프로그램의 동작이 우주적 무작위성에 영향을 받는다면 에러가 발생하는 상황을 재현하는 것 자체가 거의 불가능할 수도 있습니다. 타입 검사로는 찾을 수도 없죠. 테스트로도 발견하기 힘듭니다. 에러는 아주 드물게 발생할 수 있으므로 디버깅하기가 극도로 어렵고, 수정한다고 해도 문제가 해결된다는 확신을 가지기도 어렵습니다.

스레드 간 경쟁으로 발생할 수 있는 위험성은 상호 배제(mutual exclusion)로 줄일 수 있습니다. 상호 배제는 메모리의 임계 구역(critical region)을 잠그고, 스레드를 차단하고, 서로 경쟁하는 코드 실행을 막는 것으로 이루어집니다. 임계 구역을 잠그는 작업은 그 비용이 아주 비쌉니다. 그리고 실행이 차단된 스레드가 잠금을 해제하지 못하는 경우도 발생하는데, 이를 데드락(deadlock)이라고 합니다. 막기도, 재현하기도, 고치기도 힘든 것이죠.

자바, 그리고 비슷한 다른 많은 언어의 가장 큰 설계상 문제점은 언어가 시스템 수준의 언어인지, 애플리케이션 수준의 언어인지 정하지 못했다는 점입니다. 대부분의 언어는 두 가지 경우 모두를 가정하고 애플리케이션에서 스레드를 사용하도록 했다는 점에서 용서하기가 힘드네요.

운영체제에서의 스레드는 필요악입니다. 하지만 애플리케이션에서의 스레드는 그냥 악이죠. 다행히도 자바스크립트는 이런 식으로 스레드를 쓰지 않습니다. 동시성을 더 나은 방법으로 구현할 수 있죠.

비동기 프로그래밍

비동기 함수(eventual function[2], asynchronous function)는 호출하면 즉각 반환합니다. 심지어 해야 하는 일을 다 끝내지 않아도 반환하죠. 작업이 끝나고 결과물은 콜백 함수나 메시지 전송을 통해서 결국 전달되지만, 즉각 반환되는 값에는 진짜 결과 값이 없습니다.

비동기 방식은 애플리케이션에서 스레드를 쓰지 않고도 많은 일을 처리할 수 있게 해 줍니다. 사실 애플리케이션 스레드를 활용해 사용자 인터페이스를 비동기로

---

2 (옮긴이) 앞에서 설명한 것처럼 저자는 '비동기'를 'eventually 혹은 eventual'이라는 용어로 설명하고 있습니다. 독자들의 이해를 돕기 위해 비동기라는 말로 설명하겠습니다.

처리해 주는 시스템이 많습니다. 시간에 따라 발생하는 이벤트를 더 쉽고 신뢰할 수 있는 방식으로 처리할 수 있거든요. 비동기 프로그래밍은 두 가지 아이디어에 근간합니다. 바로 콜백 함수와 프로세싱 루프(processing loop)입니다.

콜백 함수는 기대하는 일이 향후에 일어날 때 호출되는 함수입니다. 그 기대하는 일이라는 것은 다음과 같습니다.

- 메시지가 도착함
- 어떤 작업이 완료됨
- 사용자가 프로그램과 상호 작용함
- 센서가 특정 이벤트를 관측함
- 시간이 흐름
- 무언가가 잘못됨

콜백 함수는 시작하거나 특정 활동을 지켜보는 함수에 인자로 전달됩니다. 더 원초적으로 설명하자면, 콜백 함수는 어떤 활동을 표현하는 객체에 연결됩니다. 웹 브라우저에서 콜백 함수는 해당 DOM 노드의 특정 속성에 할당되는 식으로 연결됩니다.

```
my_little_dom_node.onclick = callback function;
```

아니면 객체에 이벤트 등록 메서드를 호출해서 콜백 함수를 연결할 수도 있죠.

```
my_little_dom_node.addEventListener("click", callback function, false);
```

두 방식 모두 제대로 동작합니다. 사용자가 지정된 DOM 노드를 클릭하면 콜백 함수(또는 이벤트 핸들러)가 호출되고, 해당 이벤트에 응답하기 위한 동작을 취합니다.

비동기 프로그래밍의 또 다른 아이디어는 프로세싱 루프인데, 다른 말로는 이벤트 루프(event loop) 또는 메시지 루프(message loop)라고도 합니다. 이벤트 루프는 큐(queue)에서 가장 높은 우선순위를 가지는 이벤트 혹은 메시지를 가져와서 해당 이벤트나 메시지를 처리하도록 등록된 콜백 함수를 호출해 줍니다. 그리고 콜백 함수가 작업을 완료하면 반환하죠. 그래서 콜백 함수는 메모리 잠금이나 상호 배제가 필요 없습니다. 콜백 함수는 방해(interrupted)받지 않기 때문에 경쟁이 일어날 일도 없습니다. 콜백 함수가 끝나면 프로세싱 루프는 큐에서 그다음 이벤트나 메시지를 꺼내와서 등록된 콜백 함수를 호출하고, 이 과정을 계속 반복합니다. 아주 신뢰할 수 있는 프로그래밍 모델이죠.

프로세싱 루프는 큐를 관리하는데, 이 큐는 이벤트 큐 혹은 메시지 큐라고도 불립니다. 들어오는 이벤트나 메시지를 저장하죠. 이 이벤트나 메시지에 응답하기 위해서 콜백 함수가 호출될 수 있습니다. 이런 이벤트나 메시지는 일반적으로 사용자 입력이나 네트워크, I/O, 프로세스 간 통신을 처리하는 보조 스레드를 통해서 전달됩니다. 자바스크립트 프로그램과 메인 스레드 간에 통신하는 방법이 바로 큐가 되는 것입니다. 상호 배제가 이 한 가지 접점에서만 사용되므로 비동기 시스템을 일반적으로 더 효율적이고 신뢰할 수 있는 것입니다.

이 모델을 사용할 때 얻을 수 있는 놀라운 이점 중 하나는 웹 브라우저에서 실행되는 자바스크립트 프로그램이 아주 탄력적이라는 것입니다. 디버거를 열고 웹 서핑을 하면 예외와 실패가 일정한 수준으로 지속해서 발생하는 모습을 발견할 수 있을 것입니다. 웹 개발자들이 대개 그들이 하는 일에 그다지 익숙하지 않아서 생기는 일이죠. 그럼에도 대부분의 웹 애플리케이션은 제대로 동작합니다.

스레드를 사용하는 시스템의 경우, 한 스레드에 예외가 발생하면 그 스레드의 스택을 되감습니다. 그러면 그 스레드의 상태는 연관된 다른 스레드의 상태들과 일치하지 않게 되고, 연달아 다른 스레드에 문제를 일으킬 수도 있습니다.

자바스크립트는 하나의 스레드만 사용합니다. 스레드 상태 값은 대부분 스택이 아닌 해당 함수의 클로저에 저장되어 있습니다. 그래서 동작이 계속 진행될 수 있는 것이죠. 동작하는 버튼이 있는 한, 사용자는 그 뒤에서 어떤 문제가 발생하는지 전혀 알지 못한 채로도 작업을 계속 진행할 수 있습니다.

턴의 법칙

프로세싱 루프의 한 반복은 턴(turn)이라고 불립니다. 체스나 포커와 같은 게임에서 한 플레이어가 게임을 플레이할 수 있는 시점을 뜻하는 용어에서 차용한 것입니다. 플레이어가 어떤 동작을 취하고 그 결과가 게임에 반영되면 해당 플레이어의 턴은 끝납니다. 물론 게임이 끝나는 것은 아니고, 다른 플레이어의 턴이 시작됩니다.

게임에 규칙이 있듯, 비동기 모델에도 규칙이 있습니다. 바로 턴의 법칙(Law of Turns)이죠.

> 기다리지 말라. 블록하지 말라. 빨리 끝내라.

턴의 법칙은 프로세싱 루프에서 호출하는 콜백 함수, 그리고 콜백 함수가 직·간접적으로 호출하는 모든 함수에 적용됩니다. 함수는 절대 어떤 일이 일어나길 마냥 기다려서는 안 됩니다. 함수는 절대 메인 스레드를 블록해서는 안 됩니다. 웹 브라우저의 경우 함수는 alert 같은 함수를 써서는 안 됩니다. Node.js에서는 악의적인 –Sync라는 접미사를 붙인 함수를 사용해서는 안 됩니다. 작업을 끝내는 데 오랜 시간이 걸리는 함수를 호출해서도 안 됩니다.

턴의 법칙을 위반하면, 높은 성능을 자랑하는 비동기 시스템이 아주 낮은 성능을 보이게 될 것입니다. 턴의 법칙을 위반하는 것은 단순히 현재 콜백을 지연하는 것뿐 아니라 큐에 있는 모든 것을 지연시키게 됩니다. 이런 지연들은 누적되고, 큐에 이벤트나 메시지가 점점 더 쌓이게 됩니다. 그때는 시스템이 빠르지도 않고 높은 응답 속도를 보이지도 않죠.

따라서 턴의 법칙을 위반하는 함수는 수정되거나 혹은 별도의 프로세스로 격리되어야만 합니다. 프로세스는 스레드와 비슷하지만 메모리를 공유하지 않습니다. 따라서 콜백 함수를 어떤 다른 프로세스로 격리해서 따로 작업을 하게 만들고, 작업이 끝나면 해당 프로세스가 메시지를 보내도록 하는 것도 좋은 방법입니다. 메시지는 큐로 전달되고 결국 비동기로 동작하게 되는 것이죠.

자바스크립트는 프로세스에 대해서 알지 못합니다. 프로세스는 자바스크립트가 동작하는 시스템에 의해서 제공되는 서비스입니다. 프로세스는 비동기 프로그래밍 모델에서 아주 중요한 부분을 차지하고 있으므로, 다음 세대 언어에서 가장 중요한 기능 중 하나가 될 가능성이 큽니다.

서버 세상에서의 문제

자바스크립트는 이벤트 루프를 처리하기 위해 만들어졌고, 그래서 이벤트 루프를 아주 잘 처리합니다. 하지만 메시지 루프에서는 허우적대고 있네요. 서버가 작업을 처리하는 방법이 상당히 다르기 때문입니다. 브라우저에서 프로그램이 해야 하는 일의 대부분은 UI 이벤트를 처리하는 것입니다. 이벤트 핸들러가 호출되고, 작업을 하고, 화면을 갱신하고, 그리고 끝나죠.

서버에서의 작업은 그 흐름이 훨씬 복잡합니다. 메시지 수신자나 핸들러가 호출되면 해당 핸들러는 작업을 처리하기 위해 다른 시스템과 통신해야 할 수도 있습니다. 다른 서버와 통신해야 할 수도 있고요. 어떤 경우에는 다른 시스템과 통신해서 알아낸 사실이, 또 다른 시스템과 통신해야 한다는 것일 수도 있습니다. 이런 작업은 아주 긴 연결고리를 가질 수도 있습니다. 그리고 다른 시스템과의 상호 작용에 대한 결과는 콜백을 통해 받게 됩니다. 이런 상황에서 쓸 수 있는 아주 우아한 프로그래밍 해결책이 있지만, 우선 유명한 세 가지 실수를 살펴봅시다.

첫 번째 실수는 바로 콜백 지옥(Callback Hell)이라고 불리는 것입니다. 콜백 함수에 다음 작업을 요청하기 위한 코드가 들어가 있는 경우죠. 다음 작업을 요청하는 코드 역시 콜백 함수를 제공하는데, 그 콜백 함수에도 역시 다음 작업을 요청하는 코드가 들어가 있습니다. 이 연결 고리가 계속 이어지는 것이죠. 이렇게 만들어진 프로그램은 읽기도 힘들고, 유지보수 하기도 어려우며 깨지기 쉽습니다.

두 번째 실수는 바로 프로미스(Promise)입니다. 원래 프로미스는 아주 똑똑한 기능이었죠. 애초에는 안전한 분산 프로그램 개발을 지원하기 위해 만들어진 기능입니다. 하지만 자바스크립트에서는 원래 의도된 새로운 패러다임의 기능들이 모두 다 사라져 버렸습니다. 남은 것이라고는 이상한 실행 흐름 제어 기법뿐이죠. 프로미스는 원래 지역적인 실행 흐름을 관리하려고 만든 기능이 아닙니다. 그런데 실행 흐름을 관리하려고 프로미스를 쓰니 이상한 것이 당연하죠. 물론 콜백 지옥보다는 훨씬 낫지만, 만족스럽지는 않습니다.

세 번째 실수는 Async Await입니다. 순차적으로 실행되는 코드에 붙이면 마법처럼 비동기 코드로 만들어 주는, 짝을 이루는 키워드죠. 만드는 코드가 실제로 얻게 되는 코드와 사뭇 다르다는 점에서 ES6의 제너레이터와 비슷합니다. 신뢰도를 향상시키려고, 프로미스의 실망스러운 점을 대부분 감추고 있습니다. Async Await의 좋은 점이라고는 옛날 패러다임과 동일한 형태로 코드를 작성해도 비동기 프로그래밍을 구현할 수 있다는 것이죠. 사실 그게 제일 큰 문제인데 말입니다.

새로운 패러다임은 아주 중요합니다. 새로운 패러다임이 무엇인지 이해하는 것은 어려울 수 있지만, 그렇다고 피하기만 한다면 더 이상 발전할 수 없습니다. 반면, async와 await는 패러다임에 대한 이해와 발전 없이도 생산적인 코드를 만들 수 있게 해 줍니다. 사용자는 사실 코드에 대해서 제대로 이해하지도 못한 채로 코드를 짜고 있는 것이죠. 이건 좋은 것이 아닙니다. 더 큰 문제는 개발자들이 async, await 데코레이터를 아무데나 집어넣고 있다는 점입니다. 뭘 하는지 모르기 때문에 어떻게 해야 잘 사용하는지도 모르는 것이죠. 절대로 새로운 패러다임을 부정하거나 숨겨서는 안 됩니다. 받아들여야 합니다.

위에서 설명한 세 가지 실수는 대개 로직 및 실행 흐름과 아주 강력한 결합을 보입니다. 결국 너무 많은 이질적인 활동으로 인해 낮은 응집도를 보이게 되죠. 이런 것들은 따로 분리하는 것이 좋습니다.

리퀘스터

설계는 모듈 단위로 해야 합니다. 작업의 단위(예를 들면 서버에 요청을 보내거나, 데이터베이스에서 데이터를 읽어오거나, 프로세스를 시작하는 것 등)별로 함수를 구분해야 합니다. 하나의 작업 단위만 수행하는 함수는 높은 응집도를 보입니다. 이런 함수들은 또한 첫 번째 인자로 콜백 함수를 전달받습니다. 작업이 끝나면 그 결과는 콜백 함수를 통해 전달됩니다. 이런 방식으로 다른 코드에 대한 의존성을 줄여 결합을 약화시킬 수 있습니다. 새로운 패러다임을 받아들일 수 있는 좋은 모듈화 설계를 가능하게 하죠.

콜백 함수를 인자로 전달받고, 호출 즉시 반환되지만 작업은 바로 끝나지 않고 미래의 언젠가 끝나는 그런 함수들을 리퀘스터(requestor)라고 부르겠습니다.

```
function my_little_requestor(callback, value)
```

콜백 함수는 두 개의 인자를 받습니다. 바로 *value*와 *reason*이죠. *value* 인자는 리퀘스터가 작업을 완료하면 결과 값이, 작업에 실패하면 undefined 값이 지정됩니다. 부수적인 *reason* 인자는 실패했을 경우 그 원인에 대한 내용이 담깁니다.

```
function my_little_callback(value, reason)
```

리퀘스터 취소(cancel) 함수를 반환하게 할 수도 있습니다. 어떤 이유에서든 작업을 취소하고 싶을 때 호출할 수 있죠. 이 함수를 호출한다고, 작업이 없던 일이 되는 것은 아닙니다. 그냥 불필요한 일을 더 이상 하지 않도록 멈출 뿐이죠. 예를 들어 리퀘스터가 다른 서버에 아주 비싼 비용이 드는 작업을 시작했고, 그 작업이 더 이상 필요하지 않으면 이 취소 함수를 호출해서 서버에 중단 메시지를 보낼 수 있습니다.

```
function my_little_cancel(reason)
```

리퀘스터 팩토리

대부분의 일은 인자를 받아서 리퀘스터를 반환하는 팩토리를 만드는 것입니다. 팩토리는 간단한 래퍼(wrapper)로서 인자 하나를 전달받는 함수를 전달받아서 리퀘스터를 반환합니다.

```
function requestorize(unary) {
    return function requestor(callback, value) {
        try {
            return callback(unary(value));
        } catch (exception) {
            return callback(undefined, exception);
        }
    };
}
```

이 팩토리는 Node.js에서 파일을 읽을 수 있는 리퀘스터를 만듭니다.

```
function read_file(directory, encoding = "utf-8") {
    return function read_file_requestor(callback, value) {
        return fs.readFile(
            directory + value,
            encoding,
            function (err, data) {
                return (
                    err
                    ? callback(undefined, err)
                    : callback(data)
                );
            }
        );
    };
}
```

가장 재미있는 팩토리는 사용자와 대화하듯 여러 차례에 걸쳐 다른 서비스와 통신하는 리퀘스터를 만드는 것입니다. 다음과 같은 형식이죠.

```
function factory(service_address, arguments) {
```

// 팩토리 함수는 작업을 진행할 리퀘스터 함수를 반환합니다.

```
    return function requestor(callback, value) {
```

// 작업은 처리 서비스로 메시지를 보내는 것이 실패할 경우를 대비해서 try 블록으로 시작합니다.

```
        try {
```

// 리퀘스터 함수가 호출되면 서비스로 메시지를 보내고 작업을 시작해도 된다고 알립니다.
// 결과 값이 나오면 이 값은 'callback' 함수를 통해 전달됩니다. 이 예시에서는 메시지
// 시스템이 그 결과를 '(result, exception)' 순서로 전달한다고 가정합니다.

```
            send_message(
                callback,
                service_address,
                start,
                value,
                arguments
            );
        } catch (exception) {
```

// 예외가 발생하면 실패했다는 사실을 알립니다.

```
            return callback(undefined, exception);
        }
```

// 결과가 더 이상 필요없는 경우 요청 작업을 취소할 수 있는 'cancel' 함수를 반환합니다.

```
        return function cancel(reason) {
            return send_message(
                undefined,
                service_address,
                stop,
                reason
            );
        };
    };
}
```

Parseq

저는 리퀘스터 함수 간의 흐름을 관리할 수 있는 Parseq 라이브러리를 만들었습니다. Parseq 팩토리는 여러분의 리퀘스터 함수들을 실행 흐름별로 배열 형태로 묶습

니다. 실행 흐름은 병렬, 순차적, 폴백(fallback)[3], 경쟁(race) 네 가지입니다. 각 팩토리는 새로운 리퀘스터를 반환합니다. 이렇게 해서 리퀘스터들을 쉽게 조합하고 사용할 수 있게 됩니다.

　Parseq 라이브러리는 시간 제한도 처리할 수 있습니다. 100밀리초 내에 끝나야 하는 작업이 있다고 가정해 봅시다. 시간이 초과되면 작업에 실패했다고 간주하고 다른 응답을 해야 합니다. 앞에서 언급한 세 가지 실수인 콜백 지옥, 프로미스, Async Await로는 이런 일을 처리하는 게 아주 어렵죠. 하지만 Parseq를 사용하면 여러분이 해야 할 일이라고는 제한할 시간을 밀리초 단위로 지정하는 것이 전부입니다.

```
parseq.sequence(
    requestor_array,
    milliseconds
)
```

sequence 팩토리는 리퀘스터 함수 배열과 부수적인 시간 제한을 인자로 받아서, 배열에 있는 리퀘스터들을 각각 호출하는 리퀘스터를 만듭니다. 새로운 리퀘스터로 전달되는 값은 배열의 0번째 리퀘스터로 전달됩니다. 0번째 리퀘스터가 만든 값은 1번째 리퀘스터로 전달됩니다. 이런 식으로 값이 리퀘스터에서 리퀘스터로 전달되죠. 마지막 리퀘스터의 결과 값이 전체 순차적 실행의 결과 값이 됩니다.

```
parseq.parallel(
    required_array,
    optional_array,
    milliseconds,
    time_option,
    throttle
)
```

parallel 팩토리는 전체 리퀘스터를 한꺼번에 시작합니다. 자바스크립트에 병렬성을 추가하는 것은 아니지만 대신 원래부터 존재하는 병렬성을 사용하죠. 바로 여러 서버에 요청을 분산해서 보내는 것입니다. 이로써 아주 큰 성능상 이득을 볼 수

3　(옮긴이) 폴백(fallback)은 어떤 함수 또는 실행 흐름에 문제가 있을 경우 대체할 수 있는 다른 함수 또는 실행 흐름을 의미합니다.

있습니다. 전체 리퀘스터를 병렬로 한꺼번에 처리하면, 전체 소요 시간은 모든 리퀘스터가 처리하는 시간의 합이 아닌 가장 느린 리퀘스터 하나의 작업 시간이 됩니다. 아주 중요한 최적화죠.

parallel 팩토리는 리퀘스터 간에 아무런 의존성이 없을 때만 사용해야 합니다. 모든 리퀘스터에는 같은 값이 주어집니다. 그리고 결과는 모든 리퀘스터의 결과 값을 모은 배열로 반환됩니다. 배열의 map 메서드와 비슷하네요.

parallel 팩토리에는 두 개의 리퀘스터 배열이 전달됩니다. 첫 번째 배열에는 꼭 실행해야 하는 리퀘스터들이 있습니다. 전체 병렬 작업이 성공하려면, 첫 번째 배열에 있는 리퀘스터 전체가 전부 제대로 완료되어야 합니다. 두 번째 배열은 부수적인 리퀘스터들을 담고 있습니다. 여기 리퀘스터들은 작업에 실패해도 전체 병렬 작업은 실패하지 않습니다.

그리고 밀리초 단위로 시간 제한을 걸 수 있습니다. 꼭 처리해야 할 첫 번째 배열의 리퀘스터들이 얼마나 많은 시간을 사용할 수 있는지 지정할 수 있죠. time_option 매개변수는 이 시간 제한 값이 두 번째 배열에 있는 부수적인 리퀘스터에 어떻게 적용되는지를 알려 줍니다.

time_option 값	효과
undefined	부수적인 리퀘스터들은 꼭 실행되어야 하는 리퀘스터들보다 먼저 끝나야 합니다. 꼭 실행되어야 하는 리퀘스터가 하나라도 있다면, 이들은 반드시 제한된 시간 내에 끝나야 합니다.
true	꼭 실행되어야 하는 리퀘스터들과 부수적인 리퀘스터들은 모두 제한된 시간 내에 작업을 완료해야 합니다.
false	꼭 실행되어야 하는 리퀘스터에는 시간 제한을 걸지 않습니다. 부수적인 리퀘스터들은 꼭 실행되어야 하는 리퀘스터들의 작업 완료 시간과 제한 시간 중 더 느린 시간 이전에 작업을 완료해야 합니다.

기본 값은 모든 리퀘스터가 동시에 시작하는 것입니다. 하지만 이렇게 하면 잘못 설계된 시스템에서 자원을 너무 많이 사용할 수도 있습니다. 그래서 부수적인 throttle 인자를 통해서 동시에 시작할 수 있는 리퀘스터의 수를 제한할 수 있습니다.

```
parseq.fallback(
    requestor_array,
    milliseconds
)
```

fallback 팩토리는 sequence 팩토리와 비슷하지만 어느 한 리퀘스터라도 성공하면, 전체 리퀘스터가 성공했다고 판단합니다. 만약 한 리퀘스터가 실패하면, 그 다음 리퀘스터를 시도합니다. 전체 리퀘스터가 실패해야 실패한 것입니다.

```
parseq.race(
    requestor_array,
    milliseconds,
    throttle
)
```

race 팩토리는 parallel 팩토리와 비슷하지만, 동시에 시작한 리퀘스터 중 첫 번째로 성공한 값만 사용합니다. 리퀘스터 중 어느 하나라도 성공하면 성공입니다.

다음은 간단한 예시입니다.

```
let getWeather = parseq.fallback([
    fetch("weather", localCache),
    fetch("weather", localDB),
    fetch("weather", remoteDB)
]);

let getAds = parseq.race([
    getAd(adnet.klikHaus),
    getAd(adnet.inUFace),
    getAd(adnet.trackPipe)
]);

let getNav = parseq.sequence([
    getUserRecord,
    getPreference,
    getCustomNav
]);

let getStuff = parseq.parallel(
    [getNav, getAds, getMessageOfTheDay],
    [getWeather, getHoroscope, getGossip],
    500,
    true
);
```

예외

예외 처리 기법은 여러 턴이 지난 문제를 처리하기에는 부족합니다. 예외는 스택을 되감을 수 있지만, 턴이 지나면 스택에는 남는 것이 없습니다. 예외 처리 기법은 이전 턴에서 발생한 문제를 미래에 생길 턴에 얘기해 줄 방법도 없고, 실패한 요청의 근원으로 시간을 거슬러 올라갈 방법도 없습니다.

함수를 호출한 팩토리는 아직 스택에 있으므로 예외를 던질 수 있습니다. 하지만 리퀘스터는 스택에 예외를 잡을 만한 것이 아무것도 남지 않기 때문에 절대 예외를 발생시켜서는 안 됩니다. 그외의 예외가 빠져나가도록 해서도 안 됩니다. 모든 예외는 반드시 잡아서 콜백 함수에 *reason* 인자로 전달되어야 합니다.

Parseq 구현

이제 Parseq를 어떻게 만들었는지 살펴봅시다. 생각만큼 크지는 않습니다. 네 개의 퍼블릭 함수와 네 개의 프라이빗 함수로 이루어져 있습니다.

첫 번째 프라이빗 함수는 make_reason입니다. Error 객체를 만들죠.

```
function make_reason(factory_name, excuse, evidence) {
```

Error 객체를 이용해서 예외나 취소를 처리하기 위한 reason 객체를 만듭니다.

```
    const reason = new Error("parseq." + factory_name + (
        excuse === undefined
        ? ""
        : ": " + excuse
    ));
    reason.evidence = evidence;
    return reason;
}
```

콜백 함수는 매개변수가 두 개입니다.

```
function check_callback(callback, factory_name) {
    if (typeof callback !== "function" || callback.length !== 2) {
        throw make_reason(factory_name, "Not a callback.", callback);
    }
}
```

배열의 모든 요소가 리퀘스터 함수인지 확인합니다.

```
function check_requestor_array(requestor_array, factory_name) {
```

리퀘스터 배열에는 리퀘스터만 있어야 합니다. 리퀘스터는 한 개 혹은 두 개의 인자를 받을 수 있는데, 바로 callback과 부수적인 initial_value입니다.

```
    if (
        !Array.isArray(requestor_array)
        || requestor_array.length < 1
        || requestor_array.some(function (requestor) {
            return (
                typeof requestor !== "function"
                || requestor.length < 1
                || requestor.length > 2
            );
        })
    ) {
        throw make_reason(
            factory_name,
            "Bad requestors array.",
            requestor_array
        );
    }
}
```

run 함수는 Parseq의 핵심입니다. 리퀘스터들을 시작시키고 제한 시간과 취소, 최대 동시 실행 수를 관리합니다.

```
function run(
    factory_name,
    requestor_array,
    initial_value,
    action,
    timeout,
    time_limit,
    throttle = 0
) {
```

run 함수는 모든 Parseq 팩토리들의 공통된 작업을 수행합니다. 팩토리 이름 (factory_name)과 리퀘스터 배열(requestor_array), 초기 값(initial_value), action 콜백, timeout 콜백, 밀리초 단위의 제한 시간(time_limit), 그리고 최대 동시 실행 수(throttle) 값을 전달받죠.

모든 것이 제대로 돌아간다면, 배열에 있는 모든 리퀘스터 함수를 호출합니다. 만약 리퀘스터 함수가 취소 함수를 반환한다면, 이 함수를 cancel_array에 보관합니다.

```
let cancel_array = new Array(requestor_array.length);
let next_number = 0;
let timer_id;
```

cancel과 start_requestor 함수가 필요합니다.

```
function cancel(reason = make_reason(factory_name, "Cancel.")) {
```

끝나지 않은 작업을 멈춥니다. 리퀘스터가 실패할 경우 cancel 함수를 호출할 수 있죠. race 팩토리를 사용하는 경우 하나의 리퀘스터가 작업을 끝내면, 경쟁에서 패배한 나머지 리퀘스터들을 종료시키기 위해 cancel 함수를 사용할 수도 있고, 아니면 parallel 팩토리에서 부수적인 리퀘스터 배열에 있는 것들을 멈추기 위해 cancel 함수를 호출할 수도 있습니다.

타이머가 돌아가고 있다면 멈춥니다.

```
if (timer_id !== undefined) {
    clearTimeout(timer_id);
    timer_id = undefined;
}
```

그 외에 다른 일이 일어나고 있다면 취소합니다.

```
if (cancel_array !== undefined) {
    cancel_array.forEach(function (cancel) {
        try {
            if (typeof cancel === "function") {
                return cancel(reason);
            }
        } catch (ignore) {}
    });
    cancel_array = undefined;
}
}

function start_requestor(value) {
```

start_requestor는 명시적으로는 재귀 호출하지 않습니다. 자기 자신을 직접 호출하지는 않지만, 대신 start_requestor를 호출할 수도 있는 함수를 반환합니다.

아직 대기 중인 리퀘스터가 있다면 실행을 시작합니다.

```
if (
    cancel_array !== undefined
```

```
            && next_number < requestor_array.length
    ) {
```

각 리퀘스터는 번호를 가집니다.

```
        let number = next_number;
        next_number += 1;
```

콜백 함수를 전달해서 다음 리퀘스터를 호출합니다. 리퀘스터가 취소 함수를 반환하면 저장합니다.

```
        const requestor = requestor_array[number];
        try {
            cancel_array[number] = requestor(
                function start_requestor_callback(value, reason) {
```

requestor가 작업을 끝내면 콜백 함수가 호출됩니다. 더 이상 실행되지 않고 있으면 이 호출은 무시됩니다. 예를 들어 시간 제한이 끝난 뒤 재전송된 결과로 이런 일이 일어날 수 있죠. 이 콜백 함수는 반드시 한 번만 호출되어야 합니다.

```
                    if (
                        cancel_array !== undefined
                        && number !== undefined
                    ) {
```

이 리퀘스터와 관련된 취소 함수는 더 이상 필요 없습니다.

```
                        cancel_array[number] = undefined;
```

무슨 일이 일어났는지 리퀘스터가 알 수 있도록 action 콜백을 호출합니다.

```
                        action(value, reason, number);
```

number를 초기화해서 이 콜백 함수를 다시는 사용할 수 없도록 만듭니다.

```
                        number = undefined;
```

아직 대기 중인 리퀘스터가 있다면, 다음 리퀘스터를 시작합니다. 만약 다음 리퀘스터가 순차적으로 실행되어야 하는 것이라면, 다음 리퀘스터는 가장 최근의 value를 전달받습니다. 아니라면 initial_value를 전달받죠.

```
                    return start_requestor(
                        factory_name === "sequence"
                        ? value
                        : initial_value
                    );
                }
            },
            value
        );
```

리퀘스터는 문제가 생기면 반드시 콜백을 통해 알려 줘야 합니다. 예외를 발생시켜서는 안 됩니다. 만약 예외를 전달받게 되면, 해당 리퀘스터는 실패했다고 간주합니다.

```
        } catch (exception) {
            action(undefined, exception, number);
            number = undefined;
            start_requestor(value);
        }
    }
}
```

cancel 함수와 start_requester 함수를 손에 넣었으니, 이제 본격적으로 일해봅시다. 시간 제한이 요청된 경우 타이머를 시작합니다.

```
if (time_limit !== undefined) {
    if (typeof time_limit === "number" && time_limit >= 0) {
        if (time_limit > 0) {
            timer_id = setTimeout(timeout, time_limit);
        }
    } else {
        throw make_reason(factory_name, "Bad time limit.", time_limit);
    }
}
```

race 또는 parallel 팩토리를 사용하고 있다면 모든 리퀘스터를 동시에 시작합니다. 하지만 throttle 값이 지정되어 있다면 throttle 개수만큼만 동시에 시작해야 합니다. 그리고 리퀘스터 하나가 끝나면 다른 하나를 시작합니다.

　sequence와 fallback 팩토리는 throttle 값이 1입니다. 한번에 실행되는 프로세스는 하나고, 반드시 하나의 리퀘스터가 끝나야 다른 리퀘스터가 시작되기 때문입니다.

```
        if (!Number.isSafeInteger(throttle) || throttle < 0) {
            throw make_reason(factory_name, "Bad throttle.", throttle);
        }
        let repeat = Math.min(throttle || Infinity, requestor_array.length);
        while (repeat > 0) {
            setTimeout(start_requestor, 0, initial_value);
            repeat -= 1;
        }
```

리퀘스터의 작업을 취소할 수 있는 cancel을 반환합니다.

```
        return cancel;
    }
```

이제 네 개의 퍼블릭 함수를 살펴보겠습니다.

parallel 함수는 부수적인 리퀘스터 배열 때문에 팩토리 중에서도 가장 복잡합
니다.

```
function parallel(
    required_array,
    optional_array,
    time_limit,
    time_option,
    throttle,
    factory_name = "parallel"
) {
```

parallel 팩토리는 실패에 대해 더 관대한 두 번째 리퀘스터 배열을 전달받습니다.
그리고 값 배열을 만들어 내는 리퀘스터를 반환합니다.

```
    let number_of_required;
    let requestor_array;
```

required_array와 optional_array 둘 다 빈 배열일 수 있기 때문에 네 가지 경우가
생깁니다.

```
    if (required_array === undefined || required_array.length === 0) {
        number_of_required = 0;
        if (optional_array === undefined || optional_array.length === 0) {
```

둘 다 빈 배열이라면, 글쎄요, 이건 아마 실수겠죠.

```
        throw make_reason(
            factory_name,
            "Missing requestor array.",
            required_array
        );
    }
```

optional_array만 있으면 이 배열을 requestor_array로 지정합니다.

```
    requestor_array = optional_array;
    time_option = true;
} else {
```

required_array만 있으면 이를 requestor_array로 지정합니다.

```
    number_of_required = required_array.length;
    if (optional_array === undefined || optional_array.length === 0) {
        requestor_array = required_array;
        time_option = undefined;
```

두 배열 모두 제공될 경우 두 배열을 이어 붙입니다.

```
    } else {
        requestor_array = required_array.concat(optional_array);
        if (time_option !== undefined && typeof time_option !== "boolean") {
            throw make_reason(
                factory_name,
                "Bad time_option.",
                time_option
            );
        }
    }
}
```

배열을 점검하고 리퀘스터를 반환합니다.

```
check_requestor_array(requestor_array, factory_name);
return function parallel_requestor(callback, initial_value) {
    check_callback(callback, factory_name);
    let number_of_pending = requestor_array.length;
    let number_of_pending_required = number_of_required;
    let results = [];
```

run을 통해 작업을 시작합니다.

```
let cancel = run(
    factory_name,
    requestor_array,
    initial_value,
    function parallel_action(value, reason, number) {
```

action 함수는 배열의 각 리퀘스터의 결과 값을 가져옵니다. parallel의 경우 배열
의 모든 값을 반환합니다.

```
results[number] = value;
number_of_pending -= 1;
```

만약 리퀘스터가 꼭 실행되어야 하는 리퀘스터였다면, 해당 리퀘스터가 제대로 끝
났는지 검사합니다. 만약 실패했다면, parallel 전체 동작이 실패한 것입니다. 부
수적인 리퀘스터는 실패해도 계속 진행합니다.

```
if (number < number_of_required) {
    number_of_pending_required -= 1;
    if (value === undefined) {
        cancel(reason);
        callback(undefined, reason);
        callback = undefined;
        return;
    }
}
```

모든 작업이 처리되었거나 혹은 time_option이 지정되지 않았는데 꼭 실행되어야
하는 리퀘스터가 모두 성공했다면 작업은 끝난 것입니다.

```
if (
    number_of_pending < 1
    || (
        time_option === undefined
        && number_of_pending_required < 1
    )
) {
    cancel(make_reason(factory_name, "Optional."));
    callback(
        factory_name === "sequence"
        ? results.pop()
        : results
    );
    callback = undefined;
}
```

```
                },
                function parallel_timeout() {
```

제한 시간이 다 되면, `time_option` 값이 `false`가 아닌 이상 작업을 멈춥니다. `time_option`이 `false`라면 꼭 실행되어야 하는 리퀘스터에는 아무런 시간 제한을 두지 않으며, 부수적인 리퀘스터는 제한 시간과 꼭 실행되어야 하는 리퀘스터 전체가 완료되는 시간 중 더 나중 시간보다 일찍 끝나기만 하면 됩니다. 제한 시간이 11초이고 리퀘스터 전체가 완료된 시간이 10초라면, 11초 이내에 끝내야 한다는 뜻이죠.

```
                    const reason = make_reason(
                        factory_name,
                        "Timeout.",
                        time_limit
                    );
                    if (time_option === false) {
                        time_option = undefined;
                        if (number_of_pending_required < 1) {
                            cancel(reason);
                            callback(results);
                        }
                    } else {
```

제한 시간이 끝났습니다. 꼭 실행되어야 하는 리퀘스터가 모두 성공했다면, parallel 작업 역시 성공한 것입니다.

```
                        cancel(reason);
                        if (number_of_pending_required < 1) {
                            callback(results);
                        } else {
                            callback(undefined, reason);
                        }
                        callback = undefined;
                    }
                },
                time_limit, throttle
            );
        return cancel;
    };
}
```

race 함수는 parallel보다 훨씬 간단합니다. 모든 결과를 반환할 필요 없이 하나만 반환하면 됩니다.

```
function race(requestor_array, time_limit, throttle) {
```

race 팩토리는 requestor_array에 있는 모든 리퀘스터를 동시에 시작하는 리퀘스터를 반환합니다. 가장 먼저 끝나는 리퀘스터가 승자죠.

```
    const factory_name = (
        throttle === 1
        ? "fallback"
        : "race"
    );

    check_requestor_array(requestor_array, factory_name);
    return function race_requestor(callback, initial_value) {
        check_callback(callback, factory_name);
        let number_of_pending = requestor_array.length;
        let cancel = run(
            factory_name,
            requestor_array,
            initial_value,
            function race_action(value, reason, number) {
                number_of_pending -= 1;
```

승자가 누군지 이제 알겠네요. 패배한 리퀘스터들을 전부 취소하고, callback을 통해 값을 반환합니다.

```
                if (value !== undefined) {
                    cancel(make_reason(factory_name, "Loser.", number));
                    callback(value);
                    callback = undefined;
                }
```

승자가 없는 경우 실패했다고 알려 줍니다.

```
                if (number_of_pending < 1) {
                    cancel(reason);
                    callback(undefined, reason);
                    callback = undefined;
                }
            },
            function race_timeout() {
                let reason = make_reason(
                    factory_name,
                    "Timeout.",
                    time_limit
                );
```

```
                    cancel(reason);
                    callback(undefined, reason);
                    callback = undefined;
                },
                time_limit,
                throttle
        );
        return cancel;
    };
}
```

fallback은 최대 동시 실행 수가 1인 race라고 볼 수 있습니다.

```
function fallback(requestor_array, time_limit) {
```

fallback 팩토리는 성공하는 리퀘스터를 찾을 때까지 requestor_array에 있는 리퀘스터들을 한 번에 하나씩 실행하는 리퀘스터를 반환합니다.

```
    return race(requestor_array, time_limit, 1);
}
```

sequence는 최대 동시 실행 수가 1이고 값을 전파하는 parallel입니다.

```
function sequence(requestor_array, time_limit) {
```

sequence는 각 리퀘스터를 순서대로 하나씩 실행하면서 모든 리퀘스터가 성공할 때까지 결과 값을 다음 리퀘스터로 전달합니다. 그래서 동시에 실행하는 수가 1인 parallel인 거죠.

```
    return parallel(
        requestor_array,
        undefined,
        time_limit,
        undefined,
        1,
        "sequence"
    );
}
```

Parseq 모듈은 다음처럼 임포트해서 사용할 수 있습니다.

```
import parseq from "./parseq.js";
```

잘못된 단어로 인한 혼란

에츠허르 데이크스트라(Edsger Dijkstra)는 1962년 스레드로 인해 발생하는 문제를 처음으로 발견했습니다. 그래서 최초의 상호 배제 기법인 세마포어(semaphore)를 만들었죠. 세마포어는 두 개의 함수 P와 V로 만들어졌습니다. P는 임계 구역(critical section)을 잠그려 시도하고, 이미 잠겨있다면 P를 호출한 함수를 차단합니다. V는 잠금을 해제하고, 임계 구역에 진입하기를 기다리는 다른 스레드가 진입할 수 있도록 해 줍니다.

피어 브린치 핸슨(Per Brinch Hansen)과 토니 호어(C. A. R. Hoare)는 모니터(monitor)를 만들기 위해 세마포어를 클래스로 만들었습니다. 모니터는 편의성을 개선하고 에러에 대한 저항력을 높이고자 만들어진 문법적 형태의 도구입니다.

자바에는 이와 비슷한 동기화(synchronized)라는 것이 있습니다. synchronized라는 키워드를 사용해서 세마포어가 필요한 코드를 데코레이트(decorate)할 수 있습니다. 하지만 synchronized라는 키워드를 선택한 게 이해가 되지 않습니다.

동기화라는 것은 동시에 무언가를 하는 것을 뜻합니다. 오케스트라 단원들은 지휘자의 지휘에 맞춰서 함께 연주하므로 동기화되었다고 하죠. 자바를 만들 때, 설계자들은 시간과 관련된 단어들을 찾았습니다. 하지만 아주 열심히 찾지는 않은 모양입니다.

마이크로소프트가 C#에 아주 잘못된 방향으로 비동기 프로그래밍을 지원하고자 했을 때, 자바에서 잘못된 단어를 따온 다음, 반대 뜻을 만들기 위해 a- 접두사를 붙여서 더 잘못된 단어를 만들었습니다. async가 도대체 무슨 말인가요.

많은 프로그래머는 동시성 프로그래밍에 대해서 제대로 훈련받지 못하거나, 경험을 많이 쌓지 못합니다. 여러 가지 일련의 활동에 대한 동시 관리는 익숙하지 않고 이상하게 느껴질 것입니다. 전문 용어를 제공해 준다고, 그것도 근본적으로 잘못된 전문 용어를 제공해 봐야, 이런 일들이 쉬워지는 것은 아닙니다. 잘 알지 못하는 사람들을 더욱 더 혼란에 빠뜨리기만 할 뿐이죠.

21장

{ "number": 21, "chapter": "Date" }

Date

● ○ ● ○ ●

> 문을 열면, 당신의 미스테리한 데이트는
> 꿈이 될까요 아니면 실패가 될까요?
> — 밀턴 브래들리, 게임 'Mystery Date' 중에서

달력은 해와 달의 움직임을 관측해서 시간을 측정하고 기록하기 위해 만들어졌지만, 태양계라는 존재를 발견하기 훨씬 이전에 설계되었죠. 달력 체계는 여러 번 수정되긴 했지만 여전히 불완전합니다. 불완전한 달력 체계는 정복이나 무역 등을 통해서 다른 세계로 점점 더 널리 전파되었죠. 이윽고 달력 체계는 제대로 된 설계로 대체되거나 수정되지 못한 상태로 전 세계에서 사용되기에 이르렀습니다. 전 세계가 달력에 의존하고 있고 어쨌든 잘 쓰고는 있지만, 달력은 훨씬 더 제대로 된 체계를 갖췄어야만 했습니다.

현재 사용하는 달력은 로마 시대의 달력에 근간을 두고 있습니다. 로마 달력은 열 개의 달, 그리고 한 해의 남은 날들을 포함한 겨울로 구성되어 있습니다. 전쟁의 신인 마르스(Mars)의 이름을 딴 March(3월)가 첫 번째 달이고, 10번째 달이라는 뜻의 December가 당연히 10번째 달입니다. 겨울은 두 개의 새로운 달, January(1월)과 February(2월)로 대체되었습니다. 정치적인 이유로 2월의 일 수 중 일부를 다른 달로 옮겼습니다. 한 해의 일 수는 정확한 정수가 아니므로 4년에 한 번씩 하루를 더합니다. 태양년(tropical year)으로 봤을 때 한 해의 일 수가 정수가 아닌 것이 로마 사람 잘못은 아니죠. 나중에 달력을 재조정하기 위해서 January를 첫 번째 달로, December를 12번째 달로 선언하였습니다.

율리우스 카이사르는 매 네 번째 해마다 2월에 하루를 추가하는 표준을 만들었습니다. 이것은 계절이 조금씩 어긋나는 것을 줄여 주기는 했지만, 완전히 막지는 못했죠. 그레고리는 좀 더 나은 방법을 만들었지만, 그 뒤로 더 단순하고 정확한 알고리즘은 채택되지 못했습니다. 그레고리력은 다음과 같이 동작합니다.

> 100으로는 나누어 떨어지지 않지만 4로 나누어 떨어지는 해에는 하루를 더한다. 하지만 400으로 나누어 떨어지는 해에는 무조건 하루를 더한다.

이렇게 하면 한 해는 평균 365.2425일로 구성됩니다. 태양년인 365.242188792와 제법 근접하죠.

더 나은 알고리즘은 이렇습니다.

> 128로는 나누어 떨어지지 않지만 4로 나누어 떨어지는 해에는 하루를 더한다.

이렇게 하면 한 해가 평균 365.2421875일이 되며, 태양년과 훨씬 더 가깝습니다. 알고리즘에 2의 멱승을 혼합했을 뿐인데, 프로그래머가 마치 기적을 부린 것처럼 보이네요. 실제 한 해의 일 수와 정확하게 일치했다면 더욱 더 인상적이었겠지만요. 만약 한 해의 일 수가 정확한 정수였다면, 어떤 고도의 지능적인 존재에 의해서 설계되었다고 믿었을지도 모르겠습니다.

4|100|400 알고리즘과 4|128 알고리즘이 맞지 않는 다음 해는 2048년입니다. 그 전에 꼭 4|128 알고리즘을 표준으로 지정해야 합니다.

하루를 추가하는 위치는 그해의 마지막 날이었습니다. 하지만 January가 첫 번째 달로 바뀌면서 정작 하루를 추가하는 달은 February에서 December로 옮기지 못했습니다.

분과 초는 그 시작이 0이라서 아주 좋습니다. 60진법을 사용하는 것은 마음에 들지 않네요. 시도 0부터 시작하지만 12시간으로 표기하면서 0을 12로 바꾸는 특이한 일이 벌어졌습니다. 제가 시분초를 설계할 수 있다면 하루에 10시간, 한 시간은 100분, 1분은 100초로 만들었을 겁니다. 지금 시스템에 비교했을 때 1초가 86.4% 짧습니다. 지금처럼 '아주 느린' 생활 패턴에 비교해 봤을 때는 저에겐 좀 더 잘 맞는 '느린' 정도의 템포가 되겠네요.

월이나 일은 0이 발견되기 전부터 사용되었기 때문에 1부터 시작합니다. 월은 12진법입니다. 로마 사람들은 월을 10진법으로 만드려고 했으나 실패했습니다. 일은 연, 월에 따라서 30진법, 31진법, 28진법, 29진법 등 다양합니다. 연도는 1부터 시작하지만 현재 연도 값은 서기가 시작된 뒤 수 세기가 지나서야 채택된 것이기 때문에 그로 인한 불편한 점은 무시할 수 있습니다.

Date 함수

시간 표시 표준의 이상한 점은 시간을 처리해야 하는 프로그램에게 큰 위협입니다. 자바의 Date 클래스는 시간 처리를 지원합니다. 겉보기에는 단순한 일처럼 보이지만, 실제로는 아주 복잡하고, 또한 클래스 프로그래밍의 최악의 디자인 패턴을 보여 줍니다. 자바스크립트는 더 나은 걸 만들었어야 했는데, 그렇게 하지 않고 자바의 안 좋은 것을 그대로 가져다 쓰고 말았습니다.

오늘날 자바스크립트의 Date 객체는 엄청나게 많은 메서드들을 제공합니다. 그들 중 대부분은 그냥 getter/setter입니다.

getDate	setDate	toDateString
getDay	setFullYear	toISOString
getFullYear	setHours	toJSON
getHours	setMilliseconds	toLocaleDateString
getMilliseconds	setMinutes	toLocaleString
getMinutes	setMonth	toLocaleTimeString
getMonth	setSeconds	toString
getSeconds	setTime	toTimeString
getTime	setUTCDate	toUTCString
getTimezoneOffset	setUTCFullYear	
getUTCDate	setUTCHours	
getUTCDay	setUTCMilliseconds	
getUTCFullYear	setUTCMinutes	
getUTCHours	setUTCMonth	
getUTCMilliseconds	setUTCSeconds	
getUTCMinutes	setYear	
getUTCMonth		
getUTCSeconds		
getYear		

Date 객체에서 getDate 메서드를 사용하면, 해당 월의 며칠인지를 알아낼 수 있습니다. 같은 메서드에서 Date라는 말이 얼마나 다른 의미로 사용되는지 알 수 있는 부분이죠. 더 헷갈리게도, getDay 메서드는 어떤 요일인지를 알려 줍니다.

getMonth 메서드는 개발자가 좋아할 만하게, 월의 시작 값을 0으로 만듭니다. 그래서 getMonth는 0에서 11 사이의 값을 반환하죠. 반면 getDate는 그렇지 않고 1에서 31 사이의 값을 반환합니다. 이런 일관성 없는 구현이 결국 에러를 발생시키죠.

getYear와 setYear 메서드는 1999년도 이후로는 제대로 동작하지 않기 때문에 사용되지 않습니다. 자바는 1995년에 처음 배포되었으며, 2000년도에는 실패할 날짜 관련 메서드들을 포함하였습니다. Y2K 문제는 들어본 적도 없었을까요? 아니면 자바가 시장에서 그렇게 오래 살아남지 못할 거라고 생각했을까요? 그 이유는 전혀 모릅니다. 우리가 알 수 있는 건 자바가 예상치 못하게 살아남았으며, 자바스크립트가 완전히 똑같은 실수를 그대로 저질렀다는 것입니다. 이 둘 대신 getFullYear와 setFullYear를 사용하세요.

Date 객체는 클래스 프로그래밍에서 아주 좋지 않은 선례를 보여 줍니다. 객체는 무언가를 캡슐화해야 합니다. 객체와의 상호 작용은 트랜잭션 형태여야 하며, 좀 더 고차원적인 행동이어야 하죠. 하지만 Date는 단순히 시간과 관련된 각각의 요소들에 대한 getter와 setter만 제공합니다. 이런 방식으로는 객체를 제대로 쓴다고 이야기할 수 없죠.

ISO 8601

new Date 생성자는 시간을 나타내는 문자열을 전달받아서 해당 시간을 나타내는 객체를 만듭니다. 불행히도 ECMAScript 표준은 파싱이나 인식할 수 있는 규칙에 대한 표준을 명세하지 않아 표준을 따른다고 정확하게 동작한다는 보장은 없습니다.

ISO 형식을 제외하면 말이죠.

ISO8601은 날짜와 시간을 나타내는 국제 표준입니다. 자바스크립트 역시 2018-11-06과 같은 ISO 형식을 제대로 분석할 수 있어야 했습니다. 가장 중요한 기능을 먼저 추가하고, 가장 덜 필요한 기능을 제일 마지막에 넣는 것이 맞겠죠. 그러니 미국 표준인 11/06/2018보다 ISO 형식을 먼저 추가하는 것이 더 말이 되는 것입니다. 그래서 자바스크립트로 ISO 날짜 문자열을 정렬할 수 있는 것이죠.

다른 접근 방법

물론 바로잡기에는 너무 늦었습니다. 자바스크립트는 자바를 그대로 베끼지 말았어야 했죠. 명백한 실수입니다. 자바스크립트의 잘못된 부분 중 상당수는 자바에서

온 것입니다. 만약 바로잡을 수 있다면, 다음과 같이 하길 제안합니다.

날짜는 세 가지 방식으로 표현할 수 있습니다.

- epoch 이후로 흐른 밀리초(1/1000초) 값
- 아래 속성을 가지는 데이터 객체

  ```
  year
  month
  day
  hour
  minute
  second
  zone
  week
  weekday
  ```

- 표준 포맷을 따르는 문자열

메서드가 있는 기존의 Date 객체는 필요 없습니다. 이 세 가지 표현 방식 간에 변환을 제공하는 간단한 함수만 있으면 됩니다.

- Date.now()는 현재 시각을 숫자로 반환합니다. 이 함수는 이미 존재합니다. 자바스크립트는 이 함수를 모든 코드가 접근할 수 있도록 했지만, 개인적으로 봤을 때 이 함수는 믿을 수 있는 코드만 사용할 수 있는 특권이 되었어야만 했습니다. 악성 코드가 Date.now()나 Math.random()과 같은 함수를 들키지 않고 조작할 수 있거든요.
- Date.object()는 숫자나 문자열을 받아서 추출할 수 있는 정보를 가지는 객체를 반환합니다. 인자가 문자열이면 타임존 정보나 파싱에 필요한 표시 형식 표준 관련 정보가 추가 인자로 제공될 수도 있습니다.
- Date.string()은 숫자나 데이터 객체, 그리고 부수적인 표시 형식 표준과 타임존을 전달받아서 사람이 읽을 수 있는 형태로 시간을 표시해 주는 문자열을 반환합니다.
- Date.number()는 데이터 객체나 문자열, 그리고 부수적인 표시 형식 표준과 타임 존을 전달받아서 시간을 표시하는 숫자를 반환합니다.

이 방법이 훨씬 간단하고, 쓰기 쉽고, 더 튼튼하며, (더 이상 문제 되지는 않겠지만) Y2K 문제도 해결합니다. 저수준 비순수 메서드의 엄청난 덩어리 대신, 단 한 개만 비순수 함수이며 나머지는 순수 함수로 구성되어 있습니다. 자바에는 자바스크립트의 사랑스러운 객체 리터럴이 없기 때문에 이런 식으로 만들지는 못했을 것입니다. 왜 자바스크립트가 이렇게 만들지 않았는지 모르겠네요. 다음 세대 언어에서는 이렇게 만들길 기원해 봅니다.

자바스크립트가 사용하는 epoch는 유닉스 epoch로 1970-01-01입니다. 32비트 유닉스 시스템에서는 2038년에 시간 값이 오버플로되어서 문제가 될 것입니다. 32비트는 운영되고 있는 시스템에서 초 단위로 시스템 시간을 관리하기에는 부족하다는 말이죠.

저는 자바스크립트 epoch가 0000-01-01이었으면 좋겠습니다. 자바스크립트 숫자형으로 계산하면 밀리초(1/1000초)로 처리해도, 285426년까지는 문제가 없거든요. 그때쯤이면 더 좋은 달력 체계가 나왔거나, 아니면 인류가 멸종했겠죠. 그럼 좋은 하루 보내세요.

22장

{ "number": 22, "chapter": "JSON" }

JSON

● ○ ○ ● ○

> 데이터 페이로드 포맷에서 XML이 주류가 된 것은
> XML이 기술적으로 훌륭해서가 아니라 널리 채택되었기 때문입니다.
> 반면 JSON이나 YAML은 이 점을 간과하고,
> 기술적으로 얼마나 훌륭한지 설명하는 데만 집중하고 있습니다.
> 사실 어떤 멍청한 툴이라도 XML보다는 더 나은 데이터 포맷을 생성할 수 있을 겁니다.
>
> — 제임스 클라크(James Clark)

이 장에서는 인쇄물로서는 처음으로, 세상에서 가장 사랑 받는 데이터 교환 포맷의 기원에 대한 진짜 이야기를 해볼까 합니다.

발견

JSON은 2001년 칩 모닝스타(Chip Morningstar)의 집 뒤에 있는 헛간에서 발견되었습니다. 칩과 저는 단일 페이지로 구성된 웹 애플리케이션을 위한 플랫폼을 만들기 위해 회사를 하나 차렸습니다. 제가 만든 좋은 자바스크립트 라이브러리와, 칩이 만든 효율적이면서 세션을 확장할 수 있는 서버를 통해 동작이 가능한 웹 페이지뿐 아니라 설치 가능한 애플리케이션을 만들 수 있다는 점이 우리가 만든 플랫폼의 강점이었죠. 심지어 웹에서는 아직 사용되지 않는 여러 사용자 간의 협업을 지원한다는 점이 더 좋았습니다.

　아직도 저는 칩이 만든 세션 서버에 큰 감명을 받고 있습니다. 그는 해를 거듭하면서 여러 번 서버를 다시 구현했죠. 가장 최신의 서버는 Elko(*elkoserver.org*)라고 불립니다.

Elko의 유일한 잘못은 자바로 만들어졌다는 것입니다. 제 희망은 누군가가 칩에게 돈을 주고 서버를 자바스크립트로 만들게 했으면 하는 것입니다. 아마 그렇다면 Node.js를 통해 얻은 지금의 위치보다 훨씬 더 앞서나갈 수 있을 텐데 말이죠. 그러면 더 나은 보안, 더 나은 확장성, 그리고 더 넓은 범위의 애플리케이션을 지원할 수 있을 것입니다.

헛간으로 다시 돌아가 보죠. 우리에게는 브라우저와 서버 간에 정보를 전달할 수 있는 방법이 필요했습니다. 그 시절 소프트웨어 산업 쪽은 완전히 XML에 지배당하고 있었죠. 마이크로소프트, IBM, 오라클, 썬마이크로시스템즈, HP, 그 외 거대 기업들이 전부 XML을 토대로 차세대 소프트웨어를 만들겠다고 선언하였고, 그들의 추종자들과 고객들이 줄을 서고 있었습니다.

우리는 서로 다른 언어로 작성된 프로그램들 사이에서 데이터를 교환할 수 있길 원했습니다. XML을 검토해 보았지만, 우리 문제를 해결할 수는 없다고 판단했습니다. XML은 주로 서버에 쿼리를 보내면 XML 문서로 응답하는 방식으로 사용됩니다. 그리고 데이터를 얻기 위해서는 XML 문서에 추가로 질의를 해야 했죠. 왜 서버에서 데이터를 우리 프로그램이 즉각 쓸 수 있는 형태로 보내지 않는 것일까요? 우리의 데이터는 전혀 문서로 보이지 않는, 아주 간단한 것들이었습니다.

개선된 XML이나 대체제가 많이 있었지만, 그들 중 그 어느 것도 우리의 흥미를 끌진 못했습니다. 결국 우리는 스스로 필요한 것을 만들어 보자고 생각했죠. 그리고 저는 엄청난 깨달음을 얻었습니다. 여기에 자바스크립트 객체 리터럴을 쓸 수 있다고 생각한 거죠. 자바스크립트로 만들어졌으니 자바스크립트 측면에서 보면 정말 편리했습니다. 그리고 자바 측면에서도 데이터를 분석하는 게 어렵지 않았습니다. XML에 비하면 확실히 별로 할 일이 없었죠.

우리의 플랫폼이 마이크로소프트의 인터넷 익스플로러와 넷스케이프 내비게이터 둘 다에서 동작하길 바랐습니다. 각 회사가 자신들의 기능을 따로 개발했기 때문에, 양쪽 모두에서 동작하게 만드는 것은 정말 어려웠습니다. 공통되는 부분이라고는 전혀 없었거든요. 마이크로소프트는 서버와 통신하기 위한 `XMLHttpRequest`라는 함수를 만들었지만, 넷스케이프에는 이 함수가 없기 때문에 쓸 수 없었습니다.

두 브라우저 모두 자바스크립트(ES3)와 프레임셋을 가지고 있었습니다. 그래서 통신 채널을 만들기 위해서 두 가지를 이용했습니다. 다음이 바로 브라우저로 전송된 최초의 JSON 메시지입니다.

```
<html><head><script>
document.domain = "fudco.com";
parent.session.receive({to: "session", do: "test", text: "Hello world"});
</script></head></html>
```

웹 페이지는 탐색은 가능하지만 보이지는 않는 프레임을 가지고 있습니다. 숨겨진 프레임으로 POST를 수행하면 서버로 메시지를 보내게 되죠. 서버는 스크립트가 포함된 문서를 응답으로 보내는데, 이 스크립트는 메인 프레임에 있는 session 객체의 receive 메서드를 호출합니다. 우리는 내부 프레임 통신을 활성화하기 위해서 document.domain을 변경해야만 했습니다. 자바스크립트 컴파일러가 메시지를 분석했죠.

첫 번째 메시지 전송이 성공적이었다고 말할 수 있으면 좋았겠지만 실패했습니다. ES3의 끔찍한 예약어 정책 때문이었죠. 그 시절 예약어들은 다음과 같았습니다.

```
abstract boolean break byte case catch char class const continue debugger
default delete do double else enum export extends false final finally float
for function goto if implements import in instanceof int interface long native
new null package private protected public return short static super switch
synchronized this throw throws transient true try typeof var void volatile
while with
```

ES3의 예약어 정책은 예약어를 절대 변수나 매개변수, 속성, 객체 리터럴의 속성 이름으로 사용하지 못하게 했습니다. 메시지에는 do라는 이름의 속성이 있었기에 구문 오류가 발생해서 실행되지 못한 것이죠.

다행히 이 문제는 ES5에서 해결되었습니다. 예약어 수가 줄어들고, 속성 이름에 예약어를 쓰지 못한다는 제약이 사라졌기 때문이죠. 하지만 2001년도에는 do를 겹따옴표로 둘러싸서 문제를 해결했습니다. 칩은 그가 만든 인코더에 예약어의 목록들을 집어넣었고, 그 뒤로 이런 문제는 생기지 않았습니다.

또한 </ 문자를 포함한 문자열이 문제를 일으킨다는 점도 발견했습니다. 브라우저가 </를 닫는 script 태그로 인식해서 자바스크립트가 전체 페이로드를 받지 못하고 문법 에러가 발생하게 되는 것이었죠. 이 문제는 이스케이프 문자를 써서 해결했습니다. 브라우저도 <\/는 아무 문제 없이 처리했으니깐요.

그 시절에는 JSML이라고 불렀습니다. 나중에 자바와 관련된 몇몇 곳에서 이 약어를 쓴다는 사실을 알고는, 다른 이름을 골랐습니다. 바로 JSON이죠.

JSON은 자바스크립트와 자바 사이의 통신에서도 잘 동작했습니다. 나중에는 서버 간 통신을 위해서도 JSON을 썼죠. 우리는 첫 번째 JSON 데이터베이스를 만든 것입니다.

표준화

우리는 고객들에게 JSON의 콘셉트를 설득시키느라 힘든 시간을 보냈습니다. 고객들은 이미 XML에 푹 빠져있어 JSON은 필요 없다고 말했죠. 또한 표준이 아니라서 쓸 수 없다고도 말했습니다. 고객들에게 JSON은 ECMA-262의 일부이기 때문에 표준이라고 말했지만, 그들은 그것이 표준이 아니라고 답했습니다. 그래서 제가 표준기구가 되기로 마음먹었습니다.

우선 json.org 도메인을 사고, JSON의 형식을 갖추기로 했습니다. 표준이 될 때까지 JSON은 저와 칩, 그리고 자바스크립트 간의 신사 협정으로만 존재했습니다. 표준을 정립할 때 몇 가지 결정을 내려야 했습니다. 기본 철칙은 텍스트 형태를 유지하고, 최소한으로, 그리고 자바스크립트의 일부로 유지하는 것이었습니다.

최소한으로 유지한다는 철칙이 특히 중요했습니다. 표준은 간단하고 완전해야 합니다. 동의해야 하는 부분이 적을수록 상호 운용하기도 쉽습니다. 자바스크립트의 일부로서 JSON을 유지한다는 철칙을 통해서 귀여워 보이지만 쓸데없는 기능들을 집어넣지 않도록 했죠.

자바스크립트는 문자열에 홑따옴표와 겹따옴표 둘 다를 허용합니다. 최소한의 철칙을 따르면, 둘 다 허용할 필요는 없죠.

속성 이름은 따옴표로 둘러싸게 하기로 했습니다. ES3의 멍청한 예약어 목록은 집어넣지 않기로 하고요. 이쯤에서, 왜 그렇게 했냐는 질문이 나올 법합니다. 바로 자바스크립트 때문입니다. 사람들이 자바스크립트로 개발하도록 만들고 싶었기에, 거꾸로 JSON 표준이 자바스크립트의 나쁜 부분을 환히 비추어서는 안 된다고 생각했습니다. 모든 이름을 따옴표로 둘러싸면 문제가 생기지 않습니다. "문자가 도대체 뭐야?"라는 간단한 질문조차도 국제화로 인해 복잡해지는 상황에서 표준을 단순하게 만들 수 있는 방법이기도 하죠. 따옴표로 이런 모든 문제를 해결할 수 있습니다. 속성 이름도 어떤 문자열이나 쓸 수 있죠. JSON이 파이썬과 비슷해서, 사람들이 참여하는 데 도움이 될 거라고도 생각했습니다.

처음에는 주석이 자바스크립트의 일부라는 철칙을 깨지도 않고, 귀여워 보일 거라고 생각해서 추가했습니다. 하지만 얼마 되지 않아 몇몇 얼리어답터들이 파싱 명령어들을 주석에 넣는 것을 목격했습니다. JSON에서 가장 중요한 상호 운용성을 깨트리는 것이죠.

다른 언어에서 점점 더 많은 JSON 코덱이 개발되면서, JSON 파서 개발 작업의 약 절반이 주석 처리라는 사실을 깨달았습니다. 이는 주석이 복잡해서가 아니라, 주석을 제외한 나머지 JSON이 너무 간단했기 때문이었습니다. 주석이 JSON의 전파를 느리게 하고 있었죠.

그런 다음 YAML 커뮤니티에 접근했습니다. JSON은 우연히도 YAML의 일부분과 비슷했습니다. 양쪽 모두 적당히 수정을 하면, JSON이 YAML의 일부가 될 수도 있었죠. 하지만 논쟁이 되는 부분 역시 주석이었습니다.

JSON은 네트워크 상에서 서로 다른 언어들로 만들어진 프로그램들을 연결하는 것이 목적이었습니다. 주석은 항상 무시당하기 때문에, 주석을 쓰면 네트워크 성능이 떨어지게 됩니다. 결국 주석은 매력적이지만 성가시고 쓸모없는 것이 되었습니다. 그래서 주석을 빼버렸죠.

정말 주석이 필요하다면, 주석을 추가할 방법이 있긴 합니다. 주석이 포함된 텍스트를 jsmin 같은 최소화 도구로 전달하는 것이죠. 하지만 간단한 파이프라인[1]을 구성할 줄 모르는 개발자라면 쓸 수 없는 방법입니다.

또 다른 방법은 주석을 형식화해서 JSON 구조에 넣는 것입니다. 주석이 아주 중요하다면, 주석에 이름을 붙여서 JSON 구조에서 유지되고 처리될 수 있게 해야 합니다.

JSON을 자바스크립트의 일부로 만드는 데는 실패했습니다. 유니코드에는 옛날 스타일의 워드 처리 시스템을 위해 단락 구분자(paragraph separator, PS), 줄 구분자(line separator, LS) 같은 보이지 않는 제어 문자들이 있습니다. 자바스크립트는 이런 문자들을 캐리지 리턴[2]이나 줄바꿈 문자처럼 줄을 끝내는 문자로 다룹니다. 이 점을 놓치고 JSON 문자열에서 사용할 수 있도록 만들었죠. 다행히 단락 구분자나 줄 구분자는 잘 쓰이지 않습니다. 아직 이 구분자들로 생기는 문제는 보지 못했습니다. ES5에서는 단락 구분자와 줄 구분자를 처리할 수 있는 내장 JSON 파서를

---

1 (옮긴이) 파이프라인은 한 데이터 처리 단계에서의 출력이, 다음 단계의 입력으로 연결되는 것을 뜻합니다.
2 (옮긴이) 캐리지 리턴은 타자기 작동 방식에서 유래한 말로, 커서를 줄의 가장 앞으로 옮기는 행위를 뜻합니다.

추가해서 호환되지 않는 부분을 수정했습니다.

유니코드 문자 중 일부는 유니코드에서 문자로 허용하지 않습니다. 그리고 일부 유니코드 광신도들은 JSON에서 마그리트(magritte) 문자를 허용해서는 안 된다고 주장하기도 합니다. JSON은 신경 쓰지 않습니다. JSON은 매체이지 집행자가 아닙니다. 어떤 문자를 허용하고 허용하지 않을지는 데이터를 받는 쪽에서 결정하는 것입니다. JSON은 데이터를 수신하는 모든 곳에 데이터의 모든 것이 의미 있는 것이라고 확신해 줄 수 없습니다. 데이터를 전송하는 측과 수신하는 측이 데이터를 동일하게 이해할 수 있다면, 이를 JSON으로 얼마든지 표현할 수 있습니다.

JSON을 IEEE 754에 의존성이 없도록 만들고 싶었습니다. 자바와 자바스크립트 모두 IEEE 754의 2진 부동소수점 방식을 따르지만, JSON은 신경 쓰지 않습니다. JSON은 서로 다른 숫자 표현 방식을 가지는 언어들 사이에서도 통신이 가능하게 만듭니다. 그래서 2진 부동소수점을 쓰는 언어는 BCD(Binary-Coded Decimal, 이진화 십진법) 방식을 쓰는 언어와 통신할 수 있고, 큰 십진 부동소수점을 쓰는 언어도 세 개의 자릿수가 10비트에 묶여 있는 이상한 표현 방식을 쓰는 언어와 통신할 수 있습니다. JSON은 IEEE 754 없이도 살아남을 수 있죠.

infinity와 NaN이 데이터에 있다는 것은 데이터가 잘못되었다는 것을 뜻하기 때문에 뺐습니다. 데이터에 잘못된 데이터가 있으면 안 되고, 잘못된 데이터를 전파해서도 안 되죠. 이는 아주 잘못된 습관입니다.

10진 지수 표기를 위해서 e와 E 둘 다 포함시켰습니다. 최소한이라는 철칙을 어기면서요. 사실 E는 뺐어야 했습니다. e 뒤에 + 기호도 뺐어야 했고요.

컴퓨터 과학자들이 좋아하는 거 같아서 null은 포함시켰습니다. JSON은 null에 어떤 의미를 부여하지는 않습니다. null에 의미를 부여하는 것은 JSON 사용자들이죠. JSON은 어떤 행동도 정의하지 않습니다. 데이터에 대한 간단한 문법인 형식만 명시하죠.

JSON을 McKeeman 표기법 문법과 문법 다이어그램(railroad diagram 또는 syntax diagram), 그리고 형식에 얽매이지 않는 영어 이렇게 세 가지 방법으로 설명하는 한 페이지짜리 웹사이트를 만들었습니다. 페이지를 읽는 사람이 세 가지 중 하나는 이해하길 희망했습니다.

저는 JSON에 대한 트레이드마크나 로고는 원하지 않습니다. 페이지에 저작권 관련 문구도 넣지 않았고요. JSON을 최대한 자유롭고 방해 받지 않게 만들고 싶었습니다. JSON으로 돈을 벌고 싶지도 않았습니다. 그냥 많은 사람이 사용했으면 하죠.

다양한 언어에서 쓰이는 코텍의 링크를 json.org 사이트에 추가해 달라는 요청을 받기 시작했고, 계속 추가하고 있습니다. 코텍의 대부분은 오픈되어 있으며 무료입니다. 또한 페이지에 대한 번역을 지원받고 있습니다. 페이지 번역이 쉽다는 점에서 JSON의 단순함이 얼마나 좋은지 다시 한번 느낄 수 있습니다.

2006년도에는 JSON에 MIME 형을 추가하기 위해 IETF의 RFC 4627를 작성했습니다. MIME 형으로 text/json을 받기를 희망했지만, 좀 실망스럽게도 application/json이 최선이었습니다. JSON이 성공했으니, 이제 IETF는 json을 미디어 형의 첫 번째 클래스로 만들어서 json/geo나 json/money와 같은 MIME 형을 쓸 수 있도록 해야 한다고 생각합니다.

2013년에는 ECMA-404를 썼고, 이는 ISO의 ISO/IEC 21778로 적용되었습니다. JSON은 이제 다른 표준만큼 중요해져서 인용할 일이 많아졌고, 그렇기 때문에 제 웹 페이지가 아닌 더 공식적인 인용이 필요했습니다.

JSON이 동작할 수 있는 이유

JSON은 서로 다른 언어로 만들어진 프로그램끼리도 효율적으로 통신할 수 있도록 하기 위해 만들어졌습니다. 각 언어별로 값이나 데이터 구조를 표현하는 방식이 서로 다르고 복잡할 수 있기 때문에 어려운 일이었죠. 그래서 JSON을 설계할 때 공통점을 위주로 설계하는 방식을 취했습니다.

언어별로 숫자를 표현하는 방식은 제각각 다르지만, 모든 언어에서 10진수를 문자열로 표현하는 방식을 사용할 수 있습니다. 여기에 소수점이나 지수 표현도 추가할 수 있죠. 어떤 언어는 정수형이 있지만 자바스크립트 같은 경우에는 정수형이 없습니다. 하지만 JSON에서는 숫자로 이루어진 문자열로 가능한 모든 표현을 할 수 있죠.

언어별로 문자열이나 문자셋을 표현하는 방법이 다릅니다. 내부적으로 UTF-16(자바스크립트가 이것을 사용하죠)나 UTF-32, UTF-8, 아스키, 비트의 절반만 쓰는 아스키, EBCDIC(Extended Binary Coded Decimal Interchange Code, 확장 이진화 십진법 교환 부호) 중 하나를 표현 방법으로 쓸 수도 있죠. JSON은 신경 쓰지 않습니다. 연속된 문자를 이용하여 표현하고, 각 언어에서는 이 문자열을 내부에서 사용 가능한 형태로 변환해서 사용하니까요.

모든 언어에는 연속된 값을 표현할 수 있는 데이터 구조가 있습니다. 비록 언어별로 세부적인 구현 방법은 다 다르겠지만, JSON 디코더 덕분에 이렇게 연속된 값들을 대괄호 안에 쉼표로 구분된 값들로 표시할 수 있습니다. [0, 1, 2, 3, 4] 이런 식으로 말이죠. 숫자 색인의 시작이 0인 언어와 1인 언어들도 데이터를 교환하는 데 아무런 문제가 없습니다.

또한 대부분의 언어는 이름과 값을 연관시키는 데이터 구조를 가지고 있습니다. 이 역시 언어별로 그 세부 내용은 다 다르지만, JSON에서는 중괄호 안에 이름과 값을 쉼표로 구분해서 나열할 수 있습니다. {"A":1, "B":2} 이런 식이죠.

이 정도면 충분합니다. 모든 프로그래밍 언어의 공통점을 찾음으로써, 서로 다른 언어로 만들어진 모든 프로그램이 서로 통신할 수 있게 만들 수 있습니다. 몇몇 비평가들은 그런 방식은 제대로 동작하지 않을 것이라고 했지만, 아직까지는 잘 동작하는 것으로 보입니다.

영향

제가 자바스크립트 객체 리터럴의 이식성을 알아챌 수 있었던 것은 두 가지 언어에 대한 경험 덕분이었죠. LISP 언어에는 *s-expression*이라는 텍스트 표현 방식이 있는데, 프로그램 코드와 데이터 두 가지로 모두 사용됩니다. Rebol 언어에도 LISP과 마찬가지로 프로그램 코드와 데이터 양쪽 모두에 사용할 수 있는 텍스트 표현 기법이 있는데, 문법이 훨씬 다양합니다. Rebol 언어에서는 이 텍스트 표현 기법을 이용해서 전송을 위한 데이터를 직렬화하는 경우가 아주 흔합니다. 저는 이 아이디어를 자바스크립트에 적용했죠.

자바스크립트를 데이터 인코딩 방법으로 사용한 사람은 제가 처음이 아닙니다. 많은 사람이 각자 발견한 방법이죠. 그리고 알려진 최초의 사례는 1996년입니다. 전 이런 방법을 표준으로 만들려고 노력한 사람 중 하나였죠.

자바스크립트와 파이썬, 뉴턴스크립트(Newtonscript)는 비슷한 시기에 설계되었으며, 데이터 구조를 만드는 비슷한 문법을 가지고 있습니다. 넥스트사의 OpenStep에 있는 프로퍼티 리스트는 조금 더 일찍 만들어졌는데, 비슷한 표기법을 가지고 있습니다.

XML 다음 세상의 편안함을 위해서는 JSON은 피할 수 없는 것으로 보입니다. 하지만 실제로 세상이 변하면서, 그조차도 확신할 수 없는 일이 되었죠.

JSON 객체

자바스크립트는 JSON 객체의 두 개의 함수를 통해 JSON을 지원합니다. 이 두 함수의 이름은 parse와 stringify인데, 이는 전적으로 제 잘못입니다. 앞에서 Date 함수가 얼마나 잘못 만들어진 것인지 심도 있게 분석했었는데, parse 함수는 그 다음으로 나쁜 예입니다. stringify는 toString이라는 이름이 맞지 않다고 생각해서 선택했습니다. 두 함수 이름은 decode와 encode로 했어야 하는데 말이죠.

```
JSON.parse(text, reviver)
```

parse 함수는 JSON 텍스트를 전달받아서 자바스크립트 데이터로 디코드합니다. 추가로 전달할 수 있는 *reviver* 함수는 변환을 수행합니다. 키와 값이 주어지면 해당 키에 해당하는 원하는 값을 반환합니다.

예를 들어 *reviver* 함수를 통해 날짜 문자열을 날짜 객체로 변환하고 싶다고 가정해 봅시다. 키가 _date로 끝나거나, 혹은 값이 ISO 날짜 형식 문자열이라면 해당 값을 Date 객체로 바꾸는 것이죠. JSON에는 날짜를 나타내는 형식이 없지만, 날짜를 문자열로 인코딩한 다음 다른 쪽에서 이 문자열을 다시 날짜 객체로 바꿀 수 있습니다.

```
const rx_iso_date = /
    ^ \d{4} - \d{2} - \d{2}
    (?:
        T \d{2} : \d{2} : \d{2}
        (?:
            \. \d*
        )? Z
    )? $
/;

const text = JSON.parse(text, function (key, value) {
    return (
        typeof value === "string" && (
            key.endsWith("_date")
            || rx_iso_date.match(value)
        )
        ? new Date(value)
        : value
    );
};
```

```
JSON.stringify(value, replacer, space)
```

stringify 함수는 값을 받아서 JSON 텍스트로 인코딩합니다. 추가적인 *replacer* 함수 역시 변환을 수행합니다. 키와 값을 전달받으면 해당 키에 대해 원하는 값을 반환합니다.

예를 들어 Date 객체를 자동으로 ISO 문자열로 바꾸고 싶다면 *replacer* 함수를 지정합니다. 함수의 반환 값은 JSON.stringify로 전달되고 결과에 해당 텍스트가 포함됩니다.

```
const json_text = JSON.stringify(my_little_object, function (key, value) {
    return (
        value instanceof Date
        ? value.toISOString()
        : value
    );
});
```

(Date.prototype.toJSON이 이미 그 일을 해 주기 때문에 이 예시는 사실 필요 없습니다. 아래 toJSON 항목을 참고하기 바랍니다.)

replacer 인자는 문자열 배열일 수도 있습니다. 배열에 있는 이름에 해당하는 속성만 텍스트에 포함되죠. 관심 없는 속성들은 뺄 수 있는 화이트리스트가 되는 것입니다. 이 기능은 *replacer* 함수 대신 별도의 인자로 전달할 수 있게 만드는 게 더 좋았겠네요.

JSON에서는 텍스트를 좀 더 사람이 읽기 쉬운 형태로 쓸 수 있도록 공백 문자를 허용하고 있습니다. 기본적으로 JSON.stringify는 전송할 때 텍스트를 압축하기 위해 공백 문자를 추가하지 않죠. *space* 매개변수를 쓰게 되면 줄 바꿈 문자와 들여쓰기를 삽입합니다. 이를 위해서는 *space* 매개변수의 값을 4로 지정해야 합니다. 확실히 여기서는 4보다는 불 값을 지정하도록 하는 게 나았겠네요.

```
toJSON()
```

객체는 JSON.stringify를 통해 객체가 문자열화할 때 호출되는 toJSON 메서드를 가질 수 있습니다. 클래스가 아닌 객체가 어떻게 JSON으로 표현될 수 있는지 보여 주죠. 함수만 가지는 클래스가 아닌 객체들은 마치 빈 객체인 것처럼 문자열로 변환됩니다. 하지만 toJSON 메서드가 있다면 toJSON을 통해 원하는 값을 반환해서 문자열로 변환될 수 있습니다.

Date 객체는 날짜 객체를 ISO 문자열로 변환하는 toJSON 메서드를 상속합니다.

보안적 영향

JSON을 처음 사용했던 사람들은 자바스크립트의 eval 또는 그와 동일한 함수를 써서 JSON 텍스트를 디코딩했습니다. eval 함수를 상속하면서 위험성도 함께 상속했지만, 이 경우 위험할 수도 있는 텍스트는 HTML과 관련 스크립트를 제공하는 서버가 보내는 것이기 때문에 일반적인 웹 환경에 비해서 보안 문제가 크지 않았죠.

하지만 JSON을 스크립트 태그와 함께 다른 서버에서 가져오는 경우가 많아지면서 상황이 변했습니다. 스크립트는 eval 함수를 통해 평가되고, 페이로드가 XSS 공격이 아닌 좋은 JSON이라고 보장할 수는 없습니다. 편리하지만, 책임성이 없죠.

JSON 텍스트는 다른 텍스트와 연결해서 만들어서는 안 됩니다. 다른 텍스트에 JSON을 잘못 해석하게 만드는 따옴표나 역슬래시 문자가 포함되어 있을 수도 있으니까요. JSON 텍스트는 그런 혼란을 피하기 위해서 반드시 JSON.stringify나 그와 유사한 툴을 이용해서 인코딩되어야 합니다.

이런 이유로 toJSON과 *replacer* 함수의 결과가 JSON.stringify에 의해서 처리됩니다. 만약 이 함수들의 결과가 그대로 텍스트로 포함된다면, 이 함수들을 써서 문자열의 혼란을 가중시킬 수도 있습니다. 문자열이 같은 문자로 시작되고 같은 문자로 끝나지 않으면 좋았겠지만, 문자열은 같은 문자로 시작되고 끝날 수 있습니다. 그래서 코드를 현명하게 작성해야 하는 것입니다.

McKeeman 표기법

McKeeman 표기법은 문법을 표현하기 위한 표기법입니다. 다트머스대학교의 빌 맥키먼(Bill McKeeman)이 처음 제안했죠. 배커스-나우어 표기법(Backus-Naur Form, BNF)을 단순화한 것인데, 훨씬 많은 공백 문자, 그리고 메타문자를 최소한으로 사용한다는 특징이 있습니다. 최소화된 것으로도 충분하기 때문에 개인적으로 좋아하는 표기법입니다.

McKeeman 표기법의 문법을 McKeeman 표기법으로 표시할 수 있습니다.

유니코드에서 코드 포인트 U+0020은 띄어쓰기 문자(space)로 사용됩니다. 그리고 U+000A는 줄바꿈 문자로 쓰이죠.

> *space*
>> `'0020'`
>
> *newline*
>> `'000A'`

*name*은 문자의 연속입니다.

> *name*
>> *letter*
>>
>> *letter name*
>
> *letter*
>> `'a' . 'z'`
>>
>> `'A' . 'Z'`

들여쓰기는 네 개의 띄어쓰기 문자입니다.

> *indentation*
>> *space space space space*

*grammar*는 한 개 이상의 rule로 구성됩니다.

> *grammar*
>> *rules*

각 *rule*은 줄 바꾸기 문자(*newline*)로 구분됩니다. *rule*에 대한 *name*과 *alternatives*가 그 아래 같은 줄에 들여쓰기 되어 있습니다.

> *rules*
>> *rule*
>>
>> *rule newline rules*
>
> *rule*
>> *name newline nothing alternatives*

만약 *rule*의 *name* 다음 첫 번째 줄이 "" 이라면, 해당 *rule*은 *nothing*에 해당합니다. 이를 통해 추가적인 *rule*을 만들 수 있습니다.

> *nothing*
> > ""
> >
> > *indentation* '"' '"' *newline*

각 *alternative*는 그 자신의 줄에서 들여쓰기 되어 있습니다. 각 *alternative*는 한 개 이상의 *items*, 그리고 그 뒤에 *newline*을 가집니다.

> *alternatives*
> > *alternative*
> > *alternative alternatives*
>
> *alternative*
> > *indentation items newline*

*items*는 띄어쓰기 문자로 구분됩니다. *item*은 *literal* 혹은 *rule*의 *name*이 될 수 있습니다.

> *items*
> > *item*
> > *item space items*
>
> *item*
> > *literal*
> > *name*

*literal*은 두 가지 형식이 있습니다. 홑따옴표를 쓰면 *codepoint* 혹은 *range* 내의 *codepoint*를 의미합니다. 겹따옴표는 여러 개의 *characters*를 나타냅니다.

> *literal*
> > ''' *codepoint* ''' *range*
> > '"' *characters* '"'

32개의 제어 코드를 제외한 모든 유니코드 코드 포인트는 홑따옴표를 써서 표시할 수 있습니다. 모든 유니코드 코드 포인트에 대한 *hexcode* 역시 홑따옴표 안에 쓸 수 있습니다. *hexcode*에는 4개에서 6개 사이의 16진수 숫자 값이 포함될 수 있습니다.

codepoint

    `'0020'`.`'10FFFF'`

    hexcode

hexcode

    `"10"` *hex hex hex hex*

    hex hex hex hex hex

    hex hex hex hex

hex

    `'0'`.`'9'`

    `'A'`.`'F'`

*range*는 다른 *codepoint* 뒤에 점을 써서 표기합니다. 뒤에 추가로 빼기 부호(-)와 *codepoint*를 써서 제외할 코드 포인트를 지정할 수 있습니다.

range

    `""`

    space `'.'` *space* `'''` *codepoint* `'''` *exclude*

exclude

    `""`

    space `'-'` *space* `'''` *codepoint* `'''` *range*

겹따옴표 내의 *character*는 32개의 제어 코드와 겹따옴표 문자를 제외한 모든 유니코드 코드 포인트가 올 수 있습니다. *character*에 대한 정의 항목에서 코드 포인트의 범위 지정 및 제외에 대한 예시를 볼 수 있습니다.

characters

    character

    character characters

character

    `'0020'`.`'10FFFF'` — `'''`

JSON 문법

다음은 JSON 문법을 McKeeman 표기법으로 정리한 것입니다.

json

    element

value

    object

    array

    string

    number

    `"true"`

    `"false"`

    `"null"`

object

    '{' *ws* '}'

    '{' *members* '}'

members

    member

    member ',' *members*

member

    ws string ws ':' *element*

array

    '[' *ws* ']'

    '[' *elements* ']'

elements

    element

    element ',' *elements*

element

    ws value ws

string

    '"' *characters* '"'

characters

    ""

    character characters

character

    `'0020'`.`'10FFFF'` — `'"'` — `'\'`

    `'\'` *escape*

escape

    `'"'`

    `'\'`

    `'/'`

    `'b'`

    `'n'`

    `'r'`

    `'t'`

    `'u'` *hex hex hex hex*

hex

    digit

    `'A'`.`'F'`

    `'a'`.`'f'`

number

    int frac exp

int

    digit

    wunnine digits

    `'–'` *digit*

    `'–'` *wunnine digits*

digits

    digit

    digit digits

digit

    `'0'`

    wunnine

wunnine

    `'1'`.`'9'`

frac

    ""

    '.' *digits*

exp

    ""

    'E' *sign digits*

    'e' *sign digits*

sign

    ""

    '+'

    '-'

ws

    ""

    '0009' *ws*

    '000A' *ws*

    '000D' *ws*

    '0020' *ws*

데이터 교환 표준 설계자들을 위한 조언

저는 JSON이 데이터 교환 표준의 마지막이라고 생각하지는 않습니다. JSON은 특별한 목적을 위해서 설계되었으며, 그 목적에 정말 잘 부합합니다. 이제는 다른 많은 목적을 위해서도 잘 사용되고 있고요. 하지만 다른 몇몇 목적을 위해서는 더 나은 다른 방법이 있어야 할 것입니다. 만약 여러분이 다음 표준을 설계한다면, 몇 가지 해드리고 싶은 조언이 있습니다.

0. 제발 JSON을 파괴하지 마세요.

    제가 JSON을 만들면서 가장 잘했다고 생각하는 것은 버전 번호를 지정하지 않았다는 것입니다. 1.0 같은 숫자를 주었다면 언젠가는 1.1이나 1.2가 될 것이고, 모든 것은 3.0이 될 때까지 엉망이었을 것입니다.

    JSON은 단 하나의 표준 버전만 가지고 있습니다. 모든 것을 부서뜨리지 않고 JSON을 바꿀 수 있는 방법은 없습니다. 이것은 점진적인 향상과 영원한 베타테스트로 인한 당황스러운 부작용과 고통을 유발하는 버전 지옥에서 벗어나는 방법입니다. JSON 레이어를 제외한 스택의 모든 레이어는 변경될 수 있습니다. JSON은 항상 현재의 모습 그대로일 것입니다. 안정적이죠. 이 외에 다른 중요한 점을 생각해 낼래야 생각할 수가 없습니다.

1. 훨씬 더 낫게 만드세요.

JSON에 한두 개의 특정 기능을 넣자는 제안을 많이 봤습니다. 문제는 그렇게 했을 때 서로 완전히 호환되지 않는 두 개의 표준이 존재하게 된다는 것입니다. 이것은 두 표준 사용자 모두에게 실패와 설정 문제라는 형태의 호환성 세금을 매기게 되는 것입니다.

이런 세금을 보상하기 위해서는 새로운 표준이 충분한 실질적 가치를 주어야 합니다. 사소하거나 보기에만 예쁜 변화는 필요 없습니다. 실질적이고, 가치가 있는 표준을 만드세요.

2. 더 좋은 이름을 붙이세요

JSON 이름 옆에 문자나 숫자를 붙이자는 제안도 많이 보았습니다. 그렇게 하지 마세요. 더 나은 이름을 붙여주세요. 프로그래밍에서 많은 비중을 차지하는 일이 바로 이름을 짓는 것이죠. 여러분이 무엇을 할 수 있는지 보여 주세요.

JSON의 가장 좋지 않은 점은 이름입니다. JSON은 자바스크립트 객체 표기법(JavaScript Object Notation)이라는 뜻이죠.

JS는 자바스크립트를 뜻합니다. 하지만 JS라는 부분이 사람들에게 혼란을 가져오는 것으로 보이네요. 어떤 사람은 JSON이 자바스크립트에서만 사용할 수 있는 것이라고 생각하기도 합니다. 또 어떤 사람들은 JSON이 ECMAScript 표준에 정의되어 있다고도 생각하는데, 그건 잘못된 것입니다. JSON은 ECMA-404, JSON 표준에서 정의되었거든요. 그리고 케케묵은 '자바와 자바스크립트는 같은가, 같지 않은가' 같은 혼란도 있습니다.

이름에 자바스크립트를 넣은 이유는 그 근원에 대한 신뢰를 주고 싶었기 때문입니다. 자바스크립트의 명성에 숟가락을 얹으려고 한 건 아니었습니다. 사실 2001년도에는 자바스크립트가 세상에서 가장 싫은 프로그래밍 언어로 꼽히기도 했습니다. 자바, C#, PHP, 파이썬, 루비, 펄, C++, 그리고 다른 많은 언어를 좋아하는 모든 사람에게서 미움을 받았죠. 그뿐 아니라 자바스크립트를 쓰는 사람들에게도 자바스크립트는 미움 받았습니다. 그때까지만 해도 자바스크립트의 좋은 부분에 대한 내용이 전파되지 못했으니깐요.

O는 Object(객체)를 의미합니다. 자바스크립트에서 객체는 형식이 없는 이름:값 쌍의 집합입니다. JSON은 이를 사용했고요. 다른 언어에서 객체는 깨지기 쉬운 계층 클래스의 인스턴스를 의미합니다. 그런 관점에서 봤을 때 JSON은 객체 직렬화 형식처럼 보이지만, 사실은 아닙니다. JSON은 데이터 직렬화 형식이죠. 그래서 그런 혼란이 빚어지는 것입니다.

N은 Notation(표기법)입니다. 표기법이라는 말 자체는 문제가 없어 보입니다. 하지만 여러분의 데이터 형식을 '표기법'이라고 부르고 싶다면, 제발 그렇게 하지 마세요.

23장

```
{ "number": 23, "chapter": "Testing" }
```

테스팅

● ○ ● ● ●

프로그램 테스트는 버그가 있다는 걸 보여줄 수는 있지만,

없다는 건 절대로 보여 줄 수 없다.

— 에츠허르 데이크스트라(Edsger Dijkstra)

컴퓨터 프로그램은 사람이 만들 수 있는 가장 복잡한 것입니다. 다른 그 무엇도 이만큼 서로 잘 맞고 함께 완벽하게 동작해야 하는 수많은 복잡한 구성품으로 이루어져 있지 않습니다. 완성된 프로그램은 어느 관점에서 봐도 완벽해야 합니다. 입력에 대해서든, 상태에 대해서는, 그 어떤 조건에 대해서든, 항상 완벽해야 합니다. 우리가 컴퓨터와 맺은 계약은 만약 우리가 컴퓨터에게 완벽하지 않은 프로그램을 제공할 경우 컴퓨터는 가능한 최악의 시간 동안 가능한 최악의 일을 할 권리가 있다는 점입니다. 그리고 이는 컴퓨터의 잘못이 아닌 우리의 잘못입니다.

하지만 프로그램이 완벽하다고 검증할 수 있는 테스트는 없습니다. 프로그램에 결함이 있다고 증명할 수는 있지만, 프로그램에 결함이 없다고 증명할 수는 없습니다. 테스트가 실패하는 것은 테스트 자체가 프로그램이 올바르다는 것을 증명하려고 만들어졌기 때문입니다. 테스트는 프로그램이 수학적으로 완벽하다고 증명된 것을 개발할 것이라고 가정하고 있습니다. 이는 컴퓨터 과학에서 가장 중요한 문제로 여겨져 왔지만, 안타깝게도 아직 해결되지 못했습니다. 증명은 아마 증명하고자 하는 프로그램보다 훨씬 더 복잡할 것입니다. 압도적으로 말이죠.

로빈 밀너(Robin Milner)를 비롯한 다른 사람들은 증명하는 것보다는, 타입 사운

드니스(type soundness)[1]가 훨씬 더 실용적이라고 제안했습니다. 타입은 증명보다는 프로그램에 적용하기 훨씬 쉽습니다. 밀너는 그 유명한 "타입을 검사하는 프로그램은 절대 잘못될 리 없다"는 말을 남겼습니다. 하지만 하스켈과 같은 아주 좋은 타입 시스템 언어부터 형편없는 타입 시스템을 가진 C++, 자바와 같은 언어로 만들어진 프로그램 모두 잘못되기 일쑤입니다. 타입 시스템은 언젠가 그 대가를 치르겠지만, 아직은 아닌 것으로 보이네요.

증명도, 타입도 실패했으니 이제 우리는 완벽하지 않다고 생각하는 프로그램을 운영 환경에 투입하고 다른 누군가가 알아차리기 전에 문제를 찾아서 해결할 것이라고 기대해야 할까요? 말도 안 되는 것 같지만, 그게 가장 최신 기술입니다.

물론 더 나은 방법이 있겠지만, 아직 발견되지는 못했습니다.

그래서 다시 테스트를 살펴보도록 하겠습니다. 테스트를 제대로 하면 버그를 찾고 버그를 제대로 고쳤다는 자신감을 가질 수 있습니다. 물론 테스트가 제대로 된다고 해도 버그가 없다는 걸 증명하는 것은 아닙니다. 그리고 테스트가 항상 제대로 동작하지도 않고요.

1970년대 후반부터 1980년대 초반까지 아타리(Atari)사는 지구상의 그 어떤 회사보다도 더 많이 사람들에게 소프트웨어를 팔았습니다. 소프트웨어 대부분은 ROM(Read Only Memory) 형태로 판매되었습니다. ROM의 에러는 수정할 수 없습니다. 쓰레기통에 버리고 새로 만들어야만 하죠. 아타리사는 ROM에 운영체제가 탑재된 컴퓨터를 만들었습니다. 저는 사실 그 부분에 감명받았습니다. 얼마나 자사의 프로그래밍에 자신이 있었으면 운영체제를 ROM에 넣어서 제공했을까요? 도대체 어떻게 한 것일까요?

저는 한때 아타리 기업 연구실에서 일한 적이 있습니다. 그때 어떻게 운영체제를 ROM에 넣을 수 있었는지 알아볼 기회가 생겼죠. 이는 그 회사의 기밀이었습니다. 기능을 구현해서 테스트해 보고, 동작한다고 판단되면 공장으로 보냈습니다. 운이 좋았죠. 그 운도 경영진들이 E. T. 게임을 더 이상 테스트하지 않기로 결정한 순간 끝나버렸습니다. 회사는 그 결정으로부터 살아남지 못했죠.

그 시절의 프로그램들은 훨씬 작고 간단했습니다. 프로그램이 수 킬로바이트 크기밖에 되지 않는다면, 주의 깊게 코딩하는 것만으로도 좋은 결과를 얻을 수 있습

---

1 타입 사운드니스란, 정적 시간에 타입에 대해 예측한 것은 실제 실행 동안에도 동일할 것이라고 하는 것입니다. 다시 말해 변수 A의 타입을 정적 시간 동안 문자열이라고 판단했다면, 변수 A의 타입은 실제 실행 시에도 문자열일 것이라고 하는 것입니다.

니다. 하지만 오늘날의 프로그램은 정말 거대하죠. 그 누구도 혼자서 전부를 이해할 수 없습니다. 이해하기엔 너무나 복잡한 그 어떤 게 정확하다고 어떻게 단정지을 수 있을까요?

버그

버그는 토머스 에디슨에 의해 처음 발견되었습니다. 그는 회전하는 실린더에 감긴 포일에 바늘로 소리를 기록하고 재생하는 축음기를 개발하고 있었죠. 축음기 프로토타입은 매 회전 시 바늘이 포일 가장자리를 지날 때마다 내는 지직거리는 소리를 기록했습니다. 에디슨은 기자에게 축음기의 '버그'를 고치려고 밤을 새웠다고 말했었습니다.

그 뒤로 버그라는 말이 계속 사용되었죠. 수년간 수많은 정신 나간 발명가들이 자기 발명품의 마지막 버그만 해결하면 떼부자가 될 것이라고 말하곤 했습니다.

하버드 Mark II의 릴레이에서 잡힌 나방에 대한 유명한 일화가 있죠. 그레이스 호퍼(Grace Murray Hopper)가 일지에 그 나방을 테이프로 붙여 놓고 "First actual case of bug being found"라는 제목을 써놨었습니다. 최초의 버그는 아니지만, 곤충에 의해 발생한 최초의 버그일 수는 있겠군요. 프로그램의 버그는 대부분 사람에 의해 만들어집니다. 인공지능에 의해서 버그가 만들어진다는 흥미로운 가능성도 물론 존재하겠지만요.

프로그램에서 혼란이 발생할 만한 부분은 최대한 없어야 합니다. 프로그램이 이것도 해야 하고 저것도 해야 한다면, 프로그램에 대해서 분명히 혼란이 존재한다는 것입니다. 혼란을 줄이기 위해서는 프로그램을 최대한 단순 명료하게 만들어야 합니다. 버그는 혼란의 또 다른 말이죠. 혼란을 없애는 것이 테스트하는 것보다 훨씬 더 생산적입니다.

비대한 소프트웨어

소프트웨어 개발에서 가장 큰 문제 중 하나는 소프트웨어의 비대함일 것입니다. 프로그램이 그냥 크기만 한 것이죠. 규칙 없이 기능을 마구 추가해서 그럴 수도 있지만, 잘못된 구조로 인해 비대해지는 경우가 더 많습니다. 상속은 가장 많이 사용되는 코드 재사용 패턴 중에 하나지만, 제대로 동작하지 않기 때문에 복사 – 붙여넣기가 대신 자주 사용되죠. 또한 다른 많은 라이브러리나 플랫폼, 패키지와 강하게 결합된 라이브러리들, 플랫폼들, 그리고 패키지들에 과도하게 의존하는 경향이 있습니다. 비대함은 애자일 개발론의 사이드 이펙트이기도 합니다. 비대함을 관리하기 위해 개발팀이 커지기도 하지만, 더 큰 팀은 더 큰 비대함을 초래하죠.

프로그램이 비대해지면 공격받을 부분도, 버그가 숨을 부분도 많아집니다. 비대한 프로그램은 적절한 테스트를 하기도 힘들죠.

웹 브라우저의 경우 캐싱을 사용해 비대함으로 인한 증상을 좀 줄일 수는 있지만, 불행히도 웹 브라우저는 캐싱을 잘하는 편이 아닙니다. 게으른 로딩(lazy loading)[2]이나 나무 흔들기(tree shakers)[3]는 필요 없는 코드를 지연시키거나 제거하는 방법으로 알려져 있지만, 비대함으로 인한 증상을 관리하기 위해서 코드가 더 비대해지는 결과를 가져옵니다.

비대해지지 않게 만들려면, 처음부터 비대하지 않게 만들어야 합니다. 설계와 개발에서 소프트웨어의 단순함을 최우선으로 삼아야 합니다. 소프트웨어를 비대하게 만들 수 있는 툴이나 패키지는 사용하지 말아야 합니다. 클래스는 사용하지 마세요. 더 적지만 훨씬 뛰어난 개발자들로 팀을 만드세요. 그리고 코드를 제거하는 연습을 적극적으로 하세요. 개발 사이클의 일부를 불필요한 코드 제거와 문제 있는 패키지 제거에 할당하세요. 프로젝트의 코드 수가 줄어들면 축하하세요. 최소한의 크기라는 철칙을 지키세요.

기능은 장점도 있지만 비용도 듭니다. 비용을 지불하는 데 실패하면, 그 대가는 비대함으로 돌아올 것입니다.

테스트 주도 개발

저는 방법론으로서는 테스트 주도 개발(Test Driven Development, TDD)을 좋아합니다. 하지만 종교로서 TDD는 싫어합니다. TDD 광신도들은 엉성하고 에러가 많은 코드라 할지라도 TDD에서는 허용되며, 심지어 장려된다고 말합니다. 아마 테스트로 모든 버그를 찾을 수 있다고 가정하기 때문이겠죠. 그래서 좋은 코딩 스타일도 필요 없다고 말하는 것 같습니다.

---

2 (옮긴이) 게으른 로딩은 라이브러리 등을 컴파일이나 프로그램 시작 단계에 적재하는 것이 아니라, 라이브러리 또는 라이브러리 함수를 실제로 사용하는 시점에 적재하는 것을 말합니다.
3 (옮긴이) 나무 흔들기는 실행 흐름에 따라서 절대 실행되지 않는 코드들(예를 들면 함수의 반환문 다음에 나타나는 코드)을 제거하는 것을 말합니다.

이게 바로 좋은 습관이 안 좋은 습관으로 변하는 예시입니다. 사실 테스트에만 의존해 모든 버그를 찾을 수는 없습니다. 그보다는 버그를 피하는 것에 더 주력해야죠. 좋은 코딩 습관은 프로그램의 질을 향상시킬 수 있는 아주 쉬운 방법입니다. 제 코딩 스타일은 버그가 생기는 방식을 관찰하고 이를 피하기 위해서 수년간 바뀌어 왔습니다.

TDD 광신도로부터 JSLint의 버그 리포트를 받았습니다. JSLint가 거절한 함수를 보내왔죠. 함수가 단위 테스트에서는 통과했는데 JSLint가 거절한 것은 JSLint가 잘못되었기 때문이라고 말했습니다. 하지만 간단한 추론만으로도 JSLint가 맞다는 것을 알 수 있었습니다. JSLint는 테스트에서 발견하지 못한 정규표현식의 버그를 찾은 것이죠. 테스트가 에러를 가지고 있던 것입니다. 거짓 음성(negatives)은 빨리 해결될 수 있지만, 거짓 양성(positives)은 해결되지 않습니다. 그들의 테스트는 품질이 아닌, 잘못된 자신감을 주고 있었던 거죠. 도대체 테스트는 무엇으로 테스트할 수 있나요?

단위 테스트는 저수준 코드에서는 아주 효과적입니다. 예를 들어 3장의 큰 정수 라이브러리는 저수준 라이브러리기 때문에 다른 것에 대한 의존성이 거의 없습니다. 그래서 라이브러리에 대한 많은 단위 테스트를 만들었고, 라이브러리를 개발하는 데 큰 도움이 되었습니다.

단위 테스트는 고수준으로 올라갈수록 효과가 작습니다. 의존성이 증가하면서 테스트가 점점 의미가 없어지기 때문입니다. 테스트를 만드는 비용은 코드 토막, 목업 코드, 가짜 코드를 만드느라 점점 더 증가합니다. (심지어 개발자들끼리 어떤 게 가짜 코드고 어떤 게 목업 코드인지 싸우느라 시간을 낭비한다는 얘기도 들었습니다.) 그리고 개발이 진행되면서, 복잡성은 그 구성요소에서 머물지 않고 구성요소 간의 연결로까지 확장됩니다.

순수함이 줄어들면 버그가 증가하지만, 단위 테스트는 순수함을 테스트하지는 않습니다. 모듈화가 충분하지 않다면 버그 역시 많을 것이지만 단위 테스트는 모듈화 정도를 테스트하지 않습니다. 시간이 지나면서 코드가 점점 비대해지겠지만, 단위 테스트는 소프트웨어가 얼마나 비대한지 검사하지 않습니다. 그리고 여러 가지 한계로 인해서 진짜 프로그램이 아닌 가짜 코드와 목업 코드를 테스트합니다. 그렇다고 단위 테스트가 나쁘다는 것은 아닙니다. 단위 테스트로는 충분하지 않다는 것이죠. 더 적은 버그를 찾기 위해서 점점 더 많은 테스트를 만듭니다. 중독이라는 측면에서 봤을 때, 테스트에 중독된 개발자들은 테스트에 대해 관용적이라고 할 수 있죠.

희망이라고는 없어 보이지만, 어쨌든 테스트는 필요합니다. 신중하게 만들어진 좋은 설계와 코드가 가장 중요하지만, 그것만으로는 충분하지 않습니다. 효과적으로 테스트해야 합니다. 반드시 테스트해야 하고요.

"You Shall Not Pass"[4]

대부분의 테스트 라이브러리는 다음과 같은 호출을 지원합니다.

```
assertEquals("add 3 + 4", 7, add(3, 4));
```

일단 테스트를 만들었다는 게 기분을 좋게 하지만, 생각해 보면 add 함수에 대한 한 번의 더하기 테스트로 찾아내기 어려운 미묘한 에러를 찾아낼 수 있는 게 현실적일까요? 아주 많은 범위의 수에 대한 아주 많은 테스트가 필요할 것이지만, 누가 이 많은 테스트를 다 만들려고 할까요? 그리고 이런 형태의 테스트는 비동기 프로그램을 테스트할 수 없습니다. 오직 순차적 함수만 테스트할 수 있죠.

그래서 하스켈의 QuickCheck에서 영감을 얻은 JSCheck라는 테스트 라이브러리를 만들었습니다. JSCheck는 케이스를 생성하고, 아주 많은 수의 임의의 시도를 자동으로 생성해 냅니다. JSCheck는 서버와 브라우저 애플리케이션 테스트를 위한 비동기 프로그래밍도 지원합니다.

---

jsc.claim(*name*, *predicate*, *signature*, *classifier*)

JSCheck가 제공하는 가장 중요한 함수는 claim입니다. claim은 여러분의 프로그램이 이렇게 동작할 것이라는 주장, 즉 가정이라고 볼 수 있습니다.

*name*은 서술형 문자열로, 보고서에서 사용됩니다.

*predicate*는 함수로서 프로그램이 정확하게 동작하면 true 값을 전달합니다. *predicate* 함수에는 *verdict*라는 콜백 함수가 전달되는데, 각 시도에 대한 결과를 전달할 때 사용됩니다. 나머지 인자는 *signature* 인자에 의해서 결정됩니다.

*signature*는 제너레이터 함수 배열로서 *predicate* 함수가 쓸 인자들을 만들어 냅니다. 이 제너레이터들은 JSCheck에 지정자를 제공해서 쉽게 만들 수 있습니다.

---

4 (옮긴이) 영화 〈반지의 제왕〉에서 간달프가 모리아의 다리에서 발록을 막으며 외친 대사입니다.

선택적으로 *classifier* 함수를 제공할 수 있습니다. 이 함수는 올바르지 않은 테스트를 거절할 때 사용될 수 있고, 또한 각 테스트를 분류하여 평가하기 쉬운 패턴으로 만들 수 있습니다.

---

jsc.check(*configuration*)

여러분이 프로그램에 대해 가지는 그 어떤 가정도 만들 수 있으며, jsc.check 함수를 사용해서 여러분이 내린 가정이 맞는지 확인할 수 있습니다.

jsc.check 함수는 configuration 객체를 인자로 전달받습니다. 이 객체는 다음의 속성 값을 가질 수 있습니다.

time_limit: 단위는 밀리초(1/1000)입니다. 각 테스트별로 세 가지 출력, 즉 PASS, FAIL, LOST가 가능합니다. 지정된 시간이 다할 때까지 결과를 전달하지 않는 테스트 결과는 LOST라고 간주합니다. 어떤 상황에서는 올바른 결과라고 해도 너무 늦게 나오는 것은 실패한 것과 다름없거든요.

on_pass: 통과한 각 테스트에 대한 콜백

on_fail: 실패한 각 테스트에 대한 콜백

on_lost: 결과를 전달하는 데 실패한 각 테스트에 대한 콜백

on_report: 보고를 위한 콜백

on_result: 요약을 위한 콜백

nr_trials: 각 가정에 대해 실행될 테스트 수

detail: 보고서 디테일 수준

   0. 보고하지 않음

   1. 각 가정에 대한 통과 점수를 포함한 최소한의 보고서

   2. 실패한 개별 케이스에 대한 보고서 포함

   3. 분류된 요약을 보고서에 포함

   4. 모든 케이스를 보고서에 포함

큰 정수 라이브러리의 각 함수를 개별로 테스트하는 대신, 여러 함수가 함께 동작

하는 테스트를 설계했습니다. 예를 들어 demorgan 테스트는 random, mask, xor, or, and, eq 함수를 사용합니다. JSCheck는 드모르간 법칙에 적용할 임의의 큰 정수를 만들기 위한 임의의 정수들을 만듭니다.

```
jsc.claim(
    "demorgan",
    function (verdict, n) {

// !(a && b) === !a || !b

        let a = big_integer.random(n);
        let b = big_integer.random(n);
        let mask = big_integer.mask(n);
        let left = big_integer.xor(mask, big_integer.and(a, b));
        let right = big_integer.or(
            big_integer.xor(mask, a),
            big_integer.xor(mask, b)
        );
        return verdict(big_integer.eq(left, right));
    },
    [jsc.integer()]
);
```

몇몇 테스트를 위해 큰 정수를 만들어 내는 제너레이터를 작성했습니다. JSCheck에 지정자를 제공해서 만드는 것도 강력한 방법이지만, JSCheck는 큰 정수에 대해서 모르기 때문에 별도로 만들었습니다.

```
function bigint(max_nr_bits) {
    return function () {
        let nr_bits = Math.floor(Math.random() * max_nr_bits);
        let result = big_integer.random(nr_bits);
        return (
            Math.random() < 0.5
            ? big_integer.neg(result)
            : result
        );
    }
}
```

곱셈과 나눗셈은 함께 테스트했습니다. classifier 함수를 지정해서 0으로 나누는 테스트는 거절하도록 했습니다.

```
jsc.claim(
    "mul & div",
```

```
    function (verdict, a, b) {
        let product = big_integer.mul(a, b);
        return verdict(big_integer.eq(a, big_integer.div(product, b)));
    },
    [bigint(99), bigint(99)],
    function classifier(a, b) {
        if (!big_integer.is_zero(b)) {
            return "";
        }
    }
);
```

다시 곱셈과 나눗셈을 함께 테스트했지만, 이번에는 나머지 연산도 포함되었습니다. classifier는 두 값의 부호를 제거하고 '--', '-+', '+-', '++' 네 가지로 분류합니다. 이를 통해서 부호를 처리할 때 발생될 수 있는 버그를 구분할 수 있습니다.

```
jsc.claim("div & mul & remainder", function (verdict, a, b) {
    let [quotient, remainder] = big_integer.divrem(a, b);
    return verdict(big_integer.eq(
        a,
        big_integer.add(big_integer.mul(quotient, b), remainder)
    ));
}, [bigint(99), bigint(99)], function classifier(a, b) {
    if (!big_integer.is_zero(b)) {
        return a[0] + b[0];
    }
});
```

항등성에 대한 테스트도 만들었습니다. 예를 들어 n개의 1비트로 구성된 문자열에 1을 더하면 그 값은 $2 ** n$과 같아야 합니다.

```
jsc.claim("exp & mask", function (verdict, n) {
    return verdict(
        big_integer.eq(
            big_integer.add(big_integer.mask(n), big_integer.wun),
            big_integer.power(big_integer.two, n)
        )
    );
}, [jsc.integer(100)]);
```

또 다른 항등성 테스트로는 $(1 << n) - 1$이 n개의 1비트와 같아야 하는 것이 있습니다.

```
jsc.claim("mask & shift_up", function (verdict, n) {
```

```
        return verdict(big_integer.eq(
            big_integer.sub(
                big_integer.shift_up(big_integer.wun, n),
                big_integer.wun
            ),
            big_integer.mask(n)
        ));
    }, [jsc.integer(0, 96)]);
```

이런 식으로 큰 테스트 세트를 만들었습니다. 3 + 4 같은 테스트보다는 훨씬 큰 자신감을 가져다 주네요.

JSCheck

이제 JSCheck의 구현을 살펴볼 차례입니다. 가장 재미있는 부분은 테스트 데이터를 만들어 내는 지정자입니다. 지정자는 resolve 함수를 통해 값을 전달하기 때문에 여러 가지 흥미로운 방법으로 조합이 가능하죠. resolve 함수는 인자가 함수가 아닌 경우 인자를 반환합니다.

```
function resolve(value, ...rest) {
```

resolve 함수는 값을 전달 받습니다. 값이 함수라면, 반환 값을 만들어 내기 위해 함수를 호출합니다. 아니라면 값 자체가 반환 값이 됩니다.

```
    return (
        typeof value === "function"
        ? value(...rest)
        : value
    );
}
```

13장에서 살펴본 constant 팩토리를 기억하시나요? literal 함수는 그와 동일합니다. 함수를 이스케이프하기 때문에 모든 테스트에 함수를 전달할 수 있습니다.

```
function literal(value) {
    return function () {
        return value;
    };
}
```

boolean 지정자는 불(boolean) 값을 만드는 제너레이터를 만듭니다.

```
function boolean(bias = 0.5) {
```

signature에 불 명세를 저장할 수 있습니다. 부수적으로 제공하는 bias 매개변수는 만들어지는 불 값을 편중시킵니다. 예를 들어 0.25인 경우 대략 생성되는 불 값의 1/4이 true 값을 가집니다.

```
    bias = resolve(bias);
    return function () {
        return Math.random() < bias;
    };
}
```

number 지정자는 범위 내의 수를 만들어 냅니다.

```
function number(from = 1, to = 0) {
    from = Number(resolve(from));
    to = Number(resolve(to));
    if (from > to) {
        [from, to] = [to, from];
    }
    const difference = to - from;
    return function () {
        return Math.random() * difference + from;
    };
}
```

wun_of 지정자는 값과 제너레이터로 구성된 배열을 인자로 받아들여서 배열에 있는 값 중 하나를 임의로 선택해서 반환하는 제너레이터를 반환합니다. wun_of 지정자는 또한 값을 선택하는 경향을 편중시킬 수 있는 가중치 배열을 부수적으로 전달받을 수 있습니다.

```
function wun_of(array, weights) {
```

그래서 wun_of 지정자는 두 가지 방법으로 사용될 수 있습니다.

```
// wun_of(array)
//      배열에서 한 요소 값을 꺼내와서 결정합니다.
//      요소는 같은 확률로 배열에서 임의로 선택됩니다.

// wun_of(array, weights)
//      두 개의 인자는 둘 다 배열로, 길이가 같습니다.
//      weight 배열의 값이 클수록 array의 해당 요소가 선택될 가능성이 커집니다.
```

```
    if (
        !Array.isArray(array)
        || array.length < 1
        || (
            weights !== undefined
            && (!Array.isArray(weights) || array.length !== weights.length)
        )
    ) {
        throw new Error("JSCheck wun_of");
    }
    if (weights === undefined) {
        return function () {
            return resolve(array[Math.floor(Math.random() * array.length)]);
        };
    }
    const total = weights.reduce(function (a, b) {
        return a + b;
    });
    let base = 0;
    const list = weights.map(function (value) {
        base += value;
        return base / total;
    });
    return function () {
        let x = Math.random();
        return resolve(array[list.findIndex(function (element) {
            return element >= x;
        })]);
    };
}
```

sequence 지정자는 값과 제너레이터로 이루어진 배열을 전달받아서 이 값을 순서대로 반환하는 제너레이터를 반환합니다.

```
function sequence(seq) {
    seq = resolve(seq);
    if (!Array.isArray(seq)) {
        throw "JSCheck sequence";
    }
    let element_nr = -1;
    return function () {
        element_nr += 1;
        if (element_nr >= seq.length) {
            element_nr = 0;
        }
        return resolve(seq[element_nr]);
    };
}
```

falsy 지정자는 '거짓이라고 볼 수 있는 값'을 반환하는 제너레이터를 반환합니다.

```javascript
const bottom = [false, null, undefined, "", 0, NaN];

function falsy() {
    return wun_of(bottom);
}
```

integer 지정자는 선택된 범위 내의 정수를 반환하는 제너레이터를 반환합니다.
범위가 지정되지 않으면 1000 이하의 임의의 소수를 반환하는 제너레이터를 반환
합니다.

```javascript
const primes = [
    2, 3, 5, 7, 11, 13, 17, 19, 23, 29,
    31, 37, 41, 43, 47, 53, 59, 61, 67, 71,
    73, 79, 83, 89, 97, 101, 103, 107, 109, 113,
    127, 131, 137, 139, 149, 151, 157, 163, 167, 173,
    179, 181, 191, 193, 197, 199, 211, 223, 227, 229,
    233, 239, 241, 251, 257, 263, 269, 271, 277, 281,
    283, 293, 307, 311, 313, 317, 331, 337, 347, 349,
    353, 359, 367, 373, 379, 383, 389, 397, 401, 409,
    419, 421, 431, 433, 439, 443, 449, 457, 461, 463,
    467, 479, 487, 491, 499, 503, 509, 521, 523, 541,
    547, 557, 563, 569, 571, 577, 587, 593, 599, 601,
    607, 613, 617, 619, 631, 641, 643, 647, 653, 659,
    661, 673, 677, 683, 691, 701, 709, 719, 727, 733,
    739, 743, 751, 757, 761, 769, 773, 787, 797, 809,
    811, 821, 823, 827, 829, 839, 853, 857, 859, 863,
    877, 881, 883, 887, 907, 911, 919, 929, 937, 941,
    947, 953, 967, 971, 977, 983, 991, 997
];

function integer_value(value, default_value) {
    value = resolve(value);
    return (
        typeof value === "number"
        ? Math.floor(value)
        : (
            typeof value === "string"
            ? value.charCodeAt(0)
            : default_value
        )
    );
}

function integer(i, j) {
    if (i === undefined) {
```

```
        return wun_of(primes);
    }
    i = integer_value(i, 1);
    if (j === undefined) {
        j = i;
        i = 1;
    } else {
        j = integer_value(j, 1);
    }
    if (i > j) {
        [i, j] = [j, i];
    }
    return function () {
        return Math.floor(Math.random() * (j + 1 - i) + i);
    };
}
```

character 지정자는 문자를 반환하는 제너레이터를 반환합니다. 만약 정수를 하나나 두 개 전달하면 제너레이터는 해당 범위 내에 있는 코드 포인트를 가지는 문자를 만듭니다. 두 개의 문자열을 전달하면 각 문자열의 첫 번째 코드 포인트를 범위로 하는 문자를 반환합니다. 문자열을 하나만 전달하면 해당 문자열에 있는 문자를 반환합니다. 기본 동작은 아스키 문자를 반환하는 것입니다.

```
function character(i, j) {
    if (i === undefined) {
        return character(32, 126);
    }
    if (typeof i === "string") {
        return (
            j === undefined
            ? wun_of(i.split(""))
            : character(i.codePointAt(0), j.codePointAt(0))
        );
    }
    const ji = integer(i, j);
    return function () {
        return String.fromCodePoint(ji());
    };
}
```

array 지정자는 배열을 반환하는 제너레이터를 반환합니다.

```
function array(first, value) {
    if (Array.isArray(first)) {
        return function () {
```

```
            return first.map(resolve);
        };
    }
    if (first === undefined) {
        first = integer(4);
    }
    if (value === undefined) {
        value = integer();
    }
    return function () {
        const dimension = resolve(first);
        const result = new Array(dimension).fill(value);
        return (
            typeof value === "function"
            ? result.map(resolve)
            : result
        );
    };
}
```

인자가 값과 제너레이터로 구성된 배열이라면 반환 값은 값과 제너레이터의 결과를 포함한 배열이 됩니다.

```
let my_little_array_specifier = jsc.array([
    jsc.integer(),
    jsc.number(100),
    jsc.string(8, jsc.character("A", "Z"))
])

my_little_array_specifier()      // [179, 21.228644298389554, "TJFJPLQA"]
my_little_array_specifier()      // [797, 57.05485427752137, "CWQDVXWY"]
my_little_array_specifier()      // [941, 91.98980208020657, "QVMGNVXK"]
my_little_array_specifier()      // [11, 87.07735128700733, "GXBSVLKJ"]
```

그게 아니라면 제너레이터는 값의 배열을 만듭니다. 크기를 지정해도 되고 정수를 만드는 제너레이터를 제공해도 됩니다. 값을 제공할 수도, 값을 만드는 제너레이터를 제공할 수도 있습니다. 기본 값은 임의의 소수입니다.

```
let my_other_little_array_specifier = jsc.array(4);

my_other_little_array_specifier() // [659, 383, 991, 821]
my_other_little_array_specifier() // [479, 701, 47, 601]
my_other_little_array_specifier() // [389, 271, 113, 263]
my_other_little_array_specifier() // [251, 557, 547, 197]
```

string 지정자는 문자열을 반환하는 제너레이터를 반환합니다. 기본 값은 아스키 문자로 구성된 문자열을 반환하는 제너레이터입니다.

```
function string(...parameters) {
    const length = parameters.length;

    if (length === 0) {
        return string(integer(10), character());
    }
    return function () {
        let pieces = [];
        let parameter_nr = 0;
        let value;
        while (true) {
            value = resolve(parameters[parameter_nr]);
            parameter_nr += 1;
            if (value === undefined) {
                break;
            }
            if (
                Number.isSafeInteger(value)
                && value >= 0
                && parameters[parameter_nr] !== undefined
            ) {
                pieces = pieces.concat(
                    new Array(value).fill(parameters[parameter_nr]).map(resolve)
                );
                parameter_nr += 1;
            } else {
                pieces.push(String(value));
            }
        }
        return pieces.join("");
    };
}
```

값과 제너레이터를 인자로 받아서 그 결과를 이어 붙일 수도 있습니다.

```
let my_little_3_letter_word_specifier = jsc.string(
    jsc.sequence(["c", "d", "f"]),
    jsc.sequence(["a", "o", "i", "e"]),
    jsc.sequence(["t", "g", "n", "s", "l"])
)]);

my_little_3_letter_word_specifier()  // "cat"
my_little_3_letter_word_specifier()  // "dog"
my_little_3_letter_word_specifier()  // "fin"
my_little_3_letter_word_specifier()  // "ces"
```

매개변수가 정수와 그 뒤에 나오는 문자열 값을 생성하는 경우 해당 정수 값은 길
이로 사용됩니다.

```
let my_little_ssn_specifier = jsc.string(
    3, jsc.character("0", "9"),
    "-",
    2, jsc.character("0", "9"),
    "-",
    4, jsc.character("0", "9")
);

my_little_ssn_specifier()  // "231-89-2167"
my_little_ssn_specifier()  // "706-32-0392"
my_little_ssn_specifier()  // "931-89-4315"
my_little_ssn_specifier()  // "636-20-3790"
```

any 지정자는 여러 가지 형을 가질 수 있는 임의의 값을 반환하는 제너레이터를 반
환합니다.

```
const misc = [
    true, Infinity, -Infinity, falsy(), Math.PI, Math.E, Number.EPSILON
];

function any() {
    return wun_of([integer(), number(), string(), wun_of(misc)]);
}
```

object 지정자는 객체를 반환하는 제너레이터를 반환합니다. 기본으로 반환되는
제너레이터는 임의의 키와 임의의 값을 가지는 작은 객체를 반환합니다.

```
function object(subject, value) {
    if (subject === undefined) {
        subject = integer(1, 4);
    }
    return function () {
        let result = {};
        const keys = resolve(subject);
        if (typeof keys === "number") {
            const text = string();
            const gen = any();
            let i = 0;
            while (i < keys) {
                result[text()] = gen();
                i += 1;
            }
```

```
                    return result;
                }
            if (value === undefined) {
                if (keys && typeof keys === "object") {
                    Object.keys(subject).forEach(function (key) {
                        result[key] = resolve(keys[key]);
                    });
                    return result;
                }
            } else {
                const values = resolve(value);
                if (Array.isArray(keys)) {
                    keys.forEach(function (key, key_nr) {
                        result[key] = resolve((
                            Array.isArray(values)
                            ? values[key_nr % values.length]
                            : value
                        ), key_nr);
                    });
                    return result;
                }
            }
        }
    };
}
```

이름과 값에 대한 배열을 제공하면 이름을 속성 이름, 값을 속성에 대한 값으로 사용해서 객체를 만듭니다. 예를 들어 3~6개의 이름을 가지는데 각 이름은 4개의 소문자로 구성되며, 값은 불로 지정한다고 할 경우 다음과 같이 코드를 작성할 수 있습니다.

```
let my_little_constructor = jsc.object(
    jsc.array(
        jsc.integer(3, 6),
        jsc.string(4, jsc.character("a", "z"))
    ), jsc.boolean()
);

my_little_constructor()
// {"hiyt": false, "rodf": true, "bfxf": false, "ygat": false, "hwqe": false}
my_little_constructor()
// {"hwbh": true, "ndjt": false, "chsn": true, "fdag": true, "hvme": true}
my_little_constructor()
// {"qedx": false, "uoyp": true, "ewes": true}
my_little_constructor()
// {"igko": true, "txem": true, "yadl": false, "avwz": true}
```

객체를 전달할 경우 해당 객체와 동일한 속성 이름을 가지는 객체를 만듭니다.

```
let my_little_other_constructor = jsc.object({
    left: jsc.integer(640),
    top: jsc.integer(480),
    color: jsc.wun_of(["black", "white", "red", "blue", "green", "gray"])
});

my_little_other_constructor()  // {"left": 305, "top": 360, "color": "gray"}
my_little_other_constructor()  // {"left": 162, "top": 366, "color": "blue"}
my_little_other_constructor()  // {"left": 110, "top": 5, "color": "blue"}
my_little_other_constructor()  // {"left": 610, "top": 61, "color": "green"}
```

수많은 테스트 데이터의 조합도 가능합니다. 하지만 이들 지정자들의 조합만으로는 쉽게 만들 수 없는 형태의 데이터가 있다면, 여러분이 원하는 걸 만들면 됩니다. 함수를 반환하는 함수를 만드는 것이죠.

이제 JSCheck가 어떻게 동작하는지 살펴봅시다.

crunch 함수는 케이스를 잘게 나누고 보고서를 준비합니다.

```
const ctp = "{name}: {class}{cases} cases tested, {pass} pass{fail}{lost}\n";

function crunch(detail, cases, serials) {
```

모든 케이스를 테스트하고, 전달되지 못한 테스트 케이스 정보를 모읍니다. 그리고 보고서 세부 내용과 요약본을 생성합니다.

```
    let class_fail;
    let class_pass;
    let class_lost;
    let case_nr = 0;
    let lines = "";
    let losses = [];
    let next_case;
    let now_claim;
    let nr_class = 0;
    let nr_fail;
    let nr_lost;
    let nr_pass;
    let report = "";
    let the_case;
    let the_class;
    let total_fail = 0;
    let total_lost = 0;
    let total_pass = 0;
```

```
function generate_line(type, level) {
    if (detail >= level) {
        lines += fulfill(
            " {type} [{serial}] {classification}{args}\n",
            {
                type,
                serial: the_case.serial,
                classification: the_case.classification,
                args: JSON.stringify(
                    the_case.args
                ).replace(
                    /^\[/,
                    "("
                ).replace(
                    /\]$/,
                    ")"
                )
            }
        );
    }
}

function generate_class(key) {
    if (detail >= 3 || class_fail[key] || class_lost[key]) {
        report += fulfill(
            " {key} pass {pass}{fail}{lost}\n",
            {
                key,
                pass: class_pass[key],
                fail: (
                    class_fail[key]
                    ? " fail " + class_fail[key]
                    : ""
                ),
                lost: (
                    class_lost[key]
                    ? " lost " + class_lost[key]
                    : ""
                )
            }
        );
    }
}

if (cases) {
    while (true) {
        next_case = cases[serials[case_nr]];
        case_nr += 1;
        if (!next_case || (next_case.claim !== now_claim)) {
```

```
            if (now_claim) {
                if (detail >= 1) {
                    report += fulfill(
                        ctp,
                        {
                            name: the_case.name,
                            class: (
                                nr_class
                                ? nr_class + " classifications, "
                                : ""
                            ),
                            cases: nr_pass + nr_fail + nr_lost,
                            pass: nr_pass,
                            fail: (
                                nr_fail
                                ? ", " + nr_fail + " fail"
                                : ""
                            ),
                            lost: (
                                nr_lost
                                ? ", " + nr_lost + " lost"
                                : ""
                            )
                        }
                    );
                    if (detail >= 2) {
                        Object.keys(
                            class_pass
                        ).sort().forEach(
                            generate_class
                        );
                        report += lines;
                    }
                }
                total_fail += nr_fail;
                total_lost += nr_lost;
                total_pass += nr_pass;
            }
            if (!next_case) {
                break;
            }
            nr_class = 0;
            nr_fail = 0;
            nr_lost = 0;
            nr_pass = 0;
            class_pass = {};
            class_fail = {};
            class_lost = {};
            lines = "";
```

```
            }
            the_case = next_case;
            now_claim = the_case.claim;
            the_class = the_case.classification;
            if (the_class && typeof class_pass[the_class] !== "number") {
                class_pass[the_class] = 0;
                class_fail[the_class] = 0;
                class_lost[the_class] = 0;
                nr_class += 1;
            }
            if (the_case.pass === true) {
                if (the_class) {
                    class_pass[the_class] += 1;
                }
                if (detail >= 4) {
                    generate_line("Pass", 4);
                }
                nr_pass += 1;
            } else if (the_case.pass === false) {
                if (the_class) {
                    class_fail[the_class] += 1;
                }
                generate_line("FAIL", 2);
                nr_fail += 1;
            } else {
                if (the_class) {
                    class_lost[the_class] += 1;
                }
                generate_line("LOST", 2);
                losses[nr_lost] = the_case;
                nr_lost += 1;
            }
        }
    report += fulfill(
        "\nTotal pass {pass}{fail}{lost}\n",
        {
            pass: total_pass,
            fail: (
                total_fail
                ? ", fail " + total_fail
                : ""
            ),
            lost: (
                total_lost
                ? ", lost " + total_lost
                : ""
            )
        }
    );
```

```
    }
    return {losses, report, summary: {
        pass: total_pass,
        fail: total_fail,
        lost: total_lost,
        total: total_pass + total_fail + total_lost,
        ok: total_lost === 0 && total_fail === 0 && total_pass > 0
    }};
}
```

jsc 객체를 반환하는 생성자를 모듈로 익스포트합니다. jsc 객체는 테스트해야 할 가정에 대한 정보를 가지기 때문에 자체 정보를 가지고 있으며(stateful), 따라서 모든 사용자는 반드시 새로운 인스턴스를 만들어서 사용해야 합니다.

reject 값은 거부되어야 하는 테스트를 구별하기 위해 사용됩니다.

```
const reject = Object.freeze({});
```

jsc_constructor 함수를 익스포트합니다. check와 claim 함수는 자체 상태를 가지므로 여기서 만듭니다. 저는 개인적으로 객체를 동결하는 것을 선호하므로 여기서도 생성자를 동결하도록 하겠습니다.

```
export default Object.freeze(function jsc_constructor() {
    let all_claims = [];
```

check 함수는 실제로 작업을 처리하는 함수입니다.

```
    function check(configuration) {
        let the_claims = all_claims;
        all_claims = [];
        let nr_trials = (
            configuration.nr_trials === undefined
            ? 100
            : configuration.nr_trials
        );

        function go(on, report) {
```

콜백 함수를 호출합니다.

```
            try {
                return configuration[on](report);
            } catch (ignore) {}
        }
```

check 함수는 모든 가정에 대한 점검을 수행합니다. 그 결과는 콜백 함수를 통해 제공됩니다.

```
let cases = {};
let all_started = false;
let nr_pending = 0;
let serials = [];
let timeout_id;

function finish() {
    if (timeout_id) {
        clearTimeout(timeout_id);
    }
    const {
        losses,
        summary,
        report
    } = crunch(
        (
            configuration.detail === undefined
            ? 3
            : configuration.detail
        ),
        cases,
        serials
    );
    losses.forEach(function (the_case) {
        go("on_lost", the_case);
    });
    go("on_result", summary);
    go("on_report", report);
    cases = undefined;
}

function register(serial, value) {
```

register 함수는 claim 함수가 새로운 케이스를 등록할 때 사용됩니다. 또한 결과를 전달할 때도 사용됩니다. 두 가지 케이스는 시리얼 번호로 연관되어 있습니다.
케이스 객체가 사라지면, 늦게 도착해서 유실된 모든 결과 값을 무시합니다.

```
if (cases) {
    let the_case = cases[serial];
```

처음 사용되는 시리얼 번호가 발견되면 새로운 케이스로 등록합니다. 해당 케이스는 케이스 집합에 추가됩니다. 그리고 해당 시리얼 번호 역시 시리얼 집합에 추가

됩니다. 그리고 현재 대기 중인 케이스 수를 증가시킵니다.

```
if (the_case === undefined) {
    value.serial = serial;
    cases[serial] = value;
    serials.push(serial);
    nr_pending += 1;
} else {
```

이미 존재하는 케이스는 그 결과를 받습니다. 예상 외로 이미 결과를 가지고 있다
면 예외를 발생시킵니다. 각 케이스는 반드시 하나의 결과만 가져야 합니다.

```
if (
    the_case.pass !== undefined
    || typeof value !== "boolean"
) {
    throw the_case;
}
```

결과 값이 불 값이라면 케이스를 업데이트하고 그 결과를 on_pass 혹은 on_fail로
전달합니다.

```
if (value === true) {
    the_case.pass = true;
    go("on_pass", the_case);
} else {
    the_case.pass = false;
    go("on_fail", the_case);
}
```

이 케이스는 더 이상 대기 상태가 아닙니다. 모든 케이스가 생성되고 그 결과가 주
어졌다면, 모든 작업을 끝냅니다.

```
            nr_pending -= 1;
            if (nr_pending <= 0 && all_started) {
                finish();
            }
        }
    }
}
    return value;
}
let unique = 0;
```

프로그램에 대해 가정한 각 내용들을 처리합니다.

```
        the_claims.forEach(function (a_claim) {
            let at_most = nr_trials * 10;
            let case_nr = 0;
            let attempt_nr = 0;
```

각 과정을 반복하고 케이스를 테스트합니다.

```
            while (case_nr < nr_trials && attempt_nr < at_most) {
                if (a_claim(register, unique) !== reject) {
                    case_nr += 1;
                    unique += 1;
                }
                attempt_nr += 1;
            }
        });
```

모든 케이스가 시작되었다고 표시합니다.

```
        all_started = true;
```

모든 케이스가 그 결과 값을 반환하면 보고서를 만듭니다.

```
        if (nr_pending <= 0) {
            finish();
```

아니라면 타이머를 시작합니다.

```
        } else if (configuration.time_limit !== undefined) {
            timeout_id = setTimeout(finish, configuration.time_limit);
        }
    }
```

claim 함수는 각각의 가정을 제시할 때 사용됩니다. 모든 가정은 check 함수가 호출될 때 한번에 점검됩니다. 가정은 아래의 내용으로 구성됩니다.

- 보고서에 표시될 서술 가능한 이름
- 각 가정을 평가하고 가정이 올바르면 true를 반환하는 술어 함수
- 술어 함수에 대한 타입과 값을 명시하는 함수 시그니처 배열
- 선택적인 classifier 함수. 이 함수는 시그니처에 의해 생성된 값을 받아서 각 테스트를 분류한 문자열을 반환하거나, 혹은 생성된 인자 집합에 술어가 지정되지 않은 경우 undefined를 반환합니다.

```
function claim(name, predicate, signature, classifier) {
```

claim 함수는 모든 가정에 대한 테스트에 적용됩니다.

```
    if (!Array.isArray(signature)) {
        signature = [signature];
    }

    function the_claim(register, serial) {
        let args = signature.map(resolve);
        let classification = "";
```

classifier 함수가 주어졌다면 해당 테스트에 대한 분류를 가져옵니다. 분류 결과
가 문자열이 아니라면 해당 케이스를 거부합니다.

```
        if (classifier !== undefined) {
            classification = classifier(...args);
            if (typeof classification !== "string") {
                return reject;
            }
        }
```

register 함수를 감싸는 verdict 함수를 만듭니다.

```
        let verdict = function (result) {
            return register(serial, result);
        };
```

현재 테스트를 나타내는 객체를 등록합니다.

```
        register(serial, {
            args,
            claim: the_claim,
            classification,
            classifier,
            name,
            predicate,
            serial,
            signature,
            verdict
        });
```

predicate 함수에 verdict 함수와 모든 케이스 인자를 전달해서 호출합니다.
predicate 함수는 반드시 verdict 콜백 함수를 써서 케이스의 결과를 알려야 합니다.

```
        return predicate(verdict, ...args);
    }
    all_claims.push(the_claim);
}
```

마지막으로 인스턴스를 만들고 반환합니다.

```
return Object.freeze({
```

다음은 지정자들입니다.

```
    any,
    array,
    boolean,
    character,
    falsy,
    integer,
    literal,
    number,
    object,
    wun_of,
    sequence,
    string,
```

다음은 주요 함수들입니다.

```
    check,
    claim
    });
});
```

Ecomcon

파일이 다른 코드에 대한 강한 의존성을 가진다면, 같은 파일에 이런 관계에 대한 테스트를 함께 포함시키고 싶을 것입니다. A 모듈이 B, C와 제대로 동작한다는 것을 확인하는 유일한 방법은 한 문맥에서 모두 한꺼번에 실행하는 것뿐이죠.

그래서 ecomcon(Enable Comments Conditionally)이라는 간단한 툴을 만들었습니다. 태그된 주석 형태로 테스트 및 측정 코드를 소스 코드에 삽입할 수 있죠.

```
//tag code
```

태그는 test를 포함해 어떤 단어도 쓸 수 있습니다. 그리고 주석 다음에 자바스크립트 코드가 나옵니다. 일반적으로 이들은 그냥 주석이기 때문에 무시됩니다. 최소화 도구에 의해 제거되죠. ecomcon 함수를 쓰면 주석을 활성화하고, 주석에 있는 //를 제거한 뒤 자바스크립트가 실행할 수 있는 코드를 남깁니다.

실행 시간 동안 많은 점검, 기록, 분석을 할 수 있는 코드가 포함된 특별한 빌드를 생성할 수 있습니다. 일반적으로 함수 스코프에서는 숨겨지는 많은 변수에 접근할 수 있습니다. 들어오고 나가는 값들을 관찰할 수도 있죠. 아주 중요한 자원을 절대 오염시키지 않으면서 프로그램의 완전성을 테스트할 수 있습니다.

주석은 또한 파일 내부의 구조와 동작을 설명하는 문서로서도 기능합니다.

```
function ecomcon(source_string, tag_array)
```

*tag_array*는 태그로 사용할 문자열들을 가지고 있습니다.

ecomcon 함수는 상당히 간단합니다.

```
const rx_crlf = /
    \n
|
    \r \n?
/;

const rx_ecomcon = /
    ^
    \/ \/
    ( [ a-z A-Z 0-9 _ ]+ )
    \u0020?
    ( .* )
    $
/;

// Capturing groups:
//   [1] The enabled comment tag
//   [2] The rest of the line

const rx_tag = /
    ^
    [ a-z A-Z 0-9 _ ]+
    $
/;
```

```
export default Object.freeze(function ecomcon(source_string, tag_array) {
    const tag = Object.create(null);
    tag_array.forEach(
        function (string) {
            if (!rx_tag.test(string)) {
                throw new Error("ecomcon: " + string);
            }
            tag[string] = true;
        }
    );
    return source_string.split(rx_crlf).map(
        function (line) {
            const array = line.match(rx_ecomcon);
            return (
                Array.isArray(array)
                ? (
                    tag[array[1]] === true
                    ? array[2] + "\n"
                    : ""
                )
                : line + "\n"
            );
        }
    ).join("");
});
```

24장

{ "number": 24, "chapter": "Optimizing" }

최적화

● ● ○ ○ ○ ○

> 맹목적인 어리석음을 포함한 다른 그 어떤 이유보다,
> 필요도 없는 효율성이라는 미명 아래에
> 수많은 컴퓨터 범죄가 벌어지고 있습니다.
>
> — 윌리엄 울프(William Wulf)

현재의 기준으로 봤을 때 처음 몇 세대에 걸친 컴퓨터는 상당히 느렸습니다. 정답을 너무 늦게 얻는 것과 정답을 얻지 못하는 것을 구분할 수 없기 때문에, 성능 최적화는 프로그래밍 깊숙이 뿌리 박힌 집착과도 같은 존재가 되었습니다.

오늘날의 기기들은 훨씬 더 빠릅니다. 성능은 더 이상 고려할 대상이 아닌 것처럼 보이죠. 그리고 많은 애플리케이션을 봤을 때 실제로도 그런 것 같습니다. 우리가 필요로 하는 것 이상의 프로세서를 가지고 있으며, 프로세서 대부분은 대부분의 시간 동안 놀고 있습니다. 용량이 아주 많이 초과한 것이죠.

하지만 어떤 것은 아직도 충분히 빠르지 못합니다. 어떤 경우에는 프로그램의 크기가 증가하는 속도를 용량이 따라가지 못하기 때문입니다. 빅데이터는 계속 커지고 있습니다. 자바스크립트가 지배하고 있는 사용자와의 상호 작용 영역에서도 느리다고 느낄 수 있습니다.

사용자에게 응답하는 시간이 너무 오래 걸리면 사람들은 짜증이 나고, 불만을 느끼고, 화를 냅니다. 사용자를 만족시키고 충성도를 향상시키려면 시스템이 빨리 응답해야 합니다.

그러므로 성능에 대해서 여전히 관심을 가져야 하지만, 적절한 수준을 유지해야

합니다. 최적화는 상황을 쉽게 악화시킬 수 있습니다.

모든 자그마한 최적화가 나노초 단위로 이득을 보면, 이를 합산했을 때 결국 이득이 된다는 믿음이 있습니다. 하지만 이는 사실이 아닙니다. 괄목할 만한 향상이 있는 최적화만 해야 합니다. 그렇지 않은 최적화는 시간 낭비에 불과합니다. 최적화의 주요 목적은 시간을 절약하는 것입니다. 그러므로 우리는 최적화를 최적화할 필요가 있습니다.

측정

컴퓨터 프로그래밍은 컴퓨터 과학 또는 소프트웨어 공학이라고도 알려져 있습니다. 좀 출세 지향적인 단어죠. 과학이나 공학을 한다고 말하기에는, 아직 제대로 이해하지 못한 것이 있습니다. 소프트웨어 프로젝트를 관리하는 데 있어서 가장 중요한 질문에 대답할 수 있는 이론이 없습니다. 얼마나 많은 버그가 남았고, 고치는 데 시간이 얼마나 걸리나요?

개발자의 일은 대부분 정량화할 수 없지만, 성능은 측정할 수 있습니다. 프로그램을 실행하고, 실행하는 데 얼마나 많은 시간이 소요되는지 측정하는 것이죠. 이런 수치는 시스템을 이해하는 데 도움이 될 수도 있고, 더 헷갈리게 만들 수도 있습니다.

가장 흔한 방식은 언어의 두 개의 기능을 반복문을 통해 실행한 다음 실행 시간을 측정하는 것입니다. 더 빨리 실행되는 반복문을 통해 써야 할 기능이 어떤 것인지 알 수 있죠. 하지만 이런 방식에는 문제가 있습니다.

그 결과가 의미가 없을 수도 있거든요. 그 기능의 성능을 테스트하는 것인가요? 아니면 엔진이 해당 기능을 최적화해서 수백만 번의 반복문을 실행하는 능력을 테스트하는 것인가요? 다른 엔진도 똑같은 방식으로 일할까요? 더 중요한 것은, 향후 개발될 엔진도 똑같이 동작할까요?

결과가 크게 의미 없을 수 있습니다. 문맥상으로 보았을 때 실제 프로그램에서는 눈에 띄는 차이가 없을 수도 있습니다. 의미 없는 데이터로 결정을 내리는 것은 시간 낭비죠.

그 대신, 더 읽기 쉽고 더 유지보수 하기 쉬운 기능을 골라야 합니다. 빠르지만 이상하게 동작하는 것은 아무런 도움이 되지 못하니까요.

다시 측정하기

목수에게는 이런 속담이 있습니다. "두 번 측정하고, 한 번 잘라라." 이건 최적화하기 쉽겠네요. "한 번 측정하고, 잘라라." 하지만 조금 더 신경 쓰는 것으로 실수를 줄이고 시간과 재료 낭비를 줄일 수 있습니다. 훨씬 낫죠.

프로그래머들은 이 격언을 따라야 합니다: "측정하고, 잘라내고, 다시 측정하라." 최적화하기 전에 우선 최적화하고 싶은 코드의 성능을 측정해야 합니다. 기준을 정하고, 최적화하고 싶은 코드가 전체 프로그램을 느리게 한다는 사실을 알기 위해 측정합니다. 측정한 코드가 실행 시간을 생각만큼 많이 차지하지 않는다면, 최적화할 다른 곳을 찾아야 합니다. 그런 다음 주의 깊게 코드를 최적화합니다. 그 다음 다시 측정합니다. 기준 시간에 비해 새로운 코드가 눈에 띌 정도로 향상을 보이지 않으면 변경된 코드를 되돌립니다. 원하는 만큼의 향상을 보이지 않았기 때문이죠. 실패한 코드를 반영해서는 안 됩니다.

대부분의 최적화는 또 다른 실행경로를 추가하고 일반성을 제거함으로써 코드에 복잡성을 더합니다. 이렇게 하면 코드는 점점 커지고, 유지하기 어렵고, 제대로 된 테스트를 하기 힘들어집니다. 눈에 띌 정도로 속도가 향상되었다고 해도, 코드가 복잡해지면 고민해 봐야 합니다. 만약 성능이 눈에 띌 정도로 향상되지 않는다면, 코드 변경을 그냥 버그라고 불러도 됩니다. 이득이 아주 미미하거나 거의 없는데 코드 품질은 떨어지기 때문입니다. 깔끔한 코드는 추론하기도 쉽고 유지하기도 좋습니다. 깔끔한 코드를 절대 포기해서는 안 됩니다.

대부분의 코드는 성능에 영향을 끼치지 않습니다. 프로그램을 느리게 하지 않는 코드를 최적화하는 건 시간 낭비입니다.

시간을 갉아먹는 것들

코드를 만지작거린다고 빨라지는 경우는 드뭅니다. 속도 저하의 근본 원인을 해결하지는 못하기 때문입니다. 다음은 시간을 갉아먹는 대표적인 경우입니다.

- 병렬화에 실패: Parseq는 일을 좀 더 빨리 처리할 수 있도록, 자연적으로 내재된 병렬성을 사용합니다. 만약 모든 일을 순서대로 처리하면, 병렬성으로 인한 이득을 포기하는 것입니다. 규모가 커지면 병렬성이 순차 처리를 이깁니다.

- 턴의 법칙(Law of Turns) 위반: 프로세싱 루프가 중간에 멈추게 되면, 그 뒤로

처리되어야 하는 큐의 모든 작업에 멈춘 시간만큼의 지연이 추가됩니다. 이런 지연이 누적되면 큐에 누적된 작업이 영원히 비워지지 않을 수준에 이르게 됩니다.

- 낮은 응집도: 모듈의 응집도가 낮다면, 할 필요가 없는 일을 할 가능성이 큽니다. 필요 없는 일을 하게 되면 당연히 소요되는 시간도 늘어납니다.

- 강한 결합도: 모듈들이 강하게 결합된다면, 지역성을 포기하는 것입니다. 네트워크를 통해 너무나 수다스러운 프로토콜을 만들어서 작업을 처리하는 내내 네트워크 지연을 추가하는 꼴이 되죠.

- 잘못된 알고리즘: 가볍게 만든 $O(n\log n)$ 함수는 n이 충분히 클 경우 정교하게 만들어졌지만 잘못 최적화된 $O(n^2)$ 함수를 쉽게 능가할 수 있습니다. n이 작을 때는 크게 문제가 되지 않죠.

- 스래싱(thrashing)[1]: 가상 메모리 시스템에서도 발견되고, 웹 캐시에서도 발견되는 문제입니다. 웹에서 너무나 많은 쓰레기들이 캐시를 통해 흘러 들어와서, 재사용될 만한 쓸만한 것들을 캐시에서 밀어내 버리죠.

- 비대한 소프트웨어: 코드가 크고 비대해지면 프로그램이 뭘 하는지 제대로 이해하기 어렵습니다. 필요 이상의 일을 할 수 있는 것이죠. 실행 속도에 초점을 두지 말고, 코드 크기에 집중하세요.

- 다른 사람이 만든 코드: 여러분이 만든 프로그램은 다른 패키지나 라이브러리, 플랫폼, 브라우저, 서버, 운영체제 등에 의존할 수 있습니다. 여러분들이 뭘 사용하는지는 잘 모르지만, 확신하건대 여러분의 코드를 만지작거린다고 다른 사람이 만든 코드가 빨리 실행되지는 않습니다. 여러분의 코드가 시간을 거의 잡아먹지 않아도, 대부분의 사용자들은 큰 차이를 느끼지 못할 것입니다.

언어

최적화에 투자하는 가장 좋은 방법은 언어 엔진일지도 모릅니다. 최적화를 언어 엔

---

1 (옮긴이) 스래싱이란, 계층적 메모리 구조에서 상위 메모리에 있어야 할 데이터가 없어서 하위 메모리에서 해당 데이터를 가져오느라 실제로 해야 할 일을 제대로 못하는 경우를 의미합니다. 캐시를 예로 들면, 프로그램이 처리해야 할 데이터가 계속 캐시에 없어서 데이터를 네트워크나 메모리에서 캐시로 계속 옮기느라 정작 할 일을 못하는 경우입니다.

진에 설치하면, 언어를 사용하는 모든 사용자에게 도움이 됩니다. 개발자가 고품질의 프로그램을 만드는 데 집중할 수 있게 해주죠. 엔진이 프로그램을 빠르게 만들어 주니까요.

최초의 자바스크립트 엔진은 시장에 출시되는 시점에 최적화되었습니다. 당연하게도 별로 빠르지 않았고, 자바스크립트가 그냥 가지고 놀 수준의 언어밖에 안 된다는 이야기를 뒷받침할 뿐이었죠.

그럼에도 자바스크립트는 대부분의 웹 애플리케이션에 빠르게 적용되었습니다. 브라우저에서 성능 문제는 대부분 네트워크를 잘못 써서 파이프라인을 통해 필요한 자원을 가져오는 대신, 순차적으로 가져왔기 때문이 발생했습니다. 또한 아주 비효율적인 DOM API도 있었습니다. DOM은 자바스크립트가 아니지만, DOM의 성능 때문에 자바스크립트도 함께 비난받았죠. 그리고 DOM이 좋지 않기 때문에 대부분의 웹 애플리케이션이 고만고만한 성능을 보였습니다. 자바스크립트의 실행 속도는 사실 큰 영향을 미치지 못했습니다.

그 뒤로 자바스크립트 엔진은 꽤 빨라지긴 했지만 복잡해졌습니다. 쉬운 최적화는 이미 다 되었죠. 그 시점부터 자바스크립트는 점점 더 복잡해졌습니다. 최적화가 규모가 큰 프로그램을 확실히 빠르게 해 주긴 하지만, 그만큼 시작하는 데 걸리는 시간도 늘어났습니다. 시작 시간이 오래 걸리면 사람들은 짜증을 내고, 불만을 가지고, 화를 내죠.

그래서 자바스크립트는 최적화가 안 된 느린 코드로 빨리 시작한 다음, 프로그램이 어떻게 동작하느냐에 따라 최적화한다는 복잡한 행동을 취합니다. 이제까지는 잘해 왔지만, 사실 어려운 일이죠. 모든 것을 빠르게 만들 수는 없습니다. 그래서 다른 전략을 취합니다. 이제는 가장 시끄러운 개발자들에게 가장 큰 이득을 줄 것이라고 예상되는 부분에 대해서 최적화합니다.

언어가 복잡해지면서, 최적화도 점점 힘들어지고 있습니다. 괴물은 점점 그 수가 늘어나고, 줄어들 생각을 하지 않습니다. 결국 복잡성이 압도하게 될 것이고, 게임이 끝나겠죠. 단순하고, 깔끔하고, 균형 잡힌 언어가 최적화하기 더 쉬울 것입니다.

피드백으로 인한 순환이 좀 언짢을 때도 있습니다. 엔진이 어떤 기능을 더 빠르게 만들면, 개발자들이 이를 발견하고 그 기능을 많이 사용합니다. 흡사 기계가 관찰하고 영향받는 것처럼 일종의 사용 패턴을 만들어 내죠. 이런 일들이 결국 최적화에 투자하게 만들지만, 쓸데없이 좋은 프로그램을 최적화하게 만드는 경향도 보입니다.

25장

{ "number": 25, "chapter": "Transpiling" }

트랜스파일링

● ● ○ ○ ●

저는 '그'가 아닙니다.

— 네오(Neo), 영화 〈매트릭스〉 중에서

최근 자바스크립트를 컴파일 대상으로 삼는 경우가 점점 증가하고 있습니다. 트랜스
파일링(transpiling)은 하나의 프로그래밍 언어를 다른 언어로 컴파일하는 특별한 형
태인데, 그 대상으로 자바스크립트가 큰 비중을 차지합니다. 자바스크립트를 마치
이식 가능하고 실행 가능한 형식으로 쓰는 것과 동시에 자바스크립트의 범용성과
안정성을 이용하는 것입니다. 자바스크립트가 웹에서의 가상 머신이 된 것입니다.
대부분의 사람들은 항상 자바의 JVM이 웹에서의 가상 머신이라고 생각하지만, 사
실은 자바스크립트인 것이죠. 자바스크립트는 절대적으로 이식성이 뛰어나고 최소
화된 형태의 소스를 충분히 빠른 속도로 토큰화하고 파싱할 수 있습니다.

소스 언어는 자바스크립트에서 파생된 경우도 있고, 이미 존재하는 다른 언어일
수도 있고 변환을 위해 특별히 설계된 완전히 새로운 언어일 수도 있습니다.

트랜스파일러는 여러 가지 이유로 만들어집니다.

- 실험적인 용도: 트랜스파일러는 실험적인 언어와 기능을 만들고 테스트하는 가
  장 이상적인 방법입니다. 아이디어를 적은 시간과 노력으로 자바스크립트로 테
  스트할 수 있죠.

- 특수화: 트랜스파일러는 아주 특별한 목적으로 만들어진 언어를 구현하기 위해
  사용되기도 합니다. 그런 언어들은 관련 일에 소요되는 작업량을 줄여 줍니다.

- 유산: 트랜스파일러는 자바스크립트를 사용하는 것만으로는 충분하지 않은, 유명하지 않은 언어들을 보호하는 방법을 제공합니다. 이런 언어들을 자바스크립트로 변환함으로써, 오래된 프로그램들이 어디서나 동작할 수 있는 것이죠. 자바스크립트를 쓰기 위해서 자바스크립트가 어떻게 동작하는지 이해할 필요는 없습니다. 물론 무슨 일을 하는지 이해하지 못하는 것은 좋은 생각이 아니지만요.

- 유행: 개발자는 유행에 중독될 수 있습니다. 트랜스파일링은 프로그램을 매혹적인 문법으로 장식할 수 있게 해 줍니다.

- 얼리 액세스(early access): 새로운 언어의 기능이 표준화되고 구현되고 널리 배포되는 건 느리고 불확실한 일입니다. 트랜스파일링을 통해 다음 버전 자바스크립트의 새로운 기능을 현재 버전 자바스크립트로 변환함으로써 즉시 사용해 볼 수 있습니다. 이런 기능들은 대부분 유행을 따르며, 아주 중요한 것들은 아닙니다. 하지만 몇몇 유행은 도저히 기다릴 수 없을 때가 있죠.

- 보안: 자바스크립트에는 많은 고유한 보안 취약점이 내재되어 있습니다. 트랜스파일러는 문제가 될 만한 기능들을 제거함과 동시에 프로그램이 실행 시간 동안 잠재적으로 잘못된 동작을 하는지 점검할 수 있는 간접적인 조치 등을 통해 보안 취약점을 완화시킬 수 있습니다.

- 성능: ASM.js나 웹 어셈블리를 이용한 개발은 자바스크립트에서 사용하지 않는 기능들을 전부 제거함으로써 실행 성능상의 이득을 얻습니다.

트랜스파일러는 상용 생산 단계에서는 사용해서는 안 됩니다. 개인적으로 트랜스파일러는 교육이나 연구 목적으로는 좋다고 생각하지만, 유행이나 과거 방식의 사고를 위한 근시안적인 접근은 몇 년 이내에 걷잡을 수 없는 결과를 초래할 수도 있습니다. 제 조언은, 훌륭한 자바스크립트 프로그램을 만들라는 것입니다.

Neo

Neo는 트랜스파일 언어입니다. 이 이후의 장에서는 Neo가 토큰화, 파싱, 코드 생성, 실행 환경 단계로 어떻게 구현되는지 여러분에게 보여드릴 것입니다.

Neo는 교육적인 목적의 언어입니다. 자바스크립트의 가장 큰 실수들을 바로잡고 예전 패러다임에 강하게 얽매여 있는 기능들을 제거함으로써 다음 세대 언어로 전환하는 데 도움을 주고자 만들어진 언어입니다. 부분적으로는 C 문법을 제거하였습니다. 70년대에 머물러서는, 미래를 보기 힘들죠.

Neo는 많은 부분에서 자바스크립트와 비슷하지만, 뚜렷한 차이점도 있습니다. 차이점 중 일부는 크게 다를 바 없지만, 또 일부는 아주 다릅니다.

- 예약어가 없습니다.

- 이름에 띄어쓰기를 포함할 수 있으며, 물음표로 끝날 수 있습니다.

- 주석을 #으로 시작합니다. 주석은 해당 줄의 끝에서 끝납니다.

- Neo는 의미 있는 공백 문자를 쓰기 때문에 세미콜론이 필요 없습니다. 긴 문장은 (, [, {, ƒ 다음에 끊어서 쓸 수 있습니다.

- Neo는 적은 우선순위 레벨을 가지고 있습니다. 연산자 우선순위는 괄호의 사용을 줄여주긴 하지만 우선순위 레벨이 너무 많으면 다 기억하기도 힘들고, 에러가 발생하기도 쉽습니다. 다음은 가장 낮은 우선순위부터 가장 높은 우선순위까지 연산자를 나열한 것입니다.

    0. ?, !(삼항 연산자), | |(default)
    1. /\(논리 and), \/(논리 or)
    2. =, ≠, <, >, ≤, ≥
    3. ~(연결), ≈(띄어쓰기 연결)
    4. +, −, <<(최소), >>(최대)
    5. *, /
    6. ., [], ( )(호출)

- null은 null, undefined, NaN을 하나로 묶은 단일 객체로서 이들 중 어떤 걸 써야 할지 혼란스러운 상황을 없애 줍니다. null은 비어있는 불변 객체입니다. null에서 속성을 가져오는 것은 실패하지 않으며, 단지 null을 반환하기 때문에 경로 표현식이 잘 동작합니다. null을 수정하거나 호출하는 것은 실패합니다.

- 전위 연산자가 없습니다. 그 대신 단항 함수가 있습니다. 미묘한 차이점은 함수는 괄호가 필요하지만, 연산자는 괄호가 꼭 필요하지 않다는 것입니다. 함수는 훨씬 유연하기 때문에 오직 함수만 사용함으로써 언어를 헷갈리게 만드는 근본 원인을 제거합니다.

- Neo는 큰 10진수라는 하나의 숫자형만 가집니다. 그래서 10진법 연산이 정확합

니다. 자바스크립트가 정확하게 표현할 수 있는 숫자값도 포함합니다. 숫자가 크기 때문에 MIN_VALUE, EPSILON, MAX_SAFE_INTEGER, MAX_VALUE, Infinity 같은 것은 필요가 없습니다.

```
0.1 + 0.2 = 0.3   # 마침내 true가 되는군요.
```

- 연속된 문자는 텍스트(text)라고 부릅니다.

- Neo는 자바스크립트의 객체와 weakmap을 합친 레코드(record)라는 자료형을 가집니다. 그래서 언어에 있는 모든 형태의 것을 객체(object)라고 부를 수 있게 되죠. 레코드는 상속되지 않습니다. 레코드는 필드(field)의 집합체입니다. 필드는 텍스트나 레코드, 배열로 만들어진 키(key)를 가집니다. 필드는 null을 제외한 모든 것을 값(value)으로 가질 수 있습니다. 필드의 값을 null로 바꾸면 해당 필드는 레코드에서 삭제됩니다.

- 배열은 배열 리터럴과 array(*dimension*) 함수로 만들어집니다. array 함수는 새로운 배열을 만들고 길이를 지정한 다음, 모든 요소를 null로 초기화합니다. 색인 값은 음수가 아닌 정수로 *dimension* 값보다 작아야 합니다. 그 범위를 벗어난 곳에 값을 저장하려고 하면 실패합니다. 배열은 let이라는 특별한 형식을 써서 *dimension*을 1 증가시키고 확장할 수 있습니다.

```
def my little array: array(10)
let my little array[10]: 666    # FAIL
let my little array[]: 555

my little array[0]              # null
my little array[10]             # 555
length(my little array)         # 11
```

- stone 함수는 Object.freeze 함수를 대체하는데, 깊은 동결(deep freeze)을 수행합니다. *freeze*라는 단어의 문제점은 동결을 해제하는 것을 기대하게 만든다는 것입니다. 하지만 돌로 변한 뒤에 돌아올 수 있는 방법은 없죠.

- 삼항 연산자는 ?와 !를 사용합니다. 조건문은 반드시 불(boolean) 값이어야 합니다.

```
call (
    my hero = "monster"
```

```
    ? blood curdling scream
    ! (
        my hero = "butterfly" \/ my hero = "unicorn"
        ? do not make a sound
        ! sing like a rainbow
    )
 )()
```

- 쇼트 서킷(short-circuit)[1] 논리 연산자로는 /\가 and 연산을, 그리고 \/가 or를 의미합니다. 논리적 not은 단항 함수입니다. /\, \/, not에 불 값이 아닌 값이 주어지면 실패합니다.

- 단항 산술 함수 abs, fraction, integer, neg가 포함되었습니다. 단항 연산자가 아니라 단항 '함수'입니다. 부호를 바꾸기 위한 빼기(-) 기호는 숫자 리터럴에만 동작합니다.

- 더하기(+) 연산자는 더하기를 하지, 연결을 하지는 않습니다. 다른 산술 연산자로는 -(빼기), *(곱하기), /(나누기), >>(최대), <<(최소)가 있습니다.

- ~ 연산자가 연결을 합니다. ≈ 연산자는 구분할 수 있는 띄어쓰기와 함께 연결합니다.

```
"Hello" ~ "World"    # "HelloWorld"
"Hello" ≈ "World"    # "Hello World"
"Hello" ≈ ""         # "Hello"
"Hello" ≈ null       # null
```

이때 피연산자들을 텍스트로 강제로 변환합니다.

- 다음의 비트 연산 함수들은 임의의 크기의 정수에서 동작합니다: bit mask, bit shift up, bit shift down, bit and, bit or, bit xor.

- typeof 연산자는 다음 술어 함수들로 대체되었습니다: array?, boolean?, function?, number?, record?, text?.

- Number.isInterger 함수와 Number.isSafeInteger 함수는 interger? 함수로 대체되었습니다.

---

1 (옮긴이) 쇼트 서킷은 AND나 OR 연산 등에서 그 결과가 확실한 경우, 나머지 표현식은 계산하지 않는 것을 의미합니다. 예를 들어 false && expression의 경우, AND 연산자는 둘 다 참이어야 그 결과가 참이 되지만 이미 앞의 값이 false이기 때문에 뒤의 expression은 계산하지 않는 경우를 의미합니다.

- `Object.isFrozen` 함수는 `stone?` 함수로 대체되었습니다.

- `char` 함수는 코드 포인트를 전달받아서 텍스트를 반환합니다.

- `code` 함수는 텍스트를 받아서 첫 번째 코드 포인트를 반환합니다.

- `length` 함수는 배열이나 텍스트를 받아서 요소나 문자 개수를 반환합니다.

- `array` 함수는 배열을 만듭니다. 만드는 방법은 인자에 따라 다릅니다.
    - 인자가 음이 아닌 정수라면 해당 크기만큼의 배열을 만듭니다. 만약 또 다른 인자가 주어지면 다음과 같이 동작합니다.
        - `null`이 주어지면 모든 요소를 `null`로 초기화합니다.
        - 함수가 주어지면 함수를 호출해서 초기화 값을 만들어서 초기화합니다.
        - 둘 다 아니라면, 주어진 값을 모든 요소의 초기화 값으로 사용합니다.
    - 인자가 배열이라면 해당 배열에 대한 얕은 복사(shallow copy)[2]를 통해 배열을 만듭니다. 추가 인자를 통해 복사할 시작과 끝 위치를 지정할 수 있습니다.
    - 인자가 레코드라면 텍스트 키로 이루어진 배열을 만듭니다.
    - 인자가 텍스트고 두 번째 인자가 있다면 두 번째 인자 값을 사용해서 첫 번째 인자 텍스트를 잘라서 텍스트 배열로 만듭니다.

- `number` 함수는 텍스트를 받아서 숫자를 반환합니다. 추가로 기수를 사용할지 지정할 수 있습니다.

- `record` 함수는 레코드를 만듭니다. 인자에 따라서 어떻게 만드는지 결정됩니다.
    - 인자가 배열이라면 배열의 요소를 키로 사용합니다. 값은 다른 인자에 의해 다음과 같이 결정됩니다.
        - `null`이라면 모든 값을 `true`로 지정합니다.
        - 배열이라면 요소 값을 레코드 값으로 사용합니다. 배열은 키로 사용하는 배열과 길이가 같아야 합니다.
        - 함수라면 함수를 호출해서 값을 생성합니다.
        - 아니라면, 해당 인자 값을 모든 필드의 초기 값으로 사용합니다.
    - 인자가 레코드라면 해당 레코드의 텍스트 키만 복사하는 얕은 복사를 통

---

2 (옮긴이) 얕은 복사는 배열 또는 객체 등의 주소만을 복사하는 방식을 의미합니다. 예를 들어 `let new_array = prev_array`처럼 복사하는 방식입니다. 반대로, 깊은 복사(deep copy)는 배열이나 객체의 값을 복사하는 것을 의미합니다. `let new_array = prev_array.map(a => a)`처럼 주소가 아닌 내부 값을 복사합니다.

해 레코드를 만듭니다. 만약 다른 인자가 키 배열인 경우 해당 키만 복사합니다.

◦ 인자가 null이라면 빈 레코드를 만듭니다.

- text 함수는 텍스트를 만듭니다. 인자에 따라 어떻게 만들지 결정합니다.

  ◦ 인자가 숫자라면 숫자를 텍스트로 바꿉니다. 추가로 어떤 기수를 사용할지 인자로 전달할 수 있습니다.

  ◦ 배열이라면 모든 요소를 연결합니다. 추가 인자로 구분자를 지정할 수 있습니다.

  ◦ 인자가 텍스트인 경우, 추가로 두 개의 인자로 부분텍스트를 지정할 수 있습니다. 불행히도 이 인자는 코드 유닛을 명세합니다. 이상적인 것은 텍스트가 내부적으로 UTF-32를 써서 표현되는 것입니다. 다음 세대 언어가 UTF-32를 쓸 때까지 기다려야 할 것입니다.

- 함수 객체는 ƒ 연산자로 만들 수 있습니다. 두 가지 형태로 사용 가능합니다.

  ƒ *parameter list* (*expression*)

  ƒ *parameter list* {
      function body
  }

- 매개변수 목록은 쉼표(,)로 구분된 이름 목록과 부수적인 기본 값 그리고 ... 기호입니다. 함수는 익명입니다. 함수에 이름을 붙여 주고 싶으면 def 문을 사용합니다. 함수 객체는 불변입니다.

- 함수 표현식은 표현식의 값을 반환합니다. 함수 몸체에서는 명시적으로 값을 반환해야 합니다.

- default 연산자는 |*expression*|입니다. 왼쪽의 표현식 또는 매개변수 값이 null이라면 오른쪽에 | 기호로 둘러싸인 *expression*이 기본 값을 만들기 위해 평가됩니다. 쇼트 서킷 평가입니다.

- ... 기호는 자바스크립트와 비슷하지만, 차이점은 항상 배열의 앞이 아닌 뒤에 써야 한다는 것입니다.

```
def continuize: ƒ any (
    ƒ callback, arguments... (callback(any(arguments...)))
)
```

- f를 연산자 앞에 접두사로 쓰면 *functino*를 만듭니다. 이 *functino*는 연산자를 일 반적인 함수처럼 쓸 수 있게 만들어 줍니다. 예를 들면 f+로 이항 더하기 함수를 만들어서 축약 함수에 전달하면 더하기를 할 수 있는 것이죠. f+(3, 4)는 7을 반환합니다. 사용할 수 있는 형식은 다음과 같습니다.

  f/\, f\/, f=, f≠, f<, f≥, f>, f≤, f~, f≈, f+, f-, f>>, f<<, f*, f/, f[], f(), f?!, f||

- 함수는 메서드처럼 호출할 수 있습니다. 예를 들어 다음 코드는

  ```
  my little function.method(x, y)
  ```

  다음 코드와 같은 일을 합니다.

  ```
  my little function("method", [x, y])
  ```

  이런 간단한 방법으로 함수를 레코드에 대한 프락시처럼 사용할 수 있습니다.

- def 문은 const 문을 대체합니다.

- var 문은 변수를 선언합니다.

- let 문으로 변수 값이나 레코드 필드, 배열의 요소 값을 바꿀 수 있습니다. let 문에서만 변경이 허용됩니다. 그 외에 할당 연산자는 없습니다. 할당을 제거할 수는 없지만, 제한할 수는 있습니다.

  ```
  def pi: 3.14159265358979323846264338327950288419716939937510582097494459
  var counter: 0
  let counter: counter + 1
  ```

- 블록이 없기 때문에 블록 스코프는 없습니다. 그 대신 함수 스코프가 있습니다.

- call 문은 함수를 호출하고 반환 값을 무시할 수 있습니다.

  ```
  call my little impure side effect causer()
  ```

- Neo에는 if와 else가 있습니다. 또한 switch 문을 대체하기 위한 else if 문도 있습니다. 조건 표현식이 불(boolean) 값을 만들지 않으면 실패로 처리합니다. '거짓으로 볼 수 있는 값'은 없습니다.

  ```
  if my hero = "monster"
      call blood curdling scream()
  ```

```
else if my hero = "butterfly" / my hero = "unicorn"
    call do not make a sound()
else
    call sing like a rainbow()
```

- loop 문은 do, for, while 문을 대체합니다. 반복문은 사용하지 않도록 하고 싶네요. loop는 간단한 무한루프입니다. break나 return을 써서 빠져나갑니다. 반복문은 레이블을 가질 수 없습니다. 그리고 중첩될 수 있습니다. 반복문 내에서는 새로운 함수를 만들 수 없습니다.

- 예외는 failure로 대체됩니다. 함수는 failure 핸들러를 가질 수 있으며, try는 없습니다.

```
def my little function: ʃ x the unknown {
    return risky operation(x the unknown)
failure
    call launch all missiles()
    return null
}
```

- fail 문은 failure를 발생시킵니다. 예외 객체나 기타 메시지 형태의 객체를 받지 않습니다. 만약 이유를 알아야 한다면, fail 문 이전에 어딘가에 기록해 두기 바랍니다.

- 모듈은 import 문을 여러 번 사용할 수 있습니다.

import *name*: *text literal*

- 모듈은 반드시 하나의 export 문만 가집니다.

export *expression*

예제

다음은 Neo로 만든 reduce reverse 함수입니다. 조기 종료와 뒤로 가기를 지원합니다. 세 가지 인자, 즉 array, callback function, initial value를 받습니다. callback function은 네 개의 값, 즉 축약된 현재 값, 현재 배열 요소, 현재 요소의 색인 값, 종료 함수를 받습니다. callback function에서 조기에 종료하고 싶을 경우 exit 함수에 마지막 값을 전달하여 받은 값을 반환합니다.

```
def reduce reverse: ƒ array, callback function, initial value {

    # 배열을 축약하여 하나의 값으로 만듭니다.

    # 초기화 값이 지정되지 않으면 0번째 요소 값을 초기화 값으로 쓰고
    # 첫 번째 반복문은 건너뜁니다.

    var element nr: length(array)
    var reduction: initial value
    if reduction = null
        let element nr: element nr - 1
        let reduction: array[element nr]

# callback 함수는 작업을 멈출 때 호출할 수 있는 exit 함수를 전달받습니다.

    def exit: ƒ final value {
        let element nr: 0
        return final value
    }

# 배열 요소를 전부 소진하거나 조기 종료가 요청되면 반복문을 종료합니다.
# 각 반복에서 배열의 다음 요소를 가지고 callback 함수를 호출합니다.

    loop
        let element nr: element nr - 1
        if element nr < 0
            break
        let reduction: callback function(
            reduction
            array[element nr]
            element nr
            exit
        )
    return reduction
}
```

다음 세대 언어

Neo는 다음 세대 언어[3]가 아닙니다. 완전한 언어도 아닙니다. 중요한 많은 기능이
빠져있습니다. 하지만 언어에 기능을 추가하는 것은 쉬운 일이므로 큰 문제는 아닙
니다.

---

3 (옮긴이) 저자는 자바스크립트를 대신할 수 있는 '다음 언어(next language)'에 대해서 설명하고 있지만, 자바스
크립트뿐 아니라 다음에 등장할 프로그래밍 언어에 바라는 점을 전부 설명하고 있어서 '다음 세대 언어'라고 번역
하였습니다.

Neo는 아직 JSON을 지원하지 않습니다. 21세기에 만들어진 진지한 언어라면 절대로 내장 JSON 인코딩/디코딩을 빼먹을 수 없습니다.

Neo에는 텍스처 패턴 매칭 기능이 빠져있습니다. 자바스크립트는 그럴 목적으로 정규표현식을 사용하죠. 다음 세대 언어는 좀 덜 난해한 표기법으로 된 문맥 자유 언어를 지원해야 할 것입니다.

다음 세대 언어는 유니코드를 더 잘 지원해야 합니다. 예를 들면 split 함수가 문자를 어떻게 조합하는지 알고 텍스트를 글리프(glyph)로 나눌 수 있는 것이죠.

다음 세대 언어는 내부 문자 표현 방식으로 UTF-32를 사용해야 합니다. 사치스럽다고 생각될 수도 있습니다. 하지만 예전에는 문자를 표현하기 위해 8비트를 쓰는 것도 사치스럽다고 여겨졌었습니다. 그 시절에 메모리는 킬로바이트 단위였습니다. 지금은 기가바이트 단위고요. 메모리가 충분히 크기 때문에, 문자의 크기는 큰 문제가 되지 않습니다. UTF-32를 쓰면 코드 유닛과 코드 포인트의 차이가 없어지고, 전 세계적으로 정확하게 동작할 수 있는 프로그램을 만들기가 쉬워집니다.

다음 세대 언어는 blob(Binary Large OBject)을 직접 지원해야 합니다. 데이터들이 크고, 지저분하지만 멋지게 포장되고 신비롭길 원할 거거든요.

다음 세대 언어는 비동기 프로그래밍을 더 잘 지원해야 합니다. 프로세싱 루프와 메시지 디스패치, 그리고 순차적 전송을 포함해서 말이죠.

다음 세대 언어는 안전한 네트워킹을 위한 더 나은 지원을 해야 합니다.

다음 세대 언어에서는 시작, 통신, 파괴와 같은 프로세스에 대한 관리 지원이 있어야 합니다. 프로세스들을 연결해서 함께 종료될 수 있도록 만들 수 있어야 합니다. 한 프로세스가 실패하면 연결된 다른 모든 프로세스가 실패하고 종료되는 것이죠. 그리고 새로운 상태로 프로세스들을 다시 만들고 시작하게 하는 것입니다.

다음 세대 언어는 순수 함수의 병렬 처리를 지원해야 합니다. CPU의 성능이 예전만큼 빠르게 향상되지는 않지만, 대신 그 수가 점점 많아지고 있습니다. 결국 가장 큰 성능 향상은 병렬성을 통해 얻게 될 것입니다.

Neo는 다음 세대 언어는 아니지만, 다음 패러다임에 대한 두려움을 없애는 데 도움이 될 것입니다. 다음에는 Neo를 만들어 봅시다.

26장

`{ "number": 26, "chapter": "Tokenizing" }`

토큰화

● ● ○ ● ○

기계가 해야 할 일에 사람을 보내지 마라.

— 스미스 요원, 영화 〈매트릭스〉 중에서

프로그램을 만드는 첫 번째 단계는 소스를 토큰 단위로 쪼개는 것입니다. 토큰은 연속된 문자열로 구성되며 소스에서 의미 있는 단어를 나타내는 단위입니다. 예를 들면 이름이나 펑츄에이터(punctuator), 숫자 리터럴, 텍스트 리터럴 등을 나타내는 것이죠. 소스의 각 토큰별로 토큰 객체를 만들 것입니다.

우선 정규표현식을 이용해서 소스를 줄 단위로 나누고, 그 다음 각 줄을 토큰들로 분해합니다.

```
const rx_unicode_escapement = /
    \\ u \{ ( [ 0-9 A-F ]{4,6} ) \}
/g;
```

rx_crfl은 줄바꿈 문자나 캐리지 리턴, 캐리지 리턴 줄바꿈과 매치됩니다. 아직도 20세기 중반 전기기계식 타자기에서나 봄직한 코드 때문에 일이 많아지는군요.

```
const rx_crlf = /
    \n
|
    \r \n?
/;
```

rx_token은 Neo 언어의 토큰인 주석이나 이름, 숫자, 문자열, 펑츄에이터와 매치됩니다.

```
const rx_token = /
    ( \u0020+ )
|
    ( # .* )
|
    (
        [ a–z A–Z ]
        (?:
            \u0020 [ a–z A–Z ]
        |
            [ 0–9 a–z A–Z ]
        )*
        \??
    )
|
    (
        –? \d+
        (?: \. \d+ )?
        (?: e \–? \d+ )?
    )
|
    (
        "
        (?:
            [^ " \\ ]
        |
            \\
            (?:
                [ n r " \\ ]
            |
                u \{ [ 0–9 A–F ]{4,6} \}
            )
        )*
        "
    )
|
    (
        \. (?: \. \.)?
    |
        \/ \\?
    |
        \\ \/?
    |
        > >?
    |
        < <?
    |
        \[ \]?
    |
```

```
        \{ \}?
    |
        [ ( ) } \] . , : ? ! ; ~ ≈ = ≠ ≤ ≥ & | + \- * % ƒ $ @ \^ _ ' ` ]
    )
/y;

// Capture Group
//      [1] Whitespace
//      [2] Comment
//      [3] Alphameric
//      [4] Number
//      [5] String
//      [6] Punctuator
```

토큰화 팩토리를 익스포트합니다.

```
export default Object.freeze(function tokenize(source, comment = false) {
```

tokenize는 소스를 받아서 토큰 객체 배열을 만듭니다. source가 배열이 아니라면 줄바꿈 문자 단위로 줄을 나눕니다. comment를 true로 지정하면 주석 역시 토큰 객체로 포함시킵니다. 파서는 주석이 필요 없겠지만, 그 외 소프트웨어 툴에서는 주석을 쓸 수도 있으니깐요.

```
    const lines = (
        Array.isArray(source)
        ? source
        : source.split(rx_crlf)
    );
    let line_nr = 0;
    let line = lines[0];
    rx_token.lastIndex = 0;
```

팩토리는 각 줄을 토큰 객체로 쪼개주는 제너레이터를 만듭니다. 토큰 객체에는 고유 식별 정보와 좌표(몇 번째 줄 몇 번째 단어), 그 외 정보가 포함됩니다. 공백 문자는 토큰화되지 않습니다.

  토큰 제너레이터를 호출할 때마다 그다음 토큰을 만듭니다.

```
    return function token_generator() {
        if (line === undefined) {
            return;
        }
        let column_nr = rx_token.lastIndex;
        if (column_nr >= line.length) {
```

```
            rx_token.lastIndex = 0;
            line_nr += 1;
            line = lines[line_nr];
            return (
                line === undefined
                ? undefined
                : token_generator()
            );
        }
        let captives = rx_token.exec(line);
```

다음은 아무것도 일치하지 않는 경우입니다.

```
        if (!captives) {
            return {
                id: "(error)",
                line_nr,
                column_nr,
                string: line.slice(column_nr)
            };
        }
```

다음은 공백 문자가 일치하는 경우입니다.

```
        if (captives[1]) {
            return token_generator();
        }
```

다음은 주석이 일치하는 경우입니다.

```
        if (captives[2]) {
            return (
                comment
                ? {
                    id: "(comment)",
                    comment: captives[2],
                    line_nr,
                    column_nr,
                    column_to: rx_token.lastIndex
                }
                : token_generator()
            );
        }
```

다음은 이름(name) 규칙에 일치하는 경우입니다.

```
    if (captives[3]) {
        return {
            id: captives[3],
            alphameric: true,
            line_nr,
            column_nr,
            column_to: rx_token.lastIndex
        };
    }
```

다음은 숫자 리터럴에 해당하는 경우입니다.

```
    if (captives[4]) {
        return {
            id: "(number)",
            readonly: true,
            number: big_float.normalize(big_float.make(captives[4])),
            text: captives[4],
            line_nr,
            column_nr,
            column_to: rx_token.lastIndex
        };
    }
```

다음은 텍스트 리터럴에 해당하는 경우입니다.

```
    if (captives[5]) {
```

.replace를 써서 \u{xxxxxx}를 코드 포인트로 변환하고, JSON.parse를 통해 나머지 이스케이프 문자와 따옴표들을 제거합니다.

```
        return {
            id: "(text)",
            readonly: true,
            text: JSON.parse(captives[5].replace(
                rx_unicode_escapement,
                function (ignore, code) {
                    return String.fromCodePoint(parseInt(code, 16));
                }
            )),
            line_nr, column_nr,
            column_to: rx_token.lastIndex
        };
    }
```

다음은 평츄에이터가 발견된 경우입니다.

```
    if (captives[6]) {
        return {
            id: captives[6],
            line_nr,
            column_nr,
            column_to: rx_token.lastIndex
        };
    }
};
});
```

27장

{ "number": 27, "chapter": "Parsing" }

파싱

● ● ○ ● ●

> 몇몇 사람은 완벽한 세계를 프로그래밍하는 것이 불가능하다고 생각했지.
> 하지만 내 생각에, 인간은 하나의 종으로서,
> 비참함과 고통을 통해 현실을 자각하는 것 같아.
>
> — 스미스 요원, 영화 〈매트릭스〉 중에서

파싱은 연속한 토큰 객체를 구문 트리 형태로 만들어 내는 과정입니다. 또한 파싱
도중 소스에서 발견되는 에러를 찾을 수도 있습니다. 토큰 객체에는 여러 속성이
추가됩니다. 이 속성들 중 가장 중요한 것은 zeroth, wunth 그리고 twoth 속성입니
다. 이 속성들을 통해 트리 구조를 만듭니다. '더하기' 연산을 예로 살펴보면, '+'라
는 토큰의 zeroth와 wunth 속성에 두 개의 피연산자가 저장됩니다. if 토큰의 경우
에는 조건 표현식이 zeroth 속성에, 그리고 then 절이 wunth 속성에 저장되고 else
절이 twoth에 저장됩니다. 이 외에도 다른 속성들이 존재하는데, 앞으로 하나씩 살
펴볼 것입니다.

파싱 도중 오류가 발견되는 경우, error 함수를 사용해서 보고합니다. 발생하는
오류들의 목록을 저장하고 계속 작업을 진행할 수도 있겠지만, 여기에서는 처음 오
류가 발견되면 작업을 중지하도록 하겠습니다. 개발자 모드를 사용하는 중이라면,
오류가 발견되면 편집기의 커서가 다음 문제가 있는 지점으로 움직이길 원할 것입
니다. 만약 빌드 모드라면, 오류의 목록이 아니라 성공 혹은 실패인지 여부를 보고
싶겠지요.

```
let the_error;

function error(zeroth, wunth) {
    the_error = {
        id: "(error)",
        zeroth,
        wunth
    };
    throw "fail";
}
```

primordial 객체에는 true 상수나 neg 함수 같이 언어 자체에 내장되어야 할 객체들이 포함됩니다. 프로토타입 체인으로 인해 객체가 오염되는 상황을 피하기 위해서 primordial 객체는 Object.create(null)를 사용해 생성합니다. Object.create(null) 대신 valueOf 메서드를 가진 Object.prototype을 사용한다면, 원하지 않더라도 valueOf가 언어에 기본 객체로 포함되는 경우가 발생하게 됩니다.

```
const primordial = (function (ids) {
    const result = Object.create(null);
    ids.forEach(function (id) {
        result[id] = Object.freeze({
            id,
            alphameric: true,
            readonly: true
        });
    });
    return Object.freeze(result);
}([
    "abs", "array", "array?", "bit and", "bit mask", "bit or", "bit shift down",
    "bit shift up", "bit xor", "boolean?", "char", "code", "false", "fraction",
    "function?", "integer", "integer?", "length", "neg", "not", "number",
    "number?", "null", "record", "record?", "stone", "stone?", "text", "text?",
    "true"
]));
```

readonly 속성이 지정되면 let 문은 사용할 수 없습니다.

연속된 토큰을 처리하는 과정에서 항상 세 개의 토큰을 접하게 됩니다.

생성 함수는 연속된 토큰 객체들을 공급합니다. prev_token, token 그리고 next_token이라는 세 개의 토큰이 제공됩니다. advance 함수는 이 생성 함수를 사용해서 주석을 제외한 모든 토큰 객체를 순환합니다.

```
let the_token_generator;
let prev_token;
let token;
let next_token;

let now_function;      // 현재 처리되고 있는 함수
let loop;              // 반복문 종료 조건 배열

const the_end = Object.freeze({
    id: "(end)",
    precedence: 0,
    column_nr: 0,
    column_to: 0,
    line_nr: 0
});
```

advance 함수는 다음 토큰으로 진행합니다. 함께 쓰이는 prelude 함수는 가능한 경우 현재의 토큰을 두 개의 토큰으로 나눕니다.

```
function advance(id) {
```

토큰 생성기를 사용해서 다음 토큰으로 진행합니다. id가 제공되는 경우 현재 토큰이 주어진 id와 일치하는지 검사합니다.

```
    if (id !== undefined && id !== token.id) {
        return error(token, "expected '" + id + "'");
    }
    prev_token = token;
    token = next_token;
    next_token = the_token_generator() || the_end;
}

function prelude() {
```

토큰에 공백이 포함될 경우, 공백 문자의 앞부분을 prev_token에 저장합니다. 공백이 없으면 계속 진행합니다.

```
    if (token.alphameric) {
        let space_at = token.id.indexOf(" ");
        if (space_at > 0) {
            prev_token = {
                id: token.id.slice(0, space_at),
                alphameric: true,
                line_nr: token.line_nr,
                column_nr: token.column_nr,
```

```
                column_to: token.column_nr + space_at
            };
            token.id = token.id.slice(space_at + 1);
            token.column_nr = token.column_nr + space_at + 1;
            return;
        }
    }
    return advance();
}
```

Neo 언어에서 공백 문자는 아주 중요합니다. 줄바꿈(또는 개행문자)은 각 문장이나 요소의 끝을 알리는 용도로 사용됩니다. 들여쓰기는 절의 끝을 나타냅니다. 다음 함수들을 통해 이런 공백 문자들을 다룹니다.

```
let indentation;

function indent() {
    indentation += 4;
}

function outdent() {
    indentation -= 4;
}

function at_indentation() {
    if (token.column_nr !== indentation) {
        return error(token, "expected at " + indentation);
    }
}

function is_line_break() {
    return token.line_nr !== prev_token.line_nr;
}

function same_line() {
    if (is_line_break()) {
        return error(token, "unexpected linebreak");
    }
}

function line_check(open) {
    return (
        open
        ? at_indentation()
        : same_line()
    );
}
```

register 함수는 함수 스코프에 새로운 변수를 선언합니다. lookup 함수는 가장 가까운 스코프에서 변수를 찾습니다.

```
function register(the_token, readonly = false) {
```

현재 스코프에 변수를 더합니다.

```
    if (now_function.scope[the_token.id] !== undefined) {
        error(the_token, "already defined");
    }
    the_token.readonly = readonly;
    the_token.origin = now_function;
    now_function.scope[the_token.id] = the_token;
}

function lookup(id) {
```

현재 스코프에서 정의를 찾습니다.

```
    let definition = now_function.scope[id];
```

현재 스코프에서 정의를 찾을 수 없다면, 상위(부모) 스코프에서 검색합니다.

```
    if (definition === undefined) {
        let parent = now_function.parent;
        while (parent !== undefined) {
            definition = parent.scope[id];
            if (definition !== undefined) {
                break;
            }
            parent = parent.parent;
        }
```

그래도 찾을 수 없다면, 언어에 내장된 기본 객체에서 찾습니다.

```
        if (definition === undefined) {
            definition = primordial[id];
        }
```

지금 위치의 함수는 위 과정을 통해 찾은 정의를 사용한다는 점을 기억하기 바랍니다.

```
        if (definition !== undefined) {
            now_function.scope[id] = definition;
        }
    }
    return definition;
}
```

origin 속성에는 변수를 생성한 함수가 무엇인지 저장되어 있습니다. scope 속성은 함수에서 생성하거나 사용된 모든 변수를 가지고 있습니다. parent 속성은 이 함수를 생성한 함수를 가리킵니다.

언어의 문장과 전위, 후위를 파싱하기 위해 세 개의 객체에 포함된 함수가 사용됩니다. 바로 parse_statement, parse_prefix 그리고 parse_suffix 객체죠. 이 객체들은 특별한 파싱을 수행하는 함수들을 가지고 있습니다. 앞서 설명한 것과 유사한 이유로, Object.prototype의 쓸모없는 부분들을 사용하지 않기 위해 Object.create(null)로 이 객체들을 생성합니다.

```
const parse_statement = Object.create(null);
const parse_prefix = Object.create(null);
const parse_suffix = Object.create(null);
```

expression 함수(그리고 함께 쓰이는 argument_expression 함수)는 이 파서의 핵심입니다. 표현식은 두 개의 부분, 즉 좌측부와 부수적인 우측부로 구성되어 있다고 볼 수 있습니다. 좌측부는 리터럴, 변수, 그리고 전위 같은 것들입니다. 우측부는 후위 연산자와 그 뒤에 연결되는 다른 표현식으로 구성될 수 있습니다. 우측부에 후위가 있고 상위 노드와 연결되어 있다면, 좌측부는 우측부 파서로 전달되어 새로운 좌측부가 됩니다. 그 경우 우측부 파서는 아마도 expression 함수를 다시 호출하게 되며, 상위 노드도 아마 다를 것입니다.

표현식은 열려 있거나 닫혀 있습니다. 닫혀 있다면 표현식은 같은 줄에서 끝나야 합니다. 열려 있는 표현식이라면 적절한 들여쓰기가 되어 있어야 하며, 후위 이전에 줄바꿈 문자가 나타나야 합니다.

```
function argument_expression(precedence = 0, open = false) {
```

표현식을 처리하는 함수는 파서의 심장입니다. 여기에는 Pratt 파싱으로도 알려져 있는, 더욱 단순한 파싱 기법인 Top Down Operator Precedence가 사용됩니다.

줄바꿈 문자 등을 처리해야 할 경우를 위해 open 매개변수를 사용합니다. open 값이 참이라면, 토큰이 들여쓰기된 상태여야 합니다.

```
let definition;
let left;
let the_token = token;
```

토큰이 숫자 리터럴인지 혹은 문자 리터럴인지 확인합니다.

```
if (the_token.id === "(number)" || the_token.id === "(text)") {
    advance();
    left = the_token;
```

토큰이 알파벳으로만 구성되어 있는지 검사합니다.

```
} else if (the_token.alphameric === true) {
    definition = lookup(the_token.id);
    if (definition === undefined) {
        return error(the_token, "expected a variable");
    }
    left = definition;
    advance();
} else {
```

토큰이 (나 [, {, ƒ 전위일 수도 있습니다.

```
    definition = parse_prefix[the_token.id];
    if (definition === undefined) {
        return error(the_token, "expected a variable");
    }
    advance();
    left = definition.parser(the_token);
}
```

이제 좌측부가 끝났습니다. 우측부에 후위 연산자가 있나요? 상위 노드에서 해당 후위 연산자를 처리할 수 있나요? 그렇다면 왼쪽과 오른쪽을 합쳐서 새로운 좌측부를 만듭니다.

```
while (true) {
    the_token = token;
    definition = parse_suffix[the_token.id];
    if (
        token.column_nr < indentation
```

```
                || (!open && is_line_break())
                || definition === undefined
                || definition.precedence <= precedence
            ) {
            break;
        }
        line_check(open && is_line_break());
        advance();
        the_token.class = "suffix";
        left = definition.parser(left, the_token);
    }
```

반복문을 0번 이상 실행한 뒤, 표현식에 해당하는 구문 트리를 반환합니다.

```
    return left;
}

function expression(precedence, open = false) {
```

표현식에서는 공백 문자를 검사해야 하지만, 인자 표현식에서는 그럴 필요가 없습니다.

```
    line_check(open);
    return argument_expression(precedence, open);
}
```

precendence 속성은 후위 연산자가 어떻게 파싱되어야 하는지 결정합니다. parser 속성은 전위 혹은 후위를 파싱하기 위한 함수를 가리킵니다. class 속성 값은 "suffix", "statement", undefined 중 하나를 가집니다.

　간단한 후위 연산자를 살펴보겠습니다. .(점) 파서는 좌측 표현식과 .(점) 토큰을 전달받습니다. 파서는 우선 표현식이 올바른지 검사합니다. 그리고 현재 토큰이 이름인지 확인합니다. 그리고 이들을 합쳐서 .(점) 토큰으로 만든 뒤 반환합니다.

```
function parse_dot(left, the_dot) {
```

좌측 표현식은 변수이거나 객체 리터럴이 아닌 객체를 반환할 수 있는 표현식이어야 합니다.

```
    if (
        !left.alphameric
        && left.id !== "."
```

```
        && (left.id !== "[" || left.wunth === undefined)
        && left.id !== "("
    ) {
        return error(token, "expected a variable");
    }
    let the_name = token;
    if (the_name.alphameric !== true) {
        return error(the_name, "expected a field name");
    }
    the_dot.zeroth = left;
    the_dot.wunth = the_name;
    same_line();
    advance();
    return the_dot;
}
```

[](첨자) 파서는 좀 더 흥미롭습니다. 좌측 표현식과 [(왼쪽 대괄호) 토큰을 전달 받습니다. 우선 좌측 표현식이 올바른 검사합니다. 그리고 괄호 안에 있는 내용을 알아내기 위해 expression 함수를 호출합니다. 왼쪽 대괄호 이후로 줄바꿈 문자가 나오면 이는 열린 표현식입니다. 그리고 닫는 대괄호(]) 토큰을 처리합니다.

```
function parse_subscript(left, the_bracket) {
    if (
        !left.alphameric
        && left.id !== "."
        && (left.id !== "[" || left.wunth === undefined)
        && left.id !== "("
    ) {
        return error(token, "expected a variable");
    }
    the_bracket.zeroth = left;
    if (is_line_break()) {
        indent();
        the_bracket.wunth = expression(0, true);
        outdent();
        at_indentation();
    } else {
        the_bracket.wunth = expression();
        same_line();
    }
    advance("]");
    return the_bracket;
}
```

ellipsis 파서는 세 곳, 즉 매개변수 목록, 인자 목록, 배열 리터럴에서만 사용되므로 다른 후위 연산자와는 다르게 구성됩니다. 다른 곳에서는 사용할 수 없기 때문에 특별한 경우로 취급합니다.

```
function ellipsis(left) {
    if (token.id === "...") {
        const the_ellipsis = token;
        same_line();
        advance("...");
        the_ellipsis.zeroth = left;
        return the_ellipsis;
    }
    return left;
}
```

()(호출) 파서는 함수 호출문을 파싱합니다. 호출 파서는 각 인자에 대해서 argument_expression을 호출합니다. 열린 형태의 호출문은 인자 목록을 쉼표 없이 세로로 나열합니다.

```
function parse_invocation(left, the_paren) {

    // function invocation:
    //     expression
    //     expression...

    const args = [];
    if (token.id === ")") {
        same_line();
    } else {
        const open = is_line_break();
        if (open) {
            indent();
        }
        while (true) {
            line_check(open);
            args.push(ellipsis(argument_expression()));
            How Parsing Works 27.6
            if (token.id === ")" || token === the_end) {
                break;
            }
            if (!open) {
                same_line();
                advance(",");
            }
        }
        if (open) {
            outdent();
```

```
                at_indentation();
        } else {
            same_line();
        }
    }
    advance(")");
    the_paren.zeroth = left;
    the_paren.wunth = args;
    return the_paren;
}
```

suffix 함수는 parse_suffix 배열을 만듭니다. suffix 함수는 연산자와 상위 노드, 그리고 부수적인 파서를 전달받습니다. 부수적인 파서를 제공받지 못하면, 대부분의 연산자를 처리할 수 있는 기본 파서 함수를 사용합니다.

```
function suffix(
    id,
    precedence,
    optional_parser = function infix(left, the_token) {
        the_token.zeroth = left;
        the_token.wunth = expression(precedence);
        return the_token;
    }
) {
```

중위 혹은 후위 연산자를 만듭니다.

```
    const the_symbol = Object.create(null);
    the_symbol.id = id;
    the_symbol.precedence = precedence;
    the_symbol.parser = optional_parser;
    parse_suffix[id] = Object.freeze(the_symbol);
}

suffix("|", 111, function parse_default(left, the_bar) {
    the_bar.zeroth = left;
    the_bar.wunth = expression(112);
    advance("|");
    return the_bar;
});
suffix("?", 111, function then_else(left, the_then) {
    the_then.zeroth = left;
    the_then.wunth = expression();
    advance("!");
    the_then.twoth = expression();
    return the_then;
```

```
});
suffix("/\\", 222);
suffix("\\/", 222);
suffix("~", 444);
suffix("≈", 444);
suffix("+", 555);
suffix("−", 555);
suffix("<<", 555);
suffix(">>", 555);
suffix("*", 666);
suffix("/", 666);
suffix(".", 777, parse_dot);
suffix("[", 777, parse_subscript);
suffix("(", 777, parse_invocation);
```

관계 연산자는 '$a < b \leq c$' 와 같은 문장을 작성하는 오류를 방지하기 위해 다른 연산자와 다르게 다룹니다.

```
const rel_op = Object.create(null);

function relational(operator) {
    rel_op[operator] = true;
    return suffix(operator, 333, function (left, the_token) {
        the_token.zeroth = left;
        the_token.wunth = expression(333);
        if (rel_op[token.id] === true) {
            return error(token, "unexpected relational operator");
        }
        return the_token;
    });
}

relational("=");
relational("≠");
relational("<");
relational(">");
relational("≤");
relational("≥");
```

prefix 함수는 parse_prefix 배열을 만듭니다. ((왼쪽 소괄호)와 [(왼쪽 대괄호)가 parse_suffix 배열에도 있다는 점에 주의하기 바랍니다. 문제가 되지는 않습니다. 전위 연산자는 상위 노드가 필요하지 않으므로 전혀 모호하지 않습니다.

```
function prefix(id, parser) {
    const the_symbol = Object.create(null);
```

```
        the_symbol.id = id;
        the_symbol.parser = parser;
        parse_prefix[id] = Object.freeze(the_symbol);
}

prefix("(", function (ignore) {
    let result;
    if (is_line_break()) {
        indent();
        result = expression(0, true);
        outdent();
        at_indentation();
    } else {
        result = expression(0);
        same_line();
    }
    advance(")");
    return result;
});
```

배열 리터럴 파서는 각 요소에 대해 expression 함수를 호출합니다. 요소는 어떤 표현식도 될 수 있으며, ...이 그 뒤에 따라올 수도 있습니다. 배열 리터럴을 표시하는 데는 세 가지 방법이 있습니다.

- 빈 배열 리터럴: '[(왼쪽 대괄호)](오른쪽 대괄호)', 길이가 0인 배열
- 닫힌 배열 리터럴: 같은 줄에 전체 리터럴을 쉼표로 구분하여 작성
- 열린 배열 리터럴: [(왼쪽 대괄호) 다음에 줄바꿈 문자가 오며, 들여쓰기를 하고,](오른쪽 대괄호)에서는 이전 들여쓰기 위치로 복귀합니다. 표현식들은 ,(쉼표) 나 ;(세미콜론), 그리고/혹은 줄바꿈 문자로 구분됩니다.

;(세미콜론)으로 이차원 배열을 만들 수 있습니다.

```
[[2, 7, 6], [9, 5, 1], [4, 3, 8]]
```

위의 코드는 다음과 같이 표현할 수 있습니다.

```
[2, 7, 6; 9, 5, 1; 4, 3, 8]
```

```
prefix("[", function arrayliteral(the_bracket) {
    let matrix = [];
    let array = [];
    if (!is_line_break()) {
        while (true) {
```

```
                array.push(ellipsis(expression()));
                if (token.id === ",") {
                    same_line();
                    advance(",");
                } else if (
                    token.id === ";"
                    && array.length > 0
                    && next_token !== "]"
                ) {
                    same_line();
                    advance(";");
                    matrix.push(array);
                    array = [];
                } else {
                    break;
                }
            }
            same_line();
        } else {
            indent();
            while (true) {
                array.push(ellipsis(expression(0, is_line_break())));
                if (token.id === "]" || token === the_end) {
                    break;
                }
                if (token.id === ";") {
                    if (array.length === 0 || next_token.id === "]") {
                        break;
                    }
                    same_line();
                    advance(";");
                    matrix.push(array);
                    array = [];
                } else if (token.id === "," || !is_line_break()) {
                    same_line();
                    advance(",");
                }
            }
            outdent();
            if (token.column_nr !== indentation) {
                return error(token, "expected at " + indentation);
            }
        }
        advance("]");
        if (matrix.length > 0) {
            matrix.push(array);
            the_bracket.zeroth = matrix;
        } else {
            the_bracket.zeroth = array;
```

```
    }
    return the_bracket;
});

prefix("[]", function emptyarrayliteral(the_brackets) {
    return the_brackets;
});
```

레코드 리터럴 파서는 네 가지 형태의 필드를 인식합니다.

- 변수
- 이름: 표현식
- "문자열": 표현식
- [표현식]: 표현식

```
prefix("{", function recordliteral(the_brace) {
    const properties = [];
    let key;
    let value;
    const open = the_brace.line_nr !== token.line_nr;
    if (open) {
        indent();
    }
    while (true) {
        line_check(open);
        if (token.id === "[") {
            advance("[");
            key = expression();
            advance("]");
            same_line();
            advance(":");
            value = expression();
        } else {
            key = token;
            advance();
            if (key.alphameric === true) {
                if (token.id === ":") {
                    same_line();
                    advance(":");
                    value = expression();
                } else {
                    value = lookup(key.id);
                    if (value === undefined) {
                        return error(key, "expected a variable");
                    }
                }
```

```
                key = key.id;
            } else if (key.id === "(text)") {
                key = key.text;
                same_line();
                advance(":");
                value = expression();
            } else {
                return error(key, "expected a key");
            }
        }
        properties.push({
            zeroth: key,
            wunth: value
        });
        if (token.column_nr < indentation || token.id === "}") {
            break;
        }
        if (!open) {
            same_line();
            advance(",");
        }
    }
    if (open) {
        outdent();
        at_indentation();
    } else {
        same_line();
    }
    advance("}");
    the_brace.zeroth = properties;
    return the_brace;
});

prefix("{}", function emptyrecordliteral(the_braces) {
    return the_braces;
});
```

함수 리터럴 파서는 새로운 함수를 만듭니다. 아울러 '*functino*'에 대한 접근 권한도
제공합니다. 이 이름은 '*function*'을 잘못 쓴 것을 그대로 사용한 것입니다.

```
const functino = (function make_set(array, value = true) {
    const object = Object.create(null);
    array.forEach(function (element) {
        object[element] = value;
    });
    return Object.freeze(object);
}([
```

```
    "?", "|", "/\\", "\\/", "=", "≠", "<", "≥", ">", "≤",
    "~", "≈", "+", "-", ">>", "<<", "*", "/", "[", "("
]));
```

```
prefix("f", function function_literal(the_function) {
```

f 뒤에 후위 연산자가 있으면, 그에 해당하는 functino를 만듭니다.

```
    const the_operator = token;
    if (
        functino[token.id] === true
        && (the_operator.id !== "(" || next_token.id === ")")
    ) {
        advance();
        if (the_operator.id === "(") {
            same_line();
            advance(")");
        } else if (the_operator.id === "[") {
            same_line();
            advance("]");
        } else if (the_operator.id === "?") {
            same_line();
            advance("!");
        } else if (the_operator.id === "|") {
            same_line();
            advance("|");
        }
        the_function.zeroth = the_operator.id;
        return the_function;
    }
```

새로운 함수를 구성합니다.

```
    if (loop.length > 0) {
        return error(the_function, "Do not make functions in loops.");
    }
    the_function.scope = Object.create(null);
    the_function.parent = now_function;
    now_function = the_function;

    // 함수의 매개변수는 세 가지 방식으로 쓸 수 있습니다.
    //     name
    //     name | default |
    //     name...
```

매개변수 목록은 열려 있거나 닫혀 있습니다.

```
const parameters = [];
if (token.alphameric === true) {
    let open = is_line_break();
    if (open) {
        indent();
    }
    while (true) {
        line_check(open);
        let the_parameter = token;
        register(the_parameter);
        advance();
        if (token.id === "...") {
            parameters.push(ellipsis(the_parameter));
            break;
        }
        if (token.id === "|") {
            advance("|");
            parameters.push(parse_suffix["|"](the_parameter, prev_token));
        } else {
            parameters.push(the_parameter);
        }
        if (open) {
            if (token.id === ",") {
                return error(token, "unexpected ','");
            }
            if (token.alphameric !== true) {
                break;
            }
        } else {
            if (token.id !== ",") {
                break;
            }
            same_line();
            advance(",");
            if (token.alphameric !== true) {
                return error(token, "expected another parameter");
            }
        }
    }
    if (open) {
        outdent();
        at_indentation();
    } else {
        same_line();
    }
}
the_function.zeroth = parameters;
```

함수는 (반환 표현식)이나 {함수 몸체}를 가질 수 있습니다.

반환 표현식을 파싱합니다.

```
if (token.id === "(") {
    advance("(");
    if (is_line_break()) {
        indent();
        the_function.wunth = expression(0, true);
        outdent();
        at_indentation();
    } else {
        the_function.wunth = expression();
        same_line();
    }
    advance(")");
} else {
```

함수 몸체를 파싱합니다. 함수 몸체에는 명시적인 반환문이 있어야만 합니다. 함수의 끝에 다다른다고 묵시적인 반환이 일어나지는 않습니다.

```
    advance("{");
    indent();
    the_function.wunth = statements();
    if (the_function.wunth.return !== true) {
        return error(prev_token, "missing explicit 'return'");
    }
```

failure 핸들러를 파싱합니다.

```
    if (token.id === "failure") {
        outdent();
        at_indentation();
        advance("failure");
        indent();
        the_function.twoth = statements();
        if (the_function.twoth.return !== true) {
            return error(prev_token, "missing explicit 'return'");
        }
    }
    outdent();
    at_indentation();
    advance("}");
}
now_function = the_function.parent;
return the_function;
});
```

statements 함수는 문장을 분석해서 문장 토큰 배열을 반환합니다. 필요한 경우 prelude 함수를 써서 토큰에서 동사를 분리합니다.

```
function statements() {
    const statement_list = [];
    let the_statement;
    while (true) {
        if (
            token === the_end
            || token.column_nr < indentation
            || token.alphameric !== true
            || token.id.startsWith("export")
        ) {
            break;
        }
        at_indentation();
        prelude();
        let parser = parse_statement[prev_token.id];
        if (parser === undefined) {
            return error(prev_token, "expected a statement");
        }
        prev_token.class = "statement";
        the_statement = parser(prev_token);
        statement_list.push(the_statement);
        if (the_statement.disrupt === true) {
            if (token.column_nr === indentation) {
                return error(token, "unreachable");
            }
            break;
        }
    }
    if (statement_list.length === 0) {
        if (!token.id.startsWith("export")) {
            return error(token, "expected a statement");
        }
    } else {
        statement_list.disrupt = the_statement.disrupt;
        statement_list.return = the_statement.return;
    }
    return statement_list;
}
```

disrupt 속성은 루프를 빠져나가거나 루프에서 반환하는 문장 및 문장 목록들을 별도로 표시합니다. return 속성은 반환하는 문장 및 문장 목록을 표시합니다. break 문은 루프를 빠져 나갑니다. 파서는 break 토큰을 전달받고, 현재 루프의 탈출 조건을 지정합니다.

```
parse_statement.break = function (the_break) {
    if (loop.length === 0) {
        return error(the_break, "'break' wants to be in a loop.");
    }
    loop[loop.length - 1] = "break";
    the_break.disrupt = true;
    return the_break;
};
```

call 문은 함수를 호출하고 그 반환 값은 무시합니다. 오로지 사이드 이펙트를 사용하기 위해서 함수를 호출하는 경우가 있기 때문입니다.

```
parse_statement.call = function (the_call) {
    the_call.zeroth = expression();
    if (the_call.zeroth.id !== "(") {
        return error(the_call, "expected a function invocation");
    }
    return the_call;
};
```

def 문은 읽기 전용 변수들을 등록합니다.

```
parse_statement.def = function (the_def) {
    if (!token.alphameric) {
        return error(token, "expected a name.");
    }
    same_line();
    the_def.zeroth = token;
    register(token, true);
    advance();
    same_line();
    advance(":");
    the_def.wunth = expression();
    return the_def;
};
```

fail 문은 Neo 언어에서 가장 위험한 실험입니다. 대부분 언어에서 예외 처리 기법은 의사 소통을 위한 도구로 전락해 버렸습니다. fail 문은 이를 바로잡아 보고자 시도한 것입니다.

```
parse_statement.fail = function (the_fail) {
    the_fail.disrupt = true;
    return the_fail;
};
```

if 문은 추가로 else 절이나 else if 문이 올 수 있습니다. 분기되어서 실행되는 모든 코드에서 루프를 빠져나가거나 반환하는 경우, if 문 역시 루프를 빠져나가거나 반환한다고 봅니다.

```
parse_statement.if = function if_statement(the_if) {
    the_if.zeroth = expression();
    indent();
    the_if.wunth = statements();
    outdent();
    if (token.column_nr === indentation) {
        if (token.id === "else") {
            advance("else");
            indent();
            the_if.twoth = statements();
            outdent();
            the_if.disrupt = the_if.wunth.disrupt && the_if.twoth.disrupt;
            the_if.return = the_if.wunth.return && the_if.twoth.return;
        } else if (token.id.startsWith("else if ")) {
            prelude();
            prelude();
            the_if.twoth = if_statement(prev_token);
            the_if.disrupt = the_if.wunth.disrupt && the_if.twoth.disrupt;
            the_if.return = the_if.wunth.return && the_if.twoth.return;
        }
    }
    return the_if;
};
```

let 문은 Neo 언어의 대입문입니다. 좌측면은 그냥 표현식이 아닌, 좀 더 제한적인 '좌측값'이라고 불립니다. 좌측값은 변수(def가 아닌 var)이거나, 필드나 요소를 찾는 표현식입니다.

```
parse_statement.let = function (the_let) {
```

let 문은 변화가 허용되는 유일한 곳입니다.

그리고 그다음 토큰은 반드시 이름이어야 합니다.

```
    same_line();
    const name = token;
    advance();
    const id = name.id;
    let left = lookup(id);
    if (left === undefined) {
        return error(name, "expected a variable");
```

```
    }
    let readonly = left.readonly;
```

이번에는 후위 연산자인 [], ., [, 그리고 {를 살펴봅시다.

```
while (true) {
    if (token === the_end) {
        break;
    }
    same_line();
```

이 위치에서의 []는 배열 확장 연산을 의미합니다.

```
        if (token.id === "[]") {
            readonly = false;
            token.zeroth = left;
            left = token;
            same_line();
            advance("[]");
            break;
        }
        if (token.id === ".") {
            readonly = false;
            advance(".");
            left = parse_dot(left, prev_token);
        } else if (token.id === "[") {
            readonly = false;
            advance("[");
            left = parse_subscript(left, prev_token);
        } else if (token.id === "(") {
            readonly = false;
            advance("(");
            left = parse_invocation(left, prev_token);
            if (token.id === ":") {
                return error(left, "assignment to the result of a function");
            }
        } else {
            break;
        }
    }
    advance(":");
    if (readonly) {
        return error(left, "assignment to a constant");
    }
    the_let.zeroth = left;
    the_let.wunth = expression();
```

이 위치에서의 []는 배열에서 요소를 꺼내는 것을 뜻합니다.

```
    if (token.id === "[]" && left.id !== "[]" && (
        the_let.wunth.alphameric === true
        || the_let.wunth.id === "."
        || the_let.wunth.id === "["
        || the_let.wunth.id === "("
    )) {
        token.zeroth = the_let.wunth;
        the_let.wunth = token;
        same_line();
        advance("[]");
    }
    return the_let;
};
```

loop 문은 중첩 반복문을 다룰 수 있도록 스택을 관리합니다. 스택 요소들은 각 루프의 종료 조건을 의미합니다. 명시적인 종료가 없다면, 스택의 상태는 "infinite"로 지정됩니다. 유일한 종료가 return 문이라면, 스택 상태는 "return"이 됩니다. 반복문이 break 문으로 인해 종료될 경우 스택 상태는 "break"가 됩니다.

```
parse_statement.loop = function (the_loop) {
    indent();
    loop.push("infinite");
    the_loop.zeroth = statements();
    const exit = loop.pop();
    if (exit === "infinite") {
        return error(the_loop, "A loop wants a 'break'.");
    }
    if (exit === "return") {
        the_loop.disrupt = true;
        the_loop.return = true;
    }
    outdent();
    return the_loop;
};
```

return 문으로 인하여 상태가 "infinite"에서 "return"으로 변경됩니다.

```
parse_statement.return = function (the_return) {
    try {
        if (now_function.parent === undefined) {
            return error(the_return, "'return' wants to be in a function.");
        }
```

```
        loop.forEach(function (element, element_nr) {
            if (element === "infinite") {
                loop[element_nr] = "return";
            }
        });
        if (is_line_break()) {
            return error(the_return, "'return' wants a return value.");
        }
        the_return.zeroth = expression();
        if (token === "}") {
            return error(the_return, "Misplaced 'return'.");
        }
        the_return.disrupt = true;
        the_return.return = true;
        return the_return;
    } catch (ignore) {
        return the_error;
    }
};
```

var 문은 let 문으로 값을 할당할 수 있는 변수를 선언할 때 사용합니다. 변수의 초기 값이 명시적으로 지정되지 않으면, 초기 값은 null이 됩니다.

```
parse_statement.var = function (the_var) {
    if (!token.alphameric) {
        return error(token, "expected a name.");
    }
    same_line();
    the_var.zeroth = token;
    register(token);
    advance();
    if (token.id === ":") {
        same_line();
        advance(":");
        the_var.wunth = expression();
    }
    return the_var;
};

Object.freeze(parse_prefix);
Object.freeze(parse_suffix);
Object.freeze(parse_statement);
```

import와 export 문은 소스 파일에서 사용할 수 있는 위치가 제한되어 있기 때문에 parse_statement에는 포함시키지 않았습니다. 모든 import 문은 다른 모든 문장 이

전에 있어야 합니다. export 문은 단 한 번만 사용할 수 있으며, 가장 마지막 문장이
되어야 합니다.

```
function parse_import(the_import) {
    same_line();
    register(token, true);
    the_import.zeroth = token;
    advance();
    same_line();
    advance(":");
    same_line();
    the_import.wunth = token;
    advance("(text)");
    the_import.class = "statement";
    return the_import;
}

function parse_export(the_export) {
    the_export.zeroth = expression();
    the_export.class = "statement";
    return the_export;
}
```

그리고 하나의 parse 함수를 익스포트합니다. 이 함수는 토큰 생성기를 전달받아서
구문 트리를 반환합니다. parse 함수가 함수 호출 간 어떤 상태도 저장하지 않으므
로 생성자는 만들지 않았습니다.

```
export default function parse(token_generator) {
    try {
        indentation = 0;
        loop = [];
        the_token_generator = token_generator;
        next_token = the_end;
        const program = {
            id: "",
            scope: Object.create(null)
        };
        now_function = program;
        advance();
        advance();
        let the_statements = [];
        while (token.id.startsWith("import ")) {
            at_indentation();
            prelude();
            the_statements.push(parse_import(prev_token));
        }
```

```
            the_statements = the_statements.concat(statements());
            if (token.id.startsWith("export")) {
                at_indentation();
                prelude();
                the_statements.push(parse_export(prev_token));
            }
            if (token !== the_end) {
                return error(token, "unexpected");
            }
            program.zeroth = the_statements;
            return program;
        } catch (ignore) {
            return the_error;
        }
    };
```

28장

{ "number": 28, "chapter": "Code Generation"}

코드 생성

● ● ● ○ ○

> 흘러가게 내버려 둬, 네오.
> 두려움, 의심, 불신 이런 것들 모두. 마음을 비워.
> — 모피어스, 영화 〈매트릭스〉 중에서

이번 단계에서는 파서가 만든 구문 트리를 실행 가능한 형태로 만듭니다. 이를 코드 생성(code generation)이라고 하지만, 정확히는 코드를 변환하는 것입니다.

목적(target) 언어는 여러 가지가 될 수 있습니다. 기계어가 될 수도 있고, 가상 머신을 위한 코드일 수도 있고, 혹은 다른 프로그래밍 언어일 수도 있습니다. 적절한 실행 환경이 있다면 목적 언어가 C도 될 수 있겠지만, 여기에서는 목적 언어를 자바스크립트로 하겠습니다.

자바스크립트는 목적 언어로 쓰기에 아주 좋습니다. 보이지는 않지만 훌륭한 메모리 관리 기법을 가지고 있습니다. 새로운 언어를 만들 때 종종 좋은 메모리 관리 기법을 만드는 것이 가장 어려운 걸림돌이 되기도 하죠. 실제 기계에서 동작하는 코드를 만들려면 제한된 레지스터(register) 셋도 관리해야 합니다. 자바스크립트는 그럴 필요가 없습니다. 또한 자바스크립트는 여러분이 원하는 어떤 변수도 사용할 수 있습니다. 자바스크립트 객체는 데이터 구조를 표현하는 데 아주 유용하죠. 자바스크립트는 자신의 객체에 좀 더 감사해야 합니다.

몇 가지 세트부터 만들어 보죠. 불(boolean) 값을 만드는 것들과 자바스크립트 예약어 세트를 만들겠습니다.

```
function make_set(array, value = true) {
    const object = Object.create(null);
    array.forEach(function (element) {
        object[element] = value;
    });
    return $NEO.stone(object);
}

const boolean_operator = make_set([
    "array?", "boolean?", "function?", "integer?", "not", "number?", "record?",
    "stone?", "text?", "true", "=", "≠", "<", ">", "≤", "≥", "/\\", "\\/"
]);

const reserved = make_set([
    "arguments", "await", "break", "case", "catch", "class", "const",
    "continue", "debugger", "default", "delete", "do", "else", "enum", "eval",
    "export", "extends", "false", "finally", "for", "function", "if",
    "implements", "import", "in", "Infinity", "instanceof", "interface", "let",
    "NaN", "new", "null", "package", "private", "protected", "public", "return",
    "static", "super", "switch", "this", "throw", "true", "try", "typeof",
    "undefined", "var", "void", "while", "with", "yield"
]);
```

primordial 객체는 Neo 언어에 내장된 것들을 자바스크립트로 매핑시킵니다. 이들 중 일부는 Neo 언어의 실행 환경으로 매핑되고 또 일부는 자바스크립트로 매핑되죠.

```
const primordial = $NEO.stone({
    "abs": "$NEO.abs",
    "array": "$NEO.array",
    "array?": "Array.isArray",
    "bit and": "$NEO.bitand",
    "bit mask": "$NEO.bitmask",
    "bit or": "$NEO.bitor",
    "bit shift down": "$NEO.bitdown",
    "bit shift up": "$NEO.bitup",
    "bit xor": "$NEO.bitxor",
    "boolean?": "$NEO.boolean_",
    "char": "$NEO.char",
    "code": "$NEO.code",
    "false": "false",
    "fraction": "$NEO.fraction",
    "function?": "$NEO.function_",
    "integer": "$NEO.integer",
    "integer?": "$NEO.integer_",
    "length": "$NEO.length",
    "neg": "$NEO.neg",
```

```
    "not": "$NEO.not",
    "null": "undefined",
    "number": "$NEO.make",
    "number?": "$NEO.is_big_float",
    "record": "$NEO.record",
    "record?": "$NEO.record_",
    "stone": "$NEO.stone",
    "stone?": "Object.isFrozen",
    "text": "$NEO.text",
    "text?": "$NEO.text_",
    "true": "true"
});
```

공백 문자는 Neo 언어와 마찬가지로 자바스크립트에서도 별로 중요하지 않기 때문에, 아주 보기 힘든 멍청한 코드를 만들어도 자바스크립트는 신경 쓰지 않습니다. 세상에는 멍청한 일들이 많은 것 같습니다. 기회가 있으면, 아무도 신경 쓰지 않아도 좀 더 제대로 만들어야 합니다.

```
let indentation;

function indent() {
    indentation += 4;
}

function outdent() {
    indentation -= 4;
}

function begin() {
```

각 줄의 시작에 줄 바꿈 문자와 여백을 추가합니다.

```
    return "\n" + " ".repeat(indentation);
}

let front_matter;
let operator_transform;
let statement_transform;
let unique;
```

Neo와 자바스크립트의 이름을 짓는 방식은 완전히 호환되지는 않습니다. Neo는 이름에 공백 문자와 물음표를 허용하지만, 자바스크립트는 그렇지 않죠. 그래서 필요한 경우 Neo 언어의 이름을 올바른 자바스크립트 이름으로 변환해야 합니다.

Neo에서는 어떤 단어를 써도 관계없지만 자바스크립트에는 예약어가 있습니다. 자바스크립트 예약어를 Neo에서 쓴 경우, 이 이름을 자바스크립트로 옮기기 전 달러($) 기호를 붙입니다. 큰 십진 부동소수점 수를 숫자 리터럴과 비슷한 형식으로 바꿔서 프로그램의 가독성을 증가시킵니다.

```
const rx_space_question = / [ \u0020 ? ]/g;

function mangle(name) {
```

자바스크립트는 식별자에 공백 문자나 물음표를 허용하지 않으므로 이를 밑줄(_)로 바꿉니다. 예약어인 경우 앞에 $를 붙입니다.

그래서 what me worry?는 what_me_worry_가 되고, class는 $class로 바뀝니다.

```
    return (
        reserved[name] === true
        ? "$" + name
        : name.replace(rx_space_question, "_")
    );
}

const rx_minus_point = / [ \- . ] /g;

function numgle(number) {
```

큰 십진 리터럴은 상수로 만들어서 최대한 자연스럽게 보이게 합니다. 상수의 이름은 $로 시작합니다. 대시(-)나 점(.) 기호는 밑줄(_)로 대체합니다.

즉, 1은 $1이고 98.6은 $98_6, 그리고 −1.011e−5는 $_1_011e_5로 바뀝니다.

```
    const text = big_float.string(number.number);
    const name = "$" + text.replace(rx_minus_point, "_");
    if (unique[name] !== true) {
        unique[name] = true;
        front_matter.push(
            "const " + name + " = $NEO.number(\"" + text + "\");\n"
        );
    }
    return name;
}
```

코드 생성기의 대부분은 토큰을 다시 텍스트로 바꾸는 간단한 함수들입니다. 함수들은 서로를 호출해서 모든 조각을 텍스트화합니다. 우선 연산자 토큰을 처리하는

op 함수부터 시작하죠. op 함수는 연산자를 변환하는 함수입니다. 연산자 대다수는 간단한 패턴이기 때문에 변환은 문자열로 처리합니다. 토큰에 피연산자가 붙어있는 경우 함수 호출을 조합합니다. 패턴에 일치하지 않는 연산자의 경우 변환은 토큰을 받아서 문자열을 반환하는 함수가 됩니다.

```javascript
function op(thing) {
    const transform = operator_transform[thing.id];
    return (
        typeof transform === "string"
        ? (
            thing.zeroth === undefined
            ? transform
            : transform + "(" + expression(thing.zeroth) + (
                thing.wunth === undefined
                ? ""
                : ", " + expression(thing.wunth)
            ) + ")"
        )
        : transform(thing)
    );
}
```

expression 함수는 일반적인 표현식 토큰을 처리합니다.

```javascript
function expression(thing) {
    if (thing.id === "(number)") {
        return numgle(thing);
    }
    if (thing.id === "(text)") {
        return JSON.stringify(thing.text);
    }
    if (thing.alphameric) {
        return (
            thing.origin === undefined
            ? primordial[thing.id]
            : mangle(thing.id)
        );
    }
    return op(thing);
}
```

다음 함수는 배열 리터럴을 만듭니다.

```javascript
function array_literal(array) {
    return "[" + array.map(function (element) {
```

```
        return (
            Array.isArray(element)
            ? array_literal(element)
            : expression(element)
        );
    }).join(", ") + "]";
}
```

Neo의 레코드 리터럴은 프로토타입 없이 객체를 만듭니다. 즉, Object.create
(null)을 가지고 빈 레코드를 만들죠. 필드는 할당문을 통해 만들어지고요. 할당
문들은 즉각 호출되는 함수 표현식으로 감쌉니다. 그래서 {[foo bear]: 12.3, two
part}는 다음과 같이 만들어집니다.

```
(function (o) {
    $NEO.set(o, foo_bear, $12_3);
    o["two part"] = two_part;
}(Object.create(null)))
```

레코드 리터럴에서 변수 이름은 자바스크립트 이름으로 변환되지만, 필드 이름은
그렇지 않습니다.

```
function record_literal(array) {
    indent();
    const padding = begin();
    const string = "(function (o) {" + array.map(function (element) {
        return padding + (
            typeof element.zeroth === "string"
            ? (
                "o["
                + JSON.stringify(element.zeroth)
                + "] = "
                + expression(element.wunth)
                + ";"
            )
            : (
                "$NEO.set(o, "
                + expression(element.zeroth)
                + ", "
                + expression(element.wunth)
                + ");"
            )
        );
    }).join("") + padding + "return o;";
    outdent();
```

```
        return string + begin() + "}(Object.create(null)))";
}
```

Neo에는 '불인 척 하는 값'이 없습니다. 물론 if 문의 조건문 같이 불 값이 필요한 곳이 있습니다. Neo에서 불 값이 필요한 곳에 그렇지 않은 값을 주면 실패로 간주합니다. 자바스크립트에서 이렇게 하려면, 그런 값들을 assert_boolean 함수로 둘러쌉니다.

```
function assert_boolean(thing) {
    const string = expression(thing);
    return (
        (
            boolean_operator[thing.id] === true
            || (
                thing.zeroth !== undefined
                && thing.zeroth.origin === undefined
                && boolean_operator[thing.zeroth.id]
            )
        )
        ? string
        : "$NEO.assert_boolean(" + string + ")"
    );
}
```

문장 토큰 배열을 문자열화해서 블록으로 감쌉니다.

```
function statements(array) {
    const padding = begin();
    return array.map(function (statement) {
        return padding + statement_transform[statement.id](statement);
    }).join("");
}

function block(array) {
    indent();
    const string = statements(array);
    outdent();
    return "{" + string + begin() + "}";
}
```

statement_transform 객체에는 모든 문장에 대한 변환 함수가 담겨 있습니다. 문장 대부분은 아주 간단합니다. 하지만 if 문은 세 가지 유형(else가 없거나, else가 있거나, else if가 있거나) 때문에 복잡하죠. let 문은 변경이 허용되는 유일한 곳입니다. let 문은 왼쪽에 값을 넣고 오른쪽에서 값을 가져오기 위한 [] 연산자도 다루어야 하고, 좌측값(lvalue)도 다루어야 합니다.

```
statement_transform = $NEO.stone({
    break: function (ignore) {
        return "break;";
    },
    call: function (thing) {
        return expression(thing.zeroth) + ";";
    },
    def: function (thing) {
        return (
            "var " + expression(thing.zeroth)
            + " = " + expression(thing.wunth) + ";"
        );
    },
    export: function (thing) {
        const exportation = expression(thing.zeroth);
        return "export default " + (
            exportation.startsWith("$NEO.stone(")
            ? exportation
            : "$NEO.stone(" + exportation + ")"
        ) + ";";
    },
    fail: function () {
        return "throw $NEO.fail(\"fail\");";
    },
    if: function if_statement(thing) {
        return (
            "if ("
            + assert_boolean(thing.zeroth)
            + ") "
            + block(thing.wunth)
            + (
                thing.twoth === undefined
                ? ""
                : " else " + (
                    thing.twoth.id === "if"
                    ? if_statement(thing.twoth)
                    : block(thing.twoth)
                )
            )
        );
    },
    import: function (thing) {
        return (
            "import " + expression(thing.zeroth)
            + " from " + expression(thing.wunth) + ";"
```

```
                );
            },
            let: function (thing) {
                const right = (
                    thing.wunth.id === "[]"
                    ? expression(thing.wunth.zeroth) + ".pop();"
                    : expression(thing.wunth)
                );
                if (thing.zeroth.id === "[]") {
                    return expression(thing.zeroth.zeroth) + ".push(" + right + ");";
                }
                if (thing.zeroth.id === ".") {
                    return (
                        "$NEO.set(" + expression(thing.zeroth.zeroth)
                        + ", " + JSON.stringify(thing.zeroth.wunth.id)
                        + ", " + right + ");"
                    );
                }
                if (thing.zeroth.id === "[") {
                    return (
                        "$NEO.set(" + expression(thing.zeroth.zeroth)
                        + ", " + expression(thing.zeroth.wunth)
                        + ", " + right + ");"
                    );
                }
                return expression(thing.zeroth) + " = " + right + ";";
            },
            loop: function (thing) {
                return "while (true) " + block(thing.zeroth);
            },
            return: function (thing) {
                return "return " + expression(thing.zeroth) + ";";
            },
            var: function (thing) {
                return "var " + expression(thing.zeroth) + (
                    thing.wunth === undefined
                    ? ";"
                    : " = " + expression(thing.wunth) + ";"
                );
            }
    }
});
```

functino는 연산자 앞에 f 접두사를 붙이면 접근하게 되는 내장 함수입니다.

```
const functino = $NEO.stone({
    "?": "$NEO.ternary",
    "|": "$NEO.default",
    "/\\": "$NEO.and",
```

```
    "\\/": "$NEO.or",
    "=": "$NEO.eq",
    "≠": "$NEO.ne",
    "<": "$NEO.lt",
    "≥": "$NEO.ge",
    ">": "$NEO.gt",
    "≤": "$NEO.le",
    "~": "$NEO.cat",
    "≈": "$NEO.cats",
    "+": "$NEO.add",
    "-": "$NEO.sub",
    ">>": "$NEO.max",
    "<<": "$NEO.min",
    "*": "$NEO.mul",
    "/": "$NEO.div",
    "[": "$NEO.get",
    "(": "$NEO.resolve"
});
```

operator_transform 객체는 연산자 변환과 관련된 모든 것을 가지고 있습니다.

```
operator_transform = $NEO.stone({
    "?": function (thing) {
        indent();
        let padding = begin();
        let string = (
            "(" + padding + assert_boolean(thing.zeroth)
            + padding + "? " + expression(thing.wunth)
            + padding + ": " + expression(thing.twoth)
        );
        outdent();
        return string + begin() + ")";
    },
    "/\\": function (thing) {
        return (
            "(" + assert_boolean(thing.zeroth)
            + " && " + assert_boolean(thing.wunth)
            + ")"
        );
    },
    "\\/": function (thing) {
        return (
            "(" + assert_boolean(thing.zeroth)
            + " || " + assert_boolean(thing.wunth)
            + ")"
        );
    },
    "=": "$NEO.eq",
```

```
    "≠": "$NEO.ne",
    "<": "$NEO.lt",
    "≥": "$NEO.ge",
    ">": "$NEO.gt",
    "≤": "$NEO.le",
    "~": "$NEO.cat",
    "≈": "$NEO.cats",
    "+": "$NEO.add",
    "−": "$NEO.sub",
    ">>": "$NEO.max",
    "<<": "$NEO.min",
    "*": "$NEO.mul",
    "/": "$NEO.div",
    "|": function (thing) {
        return (
            "(function (_0) {"
            + "return (_0 === undefined) ? "
            + expression(thing.wunth) + " : _0);}("
            + expression(thing.zeroth) + "))"
        );
    },
    "...": function (thing) {
        return "..." + expression(thing.zeroth);
    },
    ".": function (thing) {
        return (
            "$NEO.get(" + expression(thing.zeroth)
            + ", \"" + thing.wunth.id + "\")"
        );
    },
    "[": function (thing) {
        if (thing.wunth === undefined) {
            return array_literal(thing.zeroth);
        }
        return (
            "$NEO.get(" + expression(thing.zeroth)
            + ", " + expression(thing.wunth) + ")"
        );
    },
    "{": function (thing) {
        return record_literal(thing.zeroth);
    },
    "(": function (thing) {
        return (
            expression(thing.zeroth) + "("
            + thing.wunth.map(expression).join(", ") + ")"
        );
    },
    "[]": "[]",
```

```
    "{}": "Object.create(null)",
    "f": function (thing) {
        if (typeof thing.zeroth === "string") {
            return functino[thing.zeroth];
        }
        return "$NEO.stone(function (" + thing.zeroth.map(function (param) {
            if (param.id === "...") {
                return "..." + mangle(param.zeroth.id);
            }
            if (param.id === "|") {
                return (
                    mangle(param.zeroth.id) + " = " + expression(param.wunth)
                );
            }
            return mangle(param.id);
        }).join(", ") + ") " + (
            Array.isArray(thing.wunth)
            ? block(thing.wunth)
            : "{return " + expression(thing.wunth) + ";}"
        ) + ")";
    }
});
```

구문 트리를 입력받아서 자바스크립트 소스 프로그램을 반환하는 코드 생성 함수를 익스포트합니다.

```
export default $NEO.stone(function codegen(tree) {
    front_matter = [
        "import $NEO from \"./neo.runtime.js\"\n"
    ];
    indentation = 0;
    unique = Object.create(null);
    const bulk = statements(tree.zeroth);
    return front_matter.join("") + bulk;
});
```

예제

이 함수는 map 메서드와 비슷하지만 여러 배열이나 스칼라, 제너레이터와도 동작합니다.

```
export f function, arguments... {
    if length(arguments) = 0
        return null
    var index: 0
```

```
def result: []
var stop: false

def prepare arguments: ƒ argument {
    def candidate: (
        array?(argument)
        ? argument[index]
        ! (
            function?(argument)
            ? argument(index)
            ! argument
        )
    )
    if candidate = null
        let stop: true
    return candidate
}

loop
    var processed: array(arguments, prepare arguments)
    if stop
        break
    let result[]: function(processed...)
    let index: index + 1
return result
}
```

다음 코드는 codegen(parse(tokenize(neo_source)))을 통해 얻어낸 .js 파일입니다.

```
import $NEO from "./neo.runtime.js";
const $0 = $NEO.number("0");
const $1 = $NEO.number("1");

export default $NEO.stone(function ($function, ...$arguments) {
    if ($NEO.eq($NEO.length($arguments), $0)) {
        return undefined;
    }
    var index = $0;
    var result = [];
    var stop = false;
    var prepare_arguments = $NEO.stone(function (argument) {
        var candidate = (
            Array.isArray(argument)
            ? $NEO.get(argument, index)
            : (
                $NEO.function_(argument)
                ? argument(index)
                : argument
```

```
                )
            );
            if ($NEO.eq(candidate, undefined)) {
                stop = true;
            }
            return candidate;
        });
        while (true) {
            var processed = $NEO.array($arguments, prepare_arguments);
            if ($NEO.assert_boolean(stop)) {
                break;
            }
            result.push($function(...processed));
            index = $NEO.add(index, $1);
        }
        return result;
});
```

그리고 다음 코드는

```
import do: "example/do.neo"

var result: do(ƒ+, [1, 2, 3], [5, 4, 3])
# result is [6, 6, 6]

let result: do(ƒ/, 60, [1, 2, 3, 4, 5, 6])
# result is [60, 30, 20, 15, 12, 10]
```

다음과 같이 변환됩니다.

```
import $NEO from "./neo.runtime.js"
const $1 = $NEO.number("1");
const $2 = $NEO.number("2");
const $3 = $NEO.number("3");
const $5 = $NEO.number("5");
const $4 = $NEO.number("4");
const $60 = $NEO.number("60");
const $6 = $NEO.number("6");

import $do from "example/do.neo";

var result = $do($NEO.add, $60, [$1, $2, $3], [$5, $4, $3]);
result = $do($NEO.div, $60, [$1, $2, $3, $4, $5, $6]);
```

29장

{ "number": 29, "chapter": "Runtime"}

런타임

● ● ● ● ○ ●

> 난 네가 왜 여기 있는지 알고 있어, 네오.
>
> 지금껏 무엇을 해 왔는지, 왜 밤에 잠을 못 이루는지, 왜 혼자 사는지,
>
> 그리고 왜 밤이면 밤마다 컴퓨터 앞에 앉아 있는지도 말이야.
>
> ― 트리니티, 영화 〈매트릭스〉 중에서

런타임(runtime)은 프로그램의 실행을 돕는 소프트웨어입니다. 자바스크립트가 변환이나 컴파일 대상으로 인기가 있었던 이유도 자바스크립트가 제공하는 런타임이 뛰어났기 때문이죠. 소스 언어의 문맥이 목적(target) 언어의 문맥과 다르다면 이를 지원할 수 있는 런타임이 추가되어야 합니다. Neo가 자바스크립트에서 실행되는 것을 지원하는 런타임은 이를 지원하는 함수들을 포함하는 객체 형태로 제공됩니다.

Neo가 문맥상 가장 크게 개선된 두 가지는 바로 더 좋은 숫자형과 객체입니다. 숫자형은 4장에서 만들었습니다. 그리고 Neo는 객체와 weakmap을 레코드로 합쳤습니다. 정리하면 다음과 같습니다.

- 키는 텍스트나 레코드, 배열이 될 수 있습니다. 오직 텍스트 키만이 array 함수에 의해 열거(enumerate)될 수 있습니다.
- 필드 값이 null이 되면 해당 필드는 삭제됩니다.
- 경로 표현식에 객체가 없어도 실패하지 않습니다. 다만 null을 반환합니다.
- 배열은 정수만 키로 사용하며, 반드시 색인 범위를 지키도록 강제됩니다.

우선, 중앙 집중식 fail 함수부터 만듭니다.

```
function fail(what = "fail") {
    throw new Error(what);
}
```

이 파일에서 자체적으로 상태를 가지는 변수는 오직 weakmap_of_weakmaps뿐입니다. 레코드와 weakmap을 서로 연결하죠. 대부분의 레코드는 weakmap이 필요 없지만, 만약 사용하는 경우 레코드에 해당하는 weakmap을 weakmap_of_weakmaps에서 가져옵니다.

get 함수는 레코드의 필드 값이나 배열의 요소 값을 가져옵니다. 또한 함수를 반환함으로써 '함수를 메서드처럼 호출하기(call-a-function-as-a-method)'를 구현합니다. 어떤 이유든 뭔가 잘못된다면 null 객체가 반환되는데, 자바스크립트는 이를 undefined로 인식합니다.

```
let weakmap_of_weakmaps = new WeakMap();

function get(container, key) {
    try {
        if (Array.isArray(container) || typeof container === "string") {
            const element_nr = big_float.number(key);
            return (
                Number.isSafeInteger(element_nr)
                ? container[(
                    element_nr >= 0
                    ? element_nr
                    : container.length + element_nr
                )]
                : undefined
            );
        }
        if (typeof container === "object") {
            if (big_float.is_big_float(key)) {
                key = big_float.string(key);
            }
            return (
                typeof key === "string"
                ? container[key]
                : weakmap_of_weakmaps.get(container).get(key)
            );
        }
        if (typeof container === "function") {
            return function (...rest) {
                return container(key, rest);
            };
        }
```

```
    } catch (ignore) {
    }
}
```

get 함수는 f[] functino 형태로 접근 가능합니다.

　set 함수는 레코드 필드를 추가/업데이트/삭제하거나 배열의 요소를 업데이트할 수 있습니다. 뭔가 잘못되면 실패합니다. get 함수는 눈감아 줄 수 있지만, set 함수는 그럴 수 없습니다.

```
function set(container, key, value) {
    if (Object.isFrozen(container)) {
        return fail("set");
    }
    if (Array.isArray(container)) {
```

배열은 오직 큰 부동소수점 수만 키로 사용할 수 있습니다.

```
        let element_nr = big_float.number(key);
        if (!Number.isSafeInteger(element_nr)) {
            return fail("set");
        }
```

음수로 된 색인은 별칭으로 사용합니다. [-1]은 마지막 요소를 나타내죠.

```
        if (element_nr < 0) {
            element_nr = container.length + element_nr;
        }
```

키는 반드시 배열의 범위 내에 위치해야 합니다.

```
        if (element_nr < 0 || element_nr >= container.length) {
            return fail("set");
        }
        container[element_nr] = value;
    } else {
        if (big_float.is_big_float(key)) {
            key = big_float.string(key);
        }
```

키가 문자열이라면, 이는 오브젝트 업데이트를 의미합니다.

```
        if (typeof key === "string") {
            if (value === undefined) {
```

```
                    delete container[key];
                } else {
                    container[key] = value;
                }
            } else {
```

그렇지 않다면 weakmap을 업데이트하는 것입니다. 해당 오브젝트 키에 해당하는 weakmap이 각 레코드별로 있습니다. key가 배열이라면, typeof key !== "object" 는 false입니다.

```
                if (typeof key !== "object") {
                    return fail("set");
                }
                let weakmap = weakmap_of_weakmaps.get(container);
```

만약 연결되는 weakmap이 없다면 하나 만듭니다.

```
                if (weakmap === undefined) {
                    if (value === undefined) {
                        return;
                    }
                    weakmap = new WeakMap();
                    weakmap_of_weakmaps.set(container, weakmap);
                }
```

weakmap을 업데이트합니다.

```
                if (value === undefined) {
                    weakmap.delete(key);
                } else {
                    weakmap.set(key, value);
                }
            }
        }
}
```

배열, 숫자, 레코드, 텍스트를 만들기 위한 함수 그룹입니다.

```
function array(zeroth, wunth, ...rest) {
```

array 함수는 new Array, array.fill, array.slice, Object.keys, string.split 등의 일을 합니다.

```
        if (big_float.is_big_float(zeroth)) {
            const dimension = big_float.number(zeroth);
            if (!Number.isSafeInteger(dimension) || dimension < 0) {
                return fail("array");
            }
            let newness = new Array(dimension);
            return (
                (wunth === undefined || dimension === 0)
                ? newness
                : (
                    typeof wunth === "function"
                    ? newness.map(wunth)
                    : newness.fill(wunth)
                )
            );
        }
        if (Array.isArray(zeroth)) {
            return zeroth.slice(big_float.number(wunth), big_float.number(rest[0]));
        }
        if (typeof zeroth === "object") {
            return Object.keys(zeroth);
        }
        if (typeof zeroth === "string") {
            return zeroth.split(wunth || "");
        }
        return fail("array");
    }

    function number(a, b) {
        return (
            typeof a === "string"
            ? big_float.make(a, b)
            : (
                typeof a === "boolean"
                ? big_float.make(Number(a))
                : (
                    big_float.is_big_float(a)
                    ? a
                    : undefined
                )
            )
        );
    }

    function record(zeroth, wunth) {
        const newness = Object.create(null);
        if (zeroth === undefined) {
            return newness;
        }
```

```
        if (Array.isArray(zeroth)) {
            if (wunth === undefined) {
                wunth = true;
            }
            zeroth.forEach(function (element, element_nr) {
                set(
                    newness,
                    element,
                    (
                        Array.isArray(wunth)
                        ? wunth[element_nr]
                        : (
                            typeof wunth === "function"
                            ? wunth(element)
                            : wunth
                        )
                    )
                );
            });
            return newness;
        }
        if (typeof zeroth === "object") {
            if (wunth === undefined) {
                return Object.assign(newness, zeroth);
            }
            if (typeof wunth === "object") {
                return Object.assign(newness, zeroth, wunth);
            }
            if (Array.isArray(wunth)) {
                wunth.forEach(function (key) {
                    let value = zeroth[key];
                    if (value !== undefined) {
                        newness[key] = value;
                    }
                });
                return newness;
            }
        }
    }
    return fail("record");
}

function text(zeroth, wunth, twoth) {
    if (typeof zeroth === "string") {
        return (zeroth.slice(big_float.number(wunth), big_float.number(twoth)));
    }
    if (big_float.is_big_float(zeroth)) {
        return big_float.string(zeroth, wunth);
    }
    if (Array.isArray(zeroth)) {
```

```
            let separator = wunth;
            if (typeof wunth !== "string") {
                if (wunth !== undefined) {
                    return fail("string");
                }
                separator = "";
            }
            return zeroth.join(separator);
        }
        if (typeof zeroth === "boolean") {
            return String(zeroth);
        }
    }
}
```

stone은 객체에 대한 깊은 동결을 적용합니다.

```
function stone(object) {
    if (!Object.isFrozen(object)) {
        object = Object.freeze(object);
        if (typeof object === "object") {
            if (Array.isArray(object)) {
                object.forEach(stone);
            } else {
                Object.keys(object).forEach(function (key) {
                    stone(object[key]);
                });
            }
        }
    }
    return object;
}
```

다음은 어떤 타입인지 식별하기 위한 술어 함수 그룹입니다.

```
function boolean_(any) {
    return typeof any === "boolean";
}

function function_(any) {
    return typeof any === "function";
}

function integer_(any) {
    return (
        big_float.is_big_float(any)
        && big_float.normalize(any).exponent === 0
    );
```

```
}

function number_(any) {
    return big_float.is_big_float(any);
}

function record_(any) {
    return (
        any !== null
        && typeof any === "object"
        && !big_float.is_big_float(any)
    );
}

function text_(any) {
    return typeof any === "string";
}
```

다음은 논리 함수 그룹입니다. functino 버전이죠. 쇼트 서킷 평가는 하지 않습니다. 오직 연산자 버전만 피연산자에 대한 느긋한 계산(lazy evaluation)[1]이 가능합니다.

```
function assert_boolean(boolean) {
    return (
        typeof boolean === "boolean"
        ? boolean
        : fail("boolean")
    );
}

function and(zeroth, wunth) {
    return assert_boolean(zeroth) && assert_boolean(wunth);
}

function or(zeroth, wunth) {
    return assert_boolean(zeroth) || assert_boolean(wunth);
}

function not(boolean) {
    return !assert_boolean(boolean);
}

function ternary(zeroth, wunth, twoth) {
```

---

1 (옮긴이) 느긋한 계산 혹은 지연 계산은 값이 필요할 때까지 표현식을 계산하지 않다가, 값이 필요한 시점에서 계산하는 것을 뜻합니다.

```
        return (
            assert_boolean(zeroth)
            ? wunth
            : twoth
        );
    }

    function default_function(zeroth, wunth) {
        return (
            zeroth === undefined
            ? wunth
            : zeroth
        );
    }
```

다음은 관계 연산자 그룹입니다.

```
    function eq(zeroth, wunth) {
        return zeroth === wunth || (
            big_float.is_big_float(zeroth)
            && big_float.is_big_float(wunth)
            && big_float.eq(zeroth, wunth)
        );
    }

    function lt(zeroth, wunth) {
        return (
            zeroth === undefined
            ? false
            : (
                wunth === undefined
                ? true
                : (
                    (
                        big_float.is_big_float(zeroth)
                        && big_float.is_big_float(wunth)
                    )
                    ? big_float.lt(zeroth, wunth)
                    : (
                        (typeof zeroth === typeof wunth && (
                            typeof zeroth === "string"
                            || typeof zeroth === "number"
                        ))
                        ? zeroth < wunth
                        : fail("lt")
                    )
                )
            )
        )
```

```
        );
    }

    function ge(zeroth, wunth) {
        return !lt(zeroth, wunth);
    }

    function gt(zeroth, wunth) {
        return lt(wunth, zeroth);
    }

    function le(zeroth, wunth) {
        return !lt(wunth, zeroth);
    }

    function ne(zeroth, wunth) {
        return !eq(wunth, zeroth);
    }
```

다음은 산술 연산자 그룹입니다.

```
    function add(a, b) {
        return (
            (big_float.is_big_float(a) && big_float.is_big_float(b))
            ? big_float.add(a, b)
            : undefined
        );
    }

    function sub(a, b) {
        return (
            (big_float.is_big_float(a) && big_float.is_big_float(b))
            ? big_float.sub(a, b)
            : undefined
        );
    }

    function mul(a, b) {
        return (
            (big_float.is_big_float(a) && big_float.is_big_float(b))
            ? big_float.mul(a, b)
            : undefined
        );
    }

    function div(a, b) {
        return (
            (big_float.is_big_float(a) && big_float.is_big_float(b))
```

```
        ? big_float.div(a, b)
        : undefined
    );
}

function max(a, b) {
    return (
        lt(b, a)
        ? a
        : b
    );
}

function min(a, b) {
    return (
        lt(a, b)
        ? a
        : b
    );
}

function abs(a) {
    return (
        big_float.is_big_float(a)
        ? big_float.abs(a)
        : undefined
    );
}

function fraction(a) {
    return (
        big_float.is_big_float(a)
        ? big_float.fraction(a)
        : undefined
    );
}

function integer(a) {
    return (
        big_float.is_big_float(a)
        ? big_float.integer(a)
        : undefined
    );
}

function neg(a) {
    return (
        big_float.is_big_float(a)
        ? big_float.neg(a)
```

```
            : undefined
    );
}
```

다음은 비트 연산 함수 그룹입니다. big_integer를 사용합니다.

```
function bitand(a, b) {
    return big_float.make(
        big_integer.and(
            big_float.integer(a).coefficient,
            big_float.integer(b).coefficient
        ),
        big_integer.wun
    );
}

function bitdown(a, nr_bits) {
    return big_float.make(
        big_integer.shift_down(
            big_float.integer(a).coefficient,
            big_float.number(nr_bits)
        ),
        big_integer.wun
    );
}

function bitmask(nr_bits) {
    return big_float.make(big_integer.mask(big_float.number(nr_bits)));
}

function bitor(a, b) {
    return big_float.make(
        big_integer.or(
            big_float.integer(a).coefficient,
            big_float.integer(b).coefficient
        ),
        big_integer.wun
    );
}

function bitup(a, nr_bits) {
    return big_float.make(
        big_integer.shift_up(
            big_float.integer(a).coefficient,
            big_float.number(nr_bits)
        ),
        big_integer.wun
```

```
    );
}

function bitxor(a, b) {
    return big_float.make(
        big_integer.xor(
            big_float.integer(a).coefficient,
            big_float.integer(b).coefficient
        ),
        big_integer.wun
    );
}
```

JSCheck에서 만든 ƒ() functino 기억나시죠?

```
function resolve(value, ...rest) {
    return (
        typeof value === "function"
        ? value(...rest)
        : value
    );
}
```

두 개의 연결 연산자가 있습니다. 둘 다 인자가 null이면 null을 반환합니다. 아니라면 인자를 텍스트로 강제합니다. ƒ≈ functino는 두 피연산자 모두 빈 텍스트가 아닐 경우 띄어쓰기를 구분자로 포함시킵니다.

```
function cat(zeroth, wunth) {
    zeroth = text(zeroth);
    wunth = text(wunth);
    if (typeof zeroth === "string" && typeof wunth === "string") {
        return zeroth + wunth;
    }
}

function cats(zeroth, wunth) {
    zeroth = text(zeroth);
    wunth = text(wunth);
    if (typeof zeroth === "string" && typeof wunth === "string") {
        return (
            zeroth === ""
            ? wunth
            : (
                wunth === ""
                ? zeroth
                : zeroth + " " + wunth
```

```
                )
            );
        }
    }
```

다음은 그 외 함수들입니다.

```
function char(any) {
    return String.fromCodePoint(big_float.number(any));
}

function code(any) {
    return big_float.make(any.codePointAt(0));
}

function length(linear) {
    return (
        (Array.isArray(linear) || typeof linear === "string")
        ? big_float.make(linear.length)
        : undefined
    );
}
```

이 모든 것들을 런타임 객체로 만듭니다.

```
export default stone({
    abs,
    add,
    and,
    array,
    assert_boolean,
    bitand,
    bitdown,
    bitmask,
    bitor,
    bitup,
    bitxor,
    boolean_,
    cat,
    cats,
    char,
    code,
    default: default_function,
    div,
    fail,
    fraction,
    function_,
```

```
        ge,
        get,
        gt,
        integer,
        integer_,
        le,
        length,
        max,
        min,
        mul,
        ne,
        neg,
        not,
        number,
        number_,
        or,
        record,
        record_,
        resolve,
        set,
        stone,
        sub,
        ternary,
        text,
        text_
});
```

30장

{ "number": 30, "chapter": "Wat!" }

Wat!

● ● ● ● ○

> 형편없는 언어들을 비웃을 만큼 비웃었으니.
>
> 이제 자바스크립트에 대해서 이야기해 보죠.
>
> — 게리 베른하르트(Gary Bernhardt)

2012년 1월 12일 오하이오주 선더스키에 있는 실내 워터파크에서 열린 코드매시 학회에서 게리 베른하르트(Gary Bernhardt)는 Wat이라는 주제로 간단한 강연을 했습니다.

베른하르트는 루비와 자바스크립트의 터무니없이 이상한 점들을 설명하였습니다. 강연 동안 몇 가지 예제를 보여준 뒤, "WAT!"이라는 제목의 웃긴 사진을 보여 줬습니다. 청중들이 환호했죠. 고전적인 수법입니다. Wat은 곧 자바스크립트의 귀족(The Aristocrats)이 되었죠.

베른하르트의 강연 영상은 여전히 인터넷을 통해 볼 수 있습니다. 그의 강연을 흉내내는 사람도 많아졌죠. 어떤 사람은 베른하르트가 말한 내용을 그대로 따라 했고, 어떤 사람은 내용을 추가하고 웃긴 내용도 더했습니다. 어떤 사람은 베른하르트처럼 청중의 폭소를 유도할 수 있었고, 어떤 사람은 강연장 전체를 침묵으로 채우기도 했죠.

이 책에서 자바스크립트의 안 좋은 부분을 언급하지 않으려고 노력했지만, 이 장에서는 괴물의 속내를 끄집어 내 볼 것입니다. Wat 강연의 일부를 여기에서 설명하고, 그것들이 어떻게 동작하는지 보여드릴 것입니다. 재미있거나 즐겁지는 않겠죠.

Wat의 많은 농담은 자바스크립트의 == 연산자와 + 연산자가 피연산자의 타입을 강제하는 알고리즘에 관련된 것이었습니다. 타입 강제 규칙은 복잡하고 기억하기 어려우며 몇몇 경우에는 잘못 동작합니다. 그래서 제가 == 연산자의 사용을 반대하는 것이고요. == 연산자는 ECMAScript의 추상화된 동등성 비교(Abstract Equality Comparison) 알고리즘을 구현한 것입니다. 열면 안 되는 벌레로 가득한 통조림이나 마찬가지죠. 그 대신 === 연산자를 쓰세요. 항상!

어떤 사람은 ===가 ==보다 50%는 더 멍청해 보이고 =보다 두 배 더 멍청해 보인다고 생각해서 좋아하지 않습니다. 어쨌든 자바스크립트의 정확한 동등성 연산자는 ===입니다. 올바르지 않은 동등성 연산자인 ==는 쓰지 마세요.

그렇다고 + 연산자를 쓰지 말라는 말은 못하겠습니다. + 연산자는 숫자를 더할 수 있는 유일한 방법이기 때문입니다. 벌레가 든 통조림을 열 수밖에 없겠네요.

```
"" == false            // true
[] == false            // true
null == false          // false
undefined == false     // false
```

빈 문자열은 '거짓이라고 볼 수 있는 값'이기 때문에 엉성한 동등 연산자는 이를 false와 똑같이 생각하고 싶을 것입니다. 빈 배열은 '거짓이라고 볼 수 있는 값'이 아니지만, 이 역시 비교하면 false가 됩니다. null과 undefined 역시 '거짓이라고 볼 수 있는 값'이지만 false와 비교하면 다릅니다.

WAT!

```
[] == []               // false
[] == ![]              // true
```

두 개의 빈 배열은 같은 객체가 아니므로 동등하지 않습니다. 하지만 두 번째 코드가 놀랍네요. 자바스크립트라는 언어는 x와 *not x*가 서로 같을 수 있나 봅니다. 아주 심각하게 무능하네요. 실제로 이런 일이 일어납니다. 어떻게 이런 일이 일어나는 것일까요?

우선 빈 배열은 '참이라고 볼 수 있는 값'이니까 ![]는 false입니다. 멍청한 동등 연산자는 []와 false 둘 다 숫자가 아님에도 숫자처럼 비교하려고 합니다. 빈 배열은 빈 문자열로 강제되는데 이는, 즉 영(0)으로 강제되는 것입니다. 그리고 false는 영(0)으로 강제됩니다. 영(0)은 영(0)이므로, 답은 true가 되는 것이죠.

WAT!

```
[] + []                          // ""
[] + {}                          // "[object Object]"
{} + {}                          // "[object Object][object Object]"
```

자바스크립트는 위의 모든 경우에 대해서 NaN을 만들어야 했습니다. 그것이 NaN
이 있는 이유죠. 그 대신 피연산자가 숫자가 아니기 때문에 + 연산자는 이 둘을 연
결합니다. + 연산자는 피연산자들을 문자열로 강제하므로 두 피연산자 모두 문자
열이 됩니다. 그 과정에서 `Array.prototype.toString()` 메서드가 빈 배열을 빈 문
자열로 변환합니다. `JSON.stringify()`처럼 "[]"를 반환했으면 더 좋았을 텐데 말
이죠. 그리고 쓸모없는 `Object.prototype.toString()` 메서드가 객체를 "[object
Object]"라고 표시합니다. 그 다음 이 문자열들을 서로 연결하죠.

　WAT!

```
9999999999999999                 // 10000000000000000
1e23 + 2e23 === 3e23             // false
```

`Number.MAX_SAFE_INTEGER`보다 큰 정수는 제대로 표현되지 못합니다.

　WAT!

```
"2" < 5                          // true
5 < "11"                         // true
"11" < "2"                       // true
```

서로 다른 타입을 비교하면 예외가 발생해야 하지만, 자바스크립트는 그 대신 변환
을 위해 값의 타입을 강제합니다. 이렇게 타입을 강제하는 규칙은 추이적 관계[1]를
깨트릴 수도 있습니다.

　WAT!

```
1 < 2 < 3                        // true
3 > 2 > 1                        // false
```

이 경우는 문법적 에러라고 봐야 합니다. 언어에서는 이런 표현을 제대로 처리할
수 없기 때문입니다. 첫 번째 경우에서 1과 2를 비교한 것은 true라는 결과를 냅니
다. 그리고 true와 3을 비교하죠. true는 1로 강제되며, 1은 3보다 작기 때문에 true

---

1 (옮긴이) 추이적 관계란, a < b이고 b < c이면 a < c라는 것처럼 상대적인 비교를 통해 다른 것과의 상대적인 관계
　를 유추할 수 있는 것을 의미합니다.

가 됩니다. 우연히 맞는 결과를 내놓은 것이네요. 에러는 때때로 정확한 정답을 내놓아서 테스트를 쉽게 피하기도 합니다.

　두 번째 경우에서는 3과 2를 비교해서 true가 나옵니다. true와 1이 비교되면, true는 1로 강제되고 1은 1보다 작지 않기 때문에 false가 됩니다.

　WAT!

```
"2" + 1                        // "21"
"2" - 1                        // 1
```

다른 산술 연산자들도 타입 강제를 적용하지만, + 연산자와는 다른 규칙을 사용합니다. 이런 멍청한 상황을 피하고 싶다면 타입을 정확히 쓰고 관리해야 합니다. 문자열에 산술 연산을 적용하지 마세요. 산술 연산은 숫자를 위한 것입니다.

　WAT!

```
Math.min() > Math.max()        // true
```

이 함수들도 참 엉성하네요. 아무것도 전달하지 않으면 undefined나 NaN을 반환하거나 예외를 발생해야 하는데, 대신 Math.min()은 Infinity를 반환하고 Math.max()는 -Infinity를 반환합니다.

　WAT!

```
Math instanceof Math           // throws exception
NaN instanceof NaN             // throws exception
"wat" instanceof String        // false
```

자바의 instanceof를 사용하는 것은 다형성을 어떻게 쓰는지 이해하지 못했다는 증거로 사용됩니다. 자바스크립트의 instanceof는 자바와 다릅니다. 그 어떤 언어에서도 instanceof를 사용하는 것은 추천하지 않습니다.

　WAT!

```
isNaN("this string is not NaN")    // true
```

전역 isNan 함수와 isFinite 함수는 잘못된 함수입니다. 그 대신 Number.isNaN과 Number.isFinite를 쓰세요.

　WAT!

```
((name) => [name])("wat")  // ["wat"]
((name) => {name})("wat")  // undefined
```

첫 번째 예제는 화살표 함수(arrow function 혹은 fat arrow function) 예제입니다. 화살표 함수는 함수를 만드는 더 짧은 표현 방법이죠. 화살표의 왼쪽은 매개변수 목록입니다. 그리고 화살표의 오른쪽은 표현식이죠. 표현식의 값이 함수의 반환 값이 됩니다. function이나 return을 쓸 필요가 없죠. 첫 번째 케이스는 함수의 인자를 포함하는 배열을 반환합니다. 좋은 예제네요.

두 번째 예제에서는 undefined가 아닌 {name: "wat"}를 반환했어야 합니다. 하지만 자바스크립트는 화살표 다음에 나오는 왼쪽 대괄호를 객체 리터럴이 아닌 블록이라고 간주합니다. 그리고 그 블록에 변수 이름이 있는 것이죠. 자동 세미콜론 삽입으로 인해서 변수 이름 뒤에 세미콜론이 붙게 되고, 결국 아무것도 하지 않는 쓸모없는 표현식이 되고 맙니다. 결국 return 문이 빠져버려서 함수는 기본 반환 값인 undefined를 반환하는 것이죠.

그래서 제가 화살표 함수를 권장하지 않는 것입니다. 심지어 비교 연산자인 <=나 >=와 헷갈리기까지 하거든요. 키보드를 조금 덜 두들긴다고 그만한 가치가 있는 것도 아닙니다.

WAT!

```
function first(w, a, t) {
    return {
        w,
        a,
        t
    };
}

first("wat", "wat", "wat");     // {w: "wat", a: "wat", t: "wat"}

function second(w, a, t) {
    return
        {w, a, t};
}

second("wat", "wat", "wat");     // undefined
```

첫 번째 return 문은 기대한 대로 새로운 객체를 반환합니다.

두 번째 return 문은 차이점이라고는 공백 문자밖에 없는데, undefined를 반환합니다. 자동 세미콜론 삽입 기능 때문에 return 문 바로 다음에 세미콜론이 삽입되기 때문입니다. 객체 리터럴의 왼쪽 대괄호는 이제 해당 문에서 블록으로 취급되는 위치가 되어 버립니다. 결국 블록은 쓸모없는 표현식만 가지고 있는 것이죠. 표현식 위치로 봤을 때 쉼표는 구분자가 아닌 연산자로 인식되기 때문에 이 코드는 문법 에러를 만들지 않습니다.

자동 세미콜론 삽입 기능은 기능이 아닙니다. 오히려 위험하죠. 어디에 세미콜론을 넣어야 할지 확실히 모르는 초급자를 위해 특별히 추가된 언어 기능입니다. 여러분의 코드가 초보자들이 작성한 것처럼 보이게 만들고 싶다면, 자동 세미콜론 삽입 기능을 사용하세요.

WAT!

{ " n u m b e r " :   3 1 ,   " c h a p t e r " :   " T h i s   B o o k " }

31장

이 책

• • • • •

> 전 자유를 요구했을 뿐이라고요. 나비는 자유롭잖아요.
>
> — 해럴드 스킴폴, 소설《황폐한 집》중에서

include 함수

이 책을 정리하는 데 도움이 될 만한 비동기 include 함수를 만들었습니다. 저는 이 함수를 써서 각각의 장으로 구성된 파일들을 한데 묶어 큰 책 파일을 만들었습니다. 또한 실행 가능한 자바스크립트 소스 코드를 장에 삽입할 때도 사용했죠. 잘게 나뉘진 자바스크립트 코드 덩어리들을 한데 묶어서 .js 파일로 만들 때도 썼습니다. 이 파일은 *github.com/douglascrockford*에서 볼 수 있습니다.

```
include(callback, string, get_inclusion, max_depth)
```

include 함수는 문자열에 있는 @include 표현식을 다른 문자열로 바꿉니다. @include 표현식이 없다면 원래 문자열이 그 결과가 됩니다.

callback(result) 함수가 나중에 다 처리된 결과 문자열을 알려 줄 것입니다. 문자열에는 @include 표현식이 없거나, 한 개 이상 있을 수도 있습니다.

@include "*key*"

@include와 여는 따옴표 사이에 띄어쓰기가 있습니다. 각 @include 표현식은 *key*와 연결된 포함 문자열이 있으면 해당 문자열로 대체됩니다. *key*는 파일 이름이 될 수 있으며, 소괄호로 감싸집니다.

여러분이 만들어야 하는 *get_inclusion(callback, key)* 함수는 키 문자열을 전달받아서 나중에 문자열이 포함된 결과를 *callback(inclusion)*으로 전달해야 합니다. *get_inclusion* 함수는 파일 시스템이나 데이터베이스, 소스 관리 시스템, 콘텐츠 관리자, JSON 객체에 접근할 수도 있습니다. 포함할 내용이 파일이고 실행 환경이 Node.js라면, *get_inclusion* 함수는 다음과 비슷하게 보일 것입니다.

```
function my_little_get_inclusion(callback, key) {
    return (
        (key[0] >= "a" && key[0] <= "z")
        ? fs.readFile(key, "utf8", function (ignore, data) {
            return callback(data);
        })
        : callback()
    );
}
```

포함되는 패키지가 악성 패키지라 해도, my_little_get_inclusion 때문에 큰 피해를 주지는 못하겠지만 만약 파일 시스템에 직접 액세스할 수 있는 경우에는 아주 큰 피해를 입힐 수도 있습니다.

포함된 문자열에는 더 많은 @include 표현식이 있을 수 있습니다. *max_depth* 인자는 무한 포함 루프를 방지하기 위해서 재귀 포함 깊이를 제한할 수 있습니다.

이제 include 함수를 어떻게 구현하는지 알아봅시다.

```
const rx_include = /
    @include \u0020 " ( [^ " @ ]+ ) "

/;

// Capturing groups:
//  [0] The whole '@include' expression
//  [1] The key

export default Object.freeze(function include(
    callback,
    string,
    get_inclusion,
    max_depth = 4
) {
```

include 함수는 파일 시스템이나 데이터베이스, 그 외에 그 어떤 것에 대한 직접적인 접근 권한도 필요 없고, 그 내용이 무엇인지 알아야 할 필요도 없습니다. 여러분이 만든 get_inclusion 함수에서 대신해 주니깐요. 그런 점이 include 함수를 다재다능하고 신뢰할 수 있게 하는 것입니다.

아무것도 반환하지 않습니다. 결과는 나중에 callback을 통해 전달됩니다.

```
let object_of_matching;
let result = "";
```

minion과 그 조수가 모든 일을 처리합니다. 가장 주가 되는 minion이 @include 표현식을 찾아서 그 내용으로 get_inclusion 함수를 호출합니다. assistant_minion은 포함 작업을 처리하기 위해서 include 함수를 재귀 호출합니다. junior_assistant_minion은 처리된 포함 작업 내용을 결과에 추가합니다.

```
function minion() {
```

검색할 문자열이 더 이상 없으면 결과를 전달합니다.

```
    if (string === "") {
        return callback(result);
    }
```

남은 문자열에서 정규표현식에 일치하는 것이 있는지 찾습니다.

```
    object_of_matching = rx_include.exec(string);
```

일치하는 것이 없으면 작업이 끝납니다.

```
    if (!object_of_matching) {
        return callback(result + string);
    }
```

표현식 왼쪽의 문자들이 결과의 일부가 됩니다. 문자열에서 이미 훑어본 것들은 빼버립니다.

```
    result += string.slice(0, object_of_matching.index);
    string = string.slice(
        object_of_matching.index + object_of_matching[0].length
    );
```

대체 문자열을 만들기 위해서, 인자로 assistant_minion과 키를 전달해서 get_
inclusion 함수를 호출합니다.

```
    return get_inclusion(
        assistant_minion,
        object_of_matching[1]
    );
}

function junior_assistant_minion(processed_inclusion) {
```

include에 의해 처리되어 포함한 문자열을 받아서 결과에 추가합니다. 그런 다음
@include 표현식을 찾기 위해 minion을 호출합니다.

```
    result += processed_inclusion;
    return minion();
}

function assistant_minion(inclusion) {
```

get_inclusion이 문자열을 전달하지 않으면 @include 표현식을 결과에 추가해서
문자열의 해당 부분이 바뀌지 않게 합니다.

```
    if (typeof inclusion !== "string") {
        result += object_of_matching[0];
        return minion();
    }
```

포함할 문자열 자체에 @include 표현식이 있을 수 있으므로 include 함수를 호출
해서 이를 처리하고 junior_assistant_minion에 전달해서 처리된 문자열을 결과에
더합니다. 무한 재귀를 막기 위해서 max_depth 값을 1 감소시킵니다.

```
    return include(
        junior_assistant_minion,
        inclusion,
        get_inclusion,
        max_depth - 1
    );
}
```

이제까지는 minion 코드였습니다. 다시 include로 돌아가죠. 지정된 깊이만큼 처리
가 다 끝나면, callback을 호출합니다.

```
    if (max_depth <= 0) {
        callback(string);
    } else {
```

include 함수는 세 개의 minion 함수를 만들고 주가 되는 minion을 호출합니다.

```
        minion();
    }
});
```

감사의 글

Edwin Aoki, Vladimir Bacvanski, Leonardo Bonacci, George Boole, Dennis Cline, Rolando Dimaandal, Bill Franz, Louis Gottlieb, Bob Hablutzel, Grace Murray Hopper, Matthew Johnson, Alan Karp, Gottried Leibniz, Håkon Wium Lie, Linda Merry, Jeff Meyer, Chip Morningstar, Евгений Орехов, Ben Pardo, Claude Shannon, Steve Souders, Tehuti, 그리고 특히 Lisa von Drake 교수에게 감사드립니다.

크레딧 다음 섹션

프로그래머로서 저는 다음과 같은 패러다임의 변화를 경험했습니다.

- 고수준 언어
- 구조적 프로그래밍
- 객체 지향 프로그래밍
- 함수형 프로그래밍

이런 발전으로 가장 큰 이득을 본 사람은 아마도 더 적은 노력으로 더 나은 일을 할 수 있었던 프로그래머들이었겠죠. 반대로 이러한 발전으로 가장 손해를 본 사람들도 같은 프로그래머들이었습니다. 그들은 의심과 낯설음, 그리고 불신을 가지고 새로운 패러다임을 맞이했을 것입니다. 그들의 두뇌와 경험을 바탕으로 그럴듯하게 들리는 주장을 펼쳤지만, 뒤늦게 틀렸다는 것을 깨달았습니다. 낡은 패러다임을 계속 사용하고, 새로운 패러다임을 받아들이길 거부했죠. 사실 새로운 패러다임과 정말 나쁜 생각을 구분하는 것은 매우 어렵습니다.

패러다임이 변할 때마다, 널리 적용되기까지는 20년이 넘게 걸렸습니다. 함수형 언어는 거의 두 배가 걸렸고요. 이렇게 오래 걸린 이유는, 우리가 생각을 바꾸지 않았기 때문입니다. 새로운 패러다임이 중요한 자리를 차지하려면 현 세대의 프로그래머들이 은퇴하거나 죽기를 기다릴 수밖에 없습니다.

막스 플랑크(Max Planck)는 물리학에서도 비슷한 일을 목격했습니다. 플랑크의 원리(Planck's Principle)라고도 알려져 있는데, 그는 이런 말을 남겼습니다.

> 새로운 과학적 진실은 상대방을 설득하고 그들이 진실을 깨닫게 함으로써 승리하는 것이 아니라 오히려 상대방이 언젠가 죽고, 새로운 과학적 진실에 익숙한 세대가 자람으로써 승리하는 것이다.

그리고 더 간결하게 이렇게도 말했습니다.

> 과학은 장례식 한 번에 하나씩 발전한다.

제 생각에 다음 패러다임은 의심할 여지없이 분산 비동기 프로그래밍입니다. 이는 새로운 아이디어가 아닙니다. 최소 1973년에 발견된 액터 모델(Actor Model)로 거슬러 올라갈 수 있습니다. 그 이후로 몇 가지 발전이 이루어지긴 했지만, 한편으로는 순차적 프로그래밍 모델을 유지하면서 원격 프로시저 호출을 통해 분산 처리 같은 것을 시도하는 실수도 저질렀습니다. 자바스크립트가 재미있는 것은, 자바스크립트는 특별히 분산 비동기 프로그래밍을 위해 만들어졌기 때문이라고 생각합니다. 비록 만드는 데 10일밖에 걸리지 않아서, 모든 것이 제대로 된 것은 아니지만요. 자바스크립트는 또한 멀티패러다임 언어로서 오래된 패러다임을 유지할 수 있게 만들어졌습니다. 그리고 자바스크립트가 만들어진 이후, 오래되었지만 강력한 패러다임들은 자바스크립트를 다시 포트란의 영역으로 끌어오려고 시도해 왔습니다.

마지막으로 하나 더

이 책을 보면서 wun이라는 이상한 단어를 많이 보셨을 것입니다. 이 단어가 여러분을 혼란스럽고, 헷갈리고, 짜증나게 만들었을지도 모르겠네요. 이 철자에 대한 논쟁은 오랫동안 이어져 왔습니다. 익숙하지도 않고, 그렇게 배우지도 않았고, 그렇게 알고 있지도 않죠. 사실입니다. 하지만 영어 발음 관습에 따르면 wun이 정확한 철자입니다. 버그를 수정한 것이죠.

wun에 대해서 느끼는 감정적인 반응은, 새로운 패러다임에 대해 느끼는 감정적인 반응과 같을 것입니다.

죽기 전에 새로운 패러다임을 받아들이는 비법은, 경험해 보는 것입니다. 물리학보다 프로그래밍에서 패러다임을 받아들이기 더 쉬운 이유는, 여러분이 해야 할 일이라고는 좋은 프로그램을 만드는 것이 전부이니깐요. 여러분에게 함수를 반환하는 함수를 만드는 것에 대해서 설명하면, 여러분은 그 단어들을 이해하고 무엇에 대해 말하는 것인지 이해했다고 생각합니다. 하지만 사실, 경험하기 전에는 이해할 수 없습니다. 함수를 반환하는 함수를 많이 만들어 보세요. 꼬리 호출하는 함수를 많이 만들어 보세요. 언젠가는 부자연스럽지 않은 순간이 올 것입니다. 읽거나 말하는 것만으로는 그 수준에 이를 수 없습니다. 자바스크립트를 잘 쓴다면, 자바스크립트가 여러분을 가르칠 것입니다. 자바스크립트를 제대로 쓰지 못한다면, 자바스크립트가 여러분을 혼낼 것입니다. 아마 여러분들도 이미 잘 알고 있겠지만요.

아마 제가 다음에 쓸 책에서는 two라는 철자에 대해서 뭔가 할지도 모르겠네요.

찾아보기